内蒙古 2024 调查年鉴

国家统计局内蒙古调查总队　编

（总第19期）

中国统计出版社
China Statistics Press

图书在版编目（CIP）数据

内蒙古调查年鉴．2024 / 国家统计局内蒙古调查总队编．-- 北京 : 中国统计出版社，2024．9．-- ISBN 978-7-5230-0475-3

Ⅰ．C832.26-54

中国国家版本馆 CIP 数据核字第 2024UF3131 号

内蒙古调查年鉴 2024

作　　者 / 国家统计局内蒙古调查总队
责任编辑 / 高媛媛
执行编辑 / 吕仁睿
封面设计 / 李雪燕
出版发行 / 中国统计出版社有限公司
地　　址 / 北京市丰台区西三环南路甲 6 号　邮政编码 /100073
电　　话 / 邮购（010）63376909　书店（010）68783171
网　　址 / http://www.zgtjcbs.com
印　　刷 / 河北鑫兆源印刷有限公司
经　　销 / 新华书店
开　　本 / 890mm×1240mm　1/16
字　　数 / 338 千字
印　　张 / 16.5　0.25 彩页
版　　别 / 2024 年 9 月第 1 版
版　　次 / 2024 年 9 月第 1 次印刷
定　　价 / 400.00 元

本书附同版本 CD-ROM 一张，光盘内容以书面文字为准。

《内蒙古调查年鉴 2024》
编委会和编辑人员

编辑说明

一、《内蒙古调查年鉴 2024》是国家统计局内蒙古调查总队编纂的一部集全区农村牧区和城市经济社会统计调查数据、资料为一体的权威性工具书。本年鉴通过大量翔实的统计数据，重点反映了 2023 年内蒙古农村牧区和城市经济社会发展变化情况，是各级党政机关、企事业单位和社会各界人士了解和认识内蒙古经济社会情况的重要资料工具书。

二、本年鉴共分为综合篇、农牧业调查篇、居民收支调查篇、价格调查篇、住户监测篇、各省区市资料篇六个部分。综合篇分为：1. 综合；2. 国民经济核算；3. 自然资源。农牧业调查篇分为：1. 粮食生产；2. 畜牧业生产。居民收支调查篇为：居民生活。价格调查篇为：1. 流通和消费价格；2. 工业生产者价格；3. 商品住宅销售价格；4. 农产品生产者价格。住户监测篇分为：1. 农牧民工调查；2. 脱贫县农村住户监测。各省区市资料篇为：各省区市主要经济指标。为便于读者查阅，在各部分各细目编排了主要统计指标解释。

三、本年鉴的统计数据大部分来自国家统计局内蒙古调查总队的抽样调查统计报表，一部分来自全面调查和有关业务部门年度统计报表。

四、资料中所使用的数量单位均采用国际统一标准计量单位。

五、本年鉴部分数据合计数或相对数由于单位取舍不同而产生的计算误差均未作机械调整。部分数据因四舍五入的原因，存在总计与分项合计不等的情况。

六、本年鉴各表式中，有关对全表的注解均在该表上方，对表中部分指标的注解则在该表下方。

七、本年鉴表中的符号使用说明：“空格”表示该项统计指标数据不详或无该项数据；“#”表示其中的主要项。

目　　录

第一部分　综合篇

一、综合

二、国民经济核算

三、自然资源

第二部分　农牧业调查篇

一、粮食生产

第三部分 居民收支调查篇

居民生活

第四部分　价格调查篇

第五部分　住户监测篇

二、脱贫县农村住户监测

第六部分 各省区市资料篇

各省区市主要经济指标

1-1-3 续表 1

指　　标	1995	2000	2005	2010	2015	2020	2021	2022	2023
产　业									
农牧业									
人均耕地面积(公顷)	0.24	0.31	0.31	0.29	0.37	0.48			0.48
每公顷耕地农业机械总动力(千瓦)	1.64	1.85	2.61	4.24	4.58	3.53			4.23
每公顷播种面积农产品产量(千克)									
粮　食	2547	2800	3800	4010	5004	5362	5578	5611	5666
油　料	1260	1324	1759	1882	2073	2389	1748	2288	2472
甜　菜	18821	23946	36389	43532	46625	48788	31702	44114	46232
建筑业									
技术装备率(元/人)	3053	5844	11822	11379	24549	21454	20938	22401	19269
产值利税率(%)	3.6	4.2	8.3	11.6	7.8	5.6	4.9	6.3	6.6
全员劳动生产率(元/人)(按总产值计算)	28440	39319	81750	151321	303271	473094	521443	552567	490250
全社会房屋建筑面积 竣工率(%)	80.7	75.5	53.5	50.2	44.5	20.1	17.6	15.6	19.4
交通运输、通信									
铁路网密度(公里/万平方公里)	50	50	54	78	101	120	120	120	120
公路网密度(公里/万平方公里)	378	569	1052	1336	1482	1777	1797	1827	1855
铁路货运密度(吨/公里)	14064	16169	34615	51270	56058	43372	55636	57156	61955
公路货运密度(吨/公里)	5449	5194	4099	5390	6814	5185	6249	5861	6671
移动电话普及率(部/百人)	0.1	4.9	29.9	82.5	96.6	116.6	125.0	126.0	126.0
国内贸易									
人均社会消费品零售额(元)	1309	2238	4542	10086	16785	19760	21072	20709	22406
对外经济贸易									
进出口总额占生产总值比例(%)	10.9	11.0	11.8	7.0	6.1	6.1	6.0	6.6	8.0
金融									
金融机构存款占生产总值比例(%)	66.1	82.5	93.6	125.4	139.6	144.7	134.2	139.5	147.5
金融机构贷款占生产总值比例(%)	95.7	87.1	73.5	96.6	132.4	134.7	121.7	116.2	122.1

第一部分

综合篇

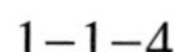
1-1-4

指　标	总量指标									
	1978	2000	2005	2010	2012	2015	2020	2021	2022	2023
交通运输										
货运量(万吨)	8213	44629	73082	132205	168078	186160	170550	211904	207833	234358
铁路	3861	9648	22060	47040	42813	66653	61545	79053	81122	87983
公路	4352	34979	51020	85162	125260	119500	109002	132847	126709	146372
空运		2.00	2.00	3.11	4.68	2.89	3.26	3.60	2.37	3.76
客运量(万人)	3422	23549	32114	24343	28188	16986	7395	7272	4103	8904
铁路	1753	3378	3259	4136	4273	5117	3298	3597	1712	5060
公路	1669	20061	28604	19830	23310	11017	3224	2686	1844	2478
空运		110	251	377	605	852	873	989	547	1366
邮电通信业										
函　件(万件)	6658	9677	3143	3389	2433	1455	623	672	430	495
报刊期发数(万份)	253	395	194	242	230	194	182	183	182	172
国内贸易										
社会消费品零售总额(亿元)	36.83	529.83	1089.20	2486.40	3239.20	4103.51	4760.45	5060.31	4971.40	5374.30
对外经济贸易										
进出口总额(亿美元)	0.16	20.36	51.62	87.19	112.57	127.84	151.85	191.36	227.81	278.36
进口额	0.05	10.14	30.97	53.84	72.86	71.10	101.45	117.35	133.48	167.51
出口额	0.10	10.22	20.65	33.35	39.70	56.73	50.40	74.01	94.33	110.84
实际利用外资额(万美元)		54819	140007	355876	417665	336629	182240	31587	53899	80057
旅游										
入境旅游人数(万人次)		39.20	100.16	142.80	159.17	160.78	8.68			
国内旅游人数(万人次)		735.00	2062.00	4477.55	5887.31	8351.83	12494.39	13126.81	9249.08	23045.04
旅游外汇收入(万美元)		12645	35207	60190	77196	96249	3401			
国内旅游收入(万元)		32.23	179.72	692.92	1080.65	2193.77	2404.06	1460	1053.92	3354.68
金融保险										
金融机构各项存款(亿元)	16.5	1270.1	3298.2	10278.7	13612.7	18077.6	24970.0	27534.0	32313.6	36317.6
金融机构各项贷款(亿元)	40.3	1340.7	2588.6	7919.5	11284.2	17140.7	23249.2	24965.0	26919.0	30064.0
保险公司保费收入(亿元)		24.6	60.9	198.8	247.7	395.5	740.0	756.6	667.0	718.7
保险公司赔付支出(亿元)		7.9	10.8	59.5	85.4	124.5	224.5	258.5	240.1	304.9
教育、科技、文化										
教育										
专任教师数(万人)										
普通高等学校	0.3	0.9	1.6	2.3	2.5	2.6	2.8	2.8	2.9	3.0
中等学校	8.1	10.1	10.8	11.0	11.0	10.7	11.2	11.7	11.9	12.2
小学	12.1	12.9	11.9	11.4	11.3	10.2	10.5	9.7	11.0	11.2
在校学生数(万人)										
普通高等学校	1.3	7.2	22.9	37.1	39.1	42.1	48.7	50.7	53.5	54.0
中等学校	162.5	162.1	179.9	164.9	152.2	131.7	124.3	125.5	128.1	127.8
小学	291.8	201.5	159.6	143.1	136.5	131.4	138.2	140.8	138.3	140.8
教育经费支出(亿元)		55.3	116.2	405.0	553.9	702.9	853.6			
科技										
研究与发展经费支出(万元)		24606	113208	637205	1014468	1360617	1610703	1900595	2095130	2281480

注：2013—2018年铁路数据为各铁路局加总数据，2020年使用国家反馈数。

内蒙古 2024 调查年鉴

国家统计局内蒙古调查总队　编

（总第19期）

中国统计出版社
China Statistics Press

图书在版编目（CIP）数据

内蒙古调查年鉴．2024 / 国家统计局内蒙古调查总队编．-- 北京 : 中国统计出版社，2024. 9. -- ISBN 978-7-5230-0475-3

Ⅰ．C832.26-54

中国国家版本馆 CIP 数据核字第 2024UF3131 号

内蒙古调查年鉴 2024

作　　者 / 国家统计局内蒙古调查总队
责任编辑 / 高媛媛
执行编辑 / 吕仁睿
封面设计 / 李雪燕
出版发行 / 中国统计出版社有限公司
地　　址 / 北京市丰台区西三环南路甲 6 号　邮政编码 /100073
电　　话 / 邮购（010）63376909　书店（010）68783171
网　　址 / http://www.zgtjcbs.com
印　　刷 / 河北鑫兆源印刷有限公司
经　　销 / 新华书店
开　　本 / 890mm×1240mm　1/16
字　　数 / 338 千字
印　　张 / 16.5　0.25 彩页
版　　别 / 2024 年 9 月第 1 版
版　　次 / 2024 年 9 月第 1 次印刷
定　　价 / 400.00 元

本书附同版本 CD-ROM 一张，光盘内容以书面文字为准。

《内蒙古调查年鉴 2024》
编委会和编辑人员

编 委 会

编 辑 人 员

编辑说明

一、《内蒙古调查年鉴 2024》是国家统计局内蒙古调查总队编纂的一部集全区农村牧区和城市经济社会统计调查数据、资料为一体的权威性工具书。本年鉴通过大量翔实的统计数据，重点反映了 2023 年内蒙古农村牧区和城市经济社会发展变化情况，是各级党政机关、企事业单位和社会各界人士了解和认识内蒙古经济社会情况的重要资料工具书。

二、本年鉴共分为综合篇、农牧业调查篇、居民收支调查篇、价格调查篇、住户监测篇、各省区市资料篇六个部分。综合篇分为：1. 综合；2. 国民经济核算；3. 自然资源。农牧业调查篇分为：1. 粮食生产；2. 畜牧业生产。居民收支调查篇为：居民生活。价格调查篇为：1. 流通和消费价格；2. 工业生产者价格；3. 商品住宅销售价格；4. 农产品生产者价格。住户监测篇分为：1. 农牧民工调查；2. 脱贫县农村住户监测。各省区市资料篇为：各省区市主要经济指标。为便于读者查阅，在各部分各细目编排了主要统计指标解释。

三、本年鉴的统计数据大部分来自国家统计局内蒙古调查总队的抽样调查统计报表，一部分来自全面调查和有关业务部门年度统计报表。

四、资料中所使用的数量单位均采用国际统一标准计量单位。

五、本年鉴部分数据合计数或相对数由于单位取舍不同而产生的计算误差均未作机械调整。部分数据因四舍五入的原因，存在总计与分项合计不等的情况。

六、本年鉴各表式中，有关对全表的注解均在该表上方，对表中部分指标的注解则在该表下方。

七、本年鉴表中的符号使用说明：“空格”表示该项统计指标数据不详或无该项数据；“#”表示其中的主要项。

目　　录

第一部分　综合篇

第二部分　农牧业调查篇

二、畜牧业生产

第三部分 居民收支调查篇

居民生活

第四部分　价格调查篇

第五部分　住户监测篇

第一部分

综合篇

第一部分

综合篇

① 综合

1-1-1 平均每天主要社会经济活动

指　　标	1995	2000	2005	2010	2015	2020	2021	2022	2023
全区每天创造的财富									
生产总值(万元)	23481	42052	96540	224654	354767	471531	562033	634484	674711
第一产业	7128	9585	16152	30077	44663	55432	60965	72704	74993
第二产业	8460	15917	37748	93711	144371	188748	256827	307996	320646
工　业	6983	13229	30183	74543	112910	152941	216764	265859	270952
建筑业	1477	2688	7565	19168	31461	35807	40063	42137	49694
第三产业	7893	16550	42640	100866	165733	227351	244240	253785	279072
一般公共预算收入(万元)	1197	2597	7602	29314	53821	56044	64382	77381	84483
一般公共预算支出(万元)	2799	7133	20126	62288	116519	143993	143550	161307	187294
粮食(吨)	28915	33931	45538	64227	90208	100112	105214	106867	108434
油料(吨)	1923	3180	3347	3783	5653	5936	5860	4657	5649
肉类(吨)	2243	3918	6299	6522	6702	7321	7598	7782	7979
牛奶(吨)	1331	2180	18934	19784	17555	16707	18445	20105	21714
水产品(吨)	131	197	226	312	421	321	298	298	306
乳制品(吨)	83	182	8425	9462	8042	9216	10082	11375	12964
原煤(万吨)	19.33	19.80	70.16	216.20	249.20	280.19	293.12	332.48	340.16
发电量(万千瓦小时)	7631	12001	28948	68052	107638	158770	167669	181348	209040
钢(吨)	9736	11574	22068	33776	47537	85242	85422	81000	89505
成品钢材(吨)	7062	10353	20487	36751	51978	78796	81029	83339	92820
水泥(吨)	9569	17213	44719	149433	159747	98658	100491	98156	103920
每天其他经济活动									
社会消费品零售总额(万元)	8149	14476	29841	68121	112425	130067	138639	136203	147241
货运量(万吨)	89.7	121.9	200.2	362.2	510.0	466.0	580.6	569.4	642.1
客运量(万人)	50.1	64.3	88.0	66.7	46.5	20.2	19.9	11.2	24.4
进出口总额(万美元)	307.7	556.3	1414.2	2388.8	3502.4	4148.8	5242.8	6241.3	7626.2
邮政业务总量(万元)	52.1	107.8	244.8	328.3	636.5	1739.9	1722.1	1607.2	
电信业务总量(万元)	212.4	1429.0	5227.1	5170.1	10330.4	70616.1	8134.9	8096.7	8631.8
图书出版(万册)	18.0	20.3	24.4	16.6	17.8	17.3	17.2	16.3	16.3
杂志出版(万册)	2.8	4.3	3.8	3.9	5.7	3.1	3.0	2.8	2.6
报纸出版(万份)	44.6	49.1	169.4	74.1	89.9	66.8	63.7	61.6	52.0
邮寄函件(万件)	45.8	26.4	8.6	9.3	4.0	1.7	1.8	1.2	1.4
每天人口变动与婚姻									
出生(人)	1073	779	659	628	530	473	412	367	329
死亡(人)	417	384	357	374	365	481	496	515	553
结婚(对)	475	415	423	555	597	383	364	314	390
离婚(对)	75	89	107	157	252	235	152	144	193

1-1-2 社会经济主要指标人均水平

指　　标	1995	2000	2005	2010	2015	2020	2021	2022	2023
生产总值(元)	**3772**	**6502**	**14695**	**33262**	**52972**	**71640**	**85422**	**96474**	**102677**
一般公共预算收入(元)	**192**	**401**	**1157**	**4340**	**8036**	**8514**	**9786**	**11765**	**12856**
农牧业生产									
耕地面积(公顷)	0.24	0.31	0.31	0.29	0.37	0.48			0.48
粮食产量(千克)	464.43	524.63	693.17	950.95	1346.80	1520.95	1599.18	1624.87	1650.08
油料产量(千克)	30.89	49.16	50.95	56.01	84.40	90.18	89.07	70.81	85.96
甜菜产量(千克)	115.95	59.68	57.67	58.85	82.01	257.65	150.76	160.42	127.08
年末大牲畜(头)	0.31	0.26	0.33	0.35	0.35	0.34	0.36	0.40	0.45
年 末 羊(只)	1.46	1.50	2.26	2.23	2.59	2.52	2.56	2.55	2.58
年末生猪(口)	0.34	0.31	0.29	0.26	0.19	0.22	0.24	0.25	0.26
肉类产量(千克)	36.03	60.58	95.88	96.57	100.06	111.23	115.48	118.33	121.42
#牛肉产量(千克)	4.14	9.23	14.01	20.16	21.64	27.50	28.61	29.94	32.45
羊肉产量(千克)	7.43	13.44	30.21	36.17	37.87	46.90	47.33	45.92	45.36
猪肉产量(千克)	20.97	32.37	36.71	29.16	28.96	25.47	28.06	30.68	31.55
牛奶产量(千克)	21.37	33.70	288.20	292.92	262.10	253.82	280.35	305.69	330.44
羊 绒(千克)	0.14	0.16	0.28	0.33	0.34	0.28	0.25	0.25	0.36
主要工业产品产量									
原 煤(吨)	3.10	3.06	10.68	32.01	37.21	42.57	44.55	50.55	51.76
原 盐(吨)	0.03	0.05	0.09	0.11	0.07	0.04	0.06	0.06	0.05
发 电 量(千瓦小时)	1226	1855	4406	10076	16070	24121	25485	27573	31810
糖(千克)	7.51	5.09	6.15	4.88	27.54	33.83	28.21	25.36	21.66
乳 制 品(千克)	1.33	2.81	128.25	140.09	120.07	140.01	153.24	172.95	197.28
水 泥(吨)	0.15	0.27	0.68	2.21	2.39	1.50	1.53	1.49	1.58
钢(吨)	0.16	0.18	0.34	0.50	0.71	1.30	1.30	1.23	1.36
生 铁(吨)	0.15	0.19	0.38	0.55	0.60	0.99	0.98	0.91	0.98
社会消费品零售额(元)	**1309**	**2238**	**4542**	**10086**	**16785**	**19760**	**21072**	**20709**	**22406**
人民生活									
职工平均工资(元)	4134	6974	15985	35507	57870	87916	93266	103804	111602
#国 有(元)	4407	7261	16598	37602	62059	85118	88900	100920	106931
集 体(元)	3001	4826	10804	29822	58679	88996	90860	96895	
城镇常住居民人均可支配收入(元)	2863	5152	9247	18050	30594	41353	44377	46295	48676
城镇常住居民人均生活消费支出(元)	2482	3928	6927	13991	21876	23888	27194	26667	32249
农村牧区常住居民人均可支配收入(元)	1208	2058	3070	5780	10776	16567	18337	19641	21221
农村牧区常住居民人均生活消费支出(元)	1180	1694	2796	5572	10637	13594	15691	15444	18650
住户存款余额(元)	1804	3875	8231	18877	36811	63521	71397	84126	95489

注：1.住户存款余额2010年以前为城乡居民储蓄存款余额，2011—2014年为个人储蓄存款余额，下表同。
2.2013年以后，城镇(农村牧区)常住居民人均可支配收入、城镇(农村牧区)常住居民人均生活消费支出数据为城乡一体化住户收支与生活状况调查数据。“农牧民人均纯收入”改为“农村牧区常住居民人均可支配收入”。

1-1-3 国民经济和社会发展比例和效益

指　　标	1995	2000	2005	2010	2015	2020	2021	2022	2023
人口与就业									
人口									
出生率(‰)	17.2	12.1	10.1	9.3	7.7	7.2	6.3	5.6	5.0
死亡率(‰)	6.7	5.9	5.5	5.5	5.3	7.3	7.5	7.8	8.4
自然增长率(‰)	10.5	6.1	4.6	3.8	2.4	-0.1	-1.3	-2.3	-3.4
就业									
三次产业从业者比例(以第一产业为100)									
第一产业	100.0	100.0	100.0	100.0	100.0	100.0	100.0	100.0	100.0
第二产业	41.9	32.9	29.0	65.1	59.1	47.6	49.8	46.9	51.4
第三产业	49.9	58.8	56.7	33.7	72.1	132.7	138.9	124.1	139.7
城镇登记失业率(%)	3.17	3.34	4.26	3.90	3.65	3.80	3.84		
宏观经济									
国民经济核算									
三次产业增加值比例(以第一产业为100)									
第一产业	100.0	100.0	100.0	100.0	100.0	100.0	100.0	100.0	100.0
第二产业	118.7	166.1	233.7	311.6	323.2	340.5	421.3	423.6	427.6
第三产业	110.7	172.7	264.0	335.4	371.1	410.1	400.6	349.1	372.1
人均生产总值(元)	3772	6502	14695	33262	52972	71640	85422	96474	102677
财政									
一般公共预算收入占生产总值比例(%)	5.1	6.2	7.9	13.0	15.2	11.9	11.5	12.2	12.5
一般公共预算支出占生产总值比例(%)	11.9	17.0	20.8	27.7	32.8	30.5	25.5	25.4	27.8

1-1-3 续表 1

指 标	1995	2000	2005	2010	2015	2020	2021	2022	2023
产 业									
农牧业									
人均耕地面积(公顷)	0.24	0.31	0.31	0.29	0.37	0.48			0.48
每公顷耕地农业机械总动力(千瓦)	1.64	1.85	2.61	4.24	4.58	3.53			4.23
每公顷播种面积农产品产量(千克)									
粮 食	2547	2800	3800	4010	5004	5362	5578	5611	5666
油 料	1260	1324	1759	1882	2073	2389	1748	2288	2472
甜 菜	18821	23946	36389	43532	46625	48788	31702	44114	46232
建筑业									
技术装备率(元/人)	3053	5844	11822	11379	24549	21454	20938	22401	19269
产值利税率(%)	3.6	4.2	8.3	11.6	7.8	5.6	4.9	6.3	6.6
全员劳动生产率(元/人)(按总产值计算)	28440	39319	81750	151321	303271	473094	521443	552567	490250
全社会房屋建筑面积 竣工率(%)	80.7	75.5	53.5	50.2	44.5	20.1	17.6	15.6	19.4
交通运输、通信									
铁路网密度(公里/万平方公里)	50	50	54	78	101	120	120	120	120
公路网密度(公里/万平方公里)	378	569	1052	1336	1482	1777	1797	1827	1855
铁路货运密度(吨/公里)	14064	16169	34615	51270	56058	43372	55636	57156	61955
公路货运密度(吨/公里)	5449	5194	4099	5390	6814	5185	6249	5861	6671
移动电话普及率(部/百人)	0.1	4.9	29.9	82.5	96.6	116.6	125.0	126.0	126.0
国内贸易									
人均社会消费品零售额(元)	1309	2238	4542	10086	16785	19760	21072	20709	22406
对外经济贸易									
进出口总额占生产总值比例(%)	10.9	11.0	11.8	7.0	6.1	6.1	6.0	6.6	8.0
金融									
金融机构存款占生产总值比例(%)	66.1	82.5	93.6	125.4	139.6	144.7	134.2	139.5	147.5
金融机构贷款占生产总值比例(%)	95.7	87.1	73.5	96.6	132.4	134.7	121.7	116.2	122.1

1-1-3 续表 2

指 标	1995	2000	2005	2010	2015	2020	2021	2022	2023
教育、科技、文化									
教育									
学龄儿童净入学率(%)	98.9	99.5	99.4	100.0	100.0	100.0	100.0	100.0	100.0
小学升学率(%)	90.0	96.1	100.0	100.2	99.6	99.8	99.7	99.7	99.9
初中升学率(%)	48.6	60.2	73.0	91.5	95.4	95.0	94.9	94.8	95.7
学校生师比(教师人数=1)									
高等学校	5.3	8.1	14.2	15.9	16.5	17.4	17.8	18.4	18.1
中等学校	13.3	16.0	16.7	15.0	12.3	11.1	10.8	10.7	10.5
小学学校	15.3	15.6	13.4	12.6	12.9	13.1	13.1	12.6	12.6
科技									
研究与开发经费支出占生产总值比例(%)	0.09	0.16	0.29	0.55	0.76	0.93			0.93
文化									
每百万人有艺术表演团体(个)	5.2	4.9	4.5	4.4	4.0	3.9	3.8	3.8	3.8
每百万人有公共图书馆(个)	4.7	4.6	4.6	4.6	4.8	4.9	4.9	4.9	4.9
每百万人有博物馆(个)	0.7	1.1	1.4	2.2	3.4	7.1	7.0	6.9	5.3
家庭、生活、环境									
家庭									
负担少儿系数(%)	38.2	29.0	22.4	18.0	17.3	19.3	19.0	18.5	18.0
负担老年系数(%)	6.8	7.3	8.8	9.7	11.8	17.9	19.1	20.4	21.6
卫生									
每万人医院、卫生院数(个)	2.2	1.9	1.6	3.3	9.5	10.2	10.4	10.4	10.7
每万人医院、卫生院床位数(张)	27.3	28.2	29.1	40.4	53.3	67.5	69.4	69.9	72.3
每万人医生数(人)	22.0	22.0	21.0	22.0	26.0	33.5	35.1	35.8	38.7
市政建设									
城市自来水普及率(%)	80.7	89.1	83.9	88.0	98.5	99.1	99.2	99.4	98.9
城市用气普及率(%)	40.5	58.6	68.2	79.3	94.1	94.7	95.4	96.2	96.3
人均公园绿地面积(平方米)	5.9	7.0	7.8	12.4	19.3	19.9	20.7	20.5	20.6

1-1-4　国民经济和社会

指　标	总量指标									
	1978	2000	2005	2010	2012	2015	2020	2021	2022	2023
人口与就业										
人口(万人)										
年末总人口	1823.4	2372.4	2403.1	2472.2	2463.9	2440.4	2402.8	2400.0	2401.2	2396.0
市镇人口	397.5	1001.1	1134.3	1372.9	1439.4	1515.2	1621.5	1637.0	1647.2	1667.1
乡村人口	1425.9	1371.3	1268.8	1099.3	1024.5	925.2	781.3	763.0	754.0	728.9
男性人口	957.8	1227.2	1237.9	1283.9	1278.1	1262.2	1226.5	1226.0	1224.7	1227.1
女性人口	865.6	1145.2	1165.2	1188.3	1185.7	1178.2	1176.4	1174.0	1176.4	1168.9
就业(万人)										
从业人数	652.8	1061.6	1041.1	1398.0	1379.0	1351.0	1242.0	1218.0	1190.0	1211.0
#职工人数	227.6	263.9	239.6	244.9	265.3	289.6	256.5	254.9	253.7	256.8
城镇登记失业人数		12.6	17.7	20.8	23.1	25.9	30.0	30.5	29.0	29.1
宏观经济										
国民经济核算(亿元)										
生产总值	58.0	1539.1	3523.7	8199.9	10470.1	12949.0	17258.0	21166.00	23388.87	24626.96
第一产业	19.0	350.8	589.6	1097.8	1453.2	1630.2	2028.8	2353.91	2655.07	2737.25
第二产业	26.4	582.6	1377.8	3420.5	4553.6	5269.5	6908.2	9880.56	11352.51	11703.57
第三产业	12.7	605.7	1556.3	3681.6	4463.3	6049.2	8321.1	8931.53	9381.29	10186.14
人均地区生产总值(元)	317	6502	14695	33262	42441	52972	71640	88137	97433	102677
财政(亿元)										
一般公共预算收入	6.9	95.0	277.5	1070.0	1552.7	1964.5	2051.2	2349.9	2824.4	3083.6
一般公共预算支出	18.7	261.1	734.6	2273.5	3426.0	4253.0	5270.2	5239.6	5887.7	6836.2
物价总指数(上年=100)										
商品零售价格总指数	101.0	98.8	101.5	103.0	102.5	100.5	100.5	103.8	103.8	
居民消费价格总指数		101.3	102.4	103.2	103.1	101.1	101.9	100.9	101.8	100.6
能源生产与消费(万吨标准煤)										
能源生产总量	1070.6	4701.2	19072.6	49616.9	57661.8	56237.7	60906.8			
能源消费总量		3937.5	8772.6	14573.6	16912.9	18783.7	27133.6			

发展总量与速度

速度指标(%)												
指数(2023年为以下各年)							平均增长速度					
1978	2000	2005	2010	2012	2015	2020	1979-2022	2001-2005	2006-2010	2011-2015	2016-2020	2013-2023
131.4	101.0	99.7	96.9	97.2	98.2	99.7	0.6	0.3	0.6	-0.3	-0.3	-0.3
419.4	166.5	147.0	121.4	115.8	110.0	102.8	3.2	2.5	3.9	2.0	1.4	1.3
51.1	53.2	57.4	66.3	71.1	78.8	93.3	-1.5	-1.5	-2.8	-3.4	-3.3	-3.0
128.1	100.0	99.1	95.6	96.0	97.2	100.0	0.6	0.2	0.7	-0.3	-0.6	-0.4
135.0	102.1	100.3	98.4	98.6	99.2	99.4	0.7	0.3	0.4	-0.2		-0.1
185.5	114.1	116.3	86.6	87.8	89.6	97.5	1.4	-0.4	6.1	-0.7	-1.7	-1.2
112.8	97.3	107.2	104.9	96.8	88.7	100.1	0.3	-1.9	0.4	3.4	-2.4	-0.3
	230.6	164.2	139.7	125.8	112.2	96.9		7.0	3.3	4.5	3.0	2.1
8627.2	1022.0	502.6	234.1	186.1	147.5	119.5	10.4	15.3	16.5	9.7	4.3	5.8
1187.4	280.3	203.9	163.9	146.3	132.4	115.5	5.7	6.6	4.5	4.4	2.8	3.5
11503.1	1542.3	628.3	253.5	193.1	149.8	123.1	11.1	19.7	19.9	11.1	4.0	6.2
20601.2	1055.9	524.3	238.8	191.6	149.9	117.7	12.6	15.0	17.0	9.8	5.0	6.1
6579.8	1009.1	502.5	240.4	191.3	150.3	120.2	9.8	15.0	15.9	9.8	4.6	6.1
44690.4	3244.9	1111.4	288.2	198.6	157.0	150.3	14.5	23.9	31.0	12.9	0.9	6.4
36577.0	2618.6	930.6	300.7	199.5	160.7	129.7	14.0	23.0	25.4	13.3	4.4	6.5
								0.6	2.5	2.2	1.1	
	163.4	150.5	130.4	119.8	113.0	103.3		1.7	2.9	2.9	1.8	1.7
								32.3	21.1	2.5	1.6	
								17.4	10.7	5.2	7.6	

1－1－4

指　标	总量指标									
	1978	2000	2005	2010	2012	2015	2020	2021	2022	2023
产　业										
农林牧渔业										
耕地面积(万公顷)	532.6	731.7	735.5	714.9	910.9	916.2	1150.4			1156.8
总产值(亿元)	28.4	543.2	980.2	1844.5	2450.3	2761.6	3472.4	3815.1	4316.8	4447.3
主要农畜产品产量										
粮食(万吨)	499.0	1241.9	1662.2	2344.3	2739.8	3292.6	3664.1	3840.3	3900.6	3957.8
油料(万吨)	12.5	116.4	122.2	138.1	142.2	206.3	217.3	213.9	170.0	206.2
甜菜(万吨)	43.1	141.3	138.3	145.1	149.4	200.5	620.7	362.0	385.1	304.8
造林面积(万公顷)	29.8	59.0	67.8	62.5	78.2	66.8	65.0	36.8	34.3	27.4
肉类(万吨)		143.4	229.9	238.1	244.7	244.6	268.0	277.3	284.1	291.2
牛奶(万吨)		79.8	691.1	722.1	726.1	640.8	611.5	673.2	733.8	792.6
羊绒(吨)		3815	6646	8104	7642	8380	6718	6109.1	6049.9	8635.8
水产品(万吨)	1.5	7.2	8.3	11.4	13.2	15.4	11.8	10.9	10.9	11.2
工业生产										
主要工业产品产量										
原煤(亿吨)	0.2	0.7	2.6	7.9	10.7	9.1	10.3	10.7	12.1	12.4
原油(万吨)		90.5	146.9	182.9	197.8	178.8	125.4	149.1		159.3
原盐(万吨)	65.2	126.7	215.8	278.4	253.5	164.6	102.3	138.3	133.5	121.1
发电量(亿千瓦小时)	37.8	439.2	1056.6	2483.9	3116.9	3928.8	5811.0	6119.9	6619.2	7629.9
糖(包括土糖)(万吨)	4.2	12.0	14.8	12.0	31.1	67.3	81.5	67.7	60.9	52.0
乳制品(万吨)	0.3	6.7	307.5	345.4	325.7	293.6	337.3	368.0	415.2	473.2
服装(万件)		1794.7	1980.7	3676.4	3276.9	5095.5	526.8	755.8	823.6	721.6
机制纸及纸板(万吨)	4.3	12.2	25.7	28.8	15.0	12.3	7.4	9.6	10.6	8.7
水泥(万吨)	91.9	630.0	1632.3	5454.3	5872.1	5830.8	3610.9	3667.9	3582.7	3793.1
钢(万吨)	99.0	423.6	805.5	1232.8	1734.1	1735.1	3119.9	3117.9	2956.5	3266.9
生铁(万吨)	107.0	440.8	922.7	1359.0	1326.4	1461.4	2380.8	2347.4	2188.8	2347.9
成品钢材(万吨)	36.2	378.9	747.8	1341.4	1661.8	1897.2	2883.9	2957.6	3041.9	3387.9
彩色电视机(万台)		51.8	239.1	204.4	383.2	266.5	173.2	183.7	188.5	106.7
建筑业										
建筑业从业人数(万人)		35.3	26.4	44.3	36.9	28.6	18.0	15.5	13.9	20.6
建筑企业总产值(亿元)		138.8	381.3	1125.6	1441.0	1123.2	1134.4	1279.4	1332.8	1499.3
施工房屋面积(万平方米)		1816.9	2958.9	7577.9	10550.7	6970.5	7016.7	7497.5	7045.5	6871.3
竣工房屋面积(万平方米)		1130.0	1623.4	3805.2	3659.0	3098.9	1411.0	1320.7	1096.3	1336.4

注：本表中主要工业产品产量计算速度指标时，未考虑口径差异因素。

续表 1

速度指标(%)												
指数(2023年为以下各年)							平均增长速度					
1978	2000	2005	2010	2012	2015	2020	1979–2022	2001–2005	2006–2010	2011–2015	2016–2020	2013–2023
218.3	158.9	158.0	162.6	127.6	126.9	101.1	1.7	0.1	-0.6	5.1	4.7	2.2
1212.1	301.9	207.9	164.9	147.3	132.6	116.4	5.7	7.7	4.7	4.5	2.6	3.6
793.2	318.7	238.1	168.8	144.5	120.2	108.0	4.7	6.0	7.1	7.0	2.2	3.4
1649.4	177.2	168.8	149.3	145.0	99.9	94.9	6.4	1.0	2.5	8.4	1.0	3.4
707.2	215.7	220.4	210.1	204.0	152.0	49.1	4.4	-0.4	1.0	6.7	25.4	6.7
92.1	46.5	40.5	43.9	35.1	41.1	42.2	-0.2	2.8	-1.6	1.3	-0.5	-9.1
	203.1	126.7	122.3	119.0	119.1	108.7		9.9	0.7	0.5	1.8	1.6
	993.5	114.7	109.8	109.2	123.7	129.6		54.0	0.9	-2.4	-0.9	0.8
	226.4	129.9	106.6	113.0	103.1	128.5		11.7	4.0	0.7	-4.3	1.1
744.7	154.9	135.2	98.2	84.9	72.8	95.0	4.6	2.8	6.6	6.2	-5.2	-1.5
5659.1	1713.2	484.9	157.3	116.5	136.5	121.1	9.4	28.7	25.2	2.9	2.4	1.4
	175.9	108.4	87.0	80.5	89.0	126.9		10.2	4.5	-0.5	-6.8	2.6
185.8	95.6	56.1	43.5	47.8	73.6	118.4	1.4	11.2	5.2	-10.0	-9.1	-6.5
20195.7	1737.2	722.1	307.2	244.8	194.2	131.3	12.5	19.2	18.6	9.6	8.1	8.5
1229.3	431.9	352.5	431.9	167.0	77.2	63.8	5.7	4.1	-4.0	41.1	3.9	4.8
152638.7	7115.5	153.9	137.0	145.3	161.2	140.3	17.7	115.3	2.3	-3.2	2.8	3.5
	40.2	36.4	19.6	22.0	14.2	137.0		2.0	13.2	6.7	-36.5	-12.9
204.7	71.4	33.8	30.2	58.1	70.6	118.0	1.6	16.1	2.3	-15.6	-9.8	-4.8
4127.0	602.1	232.4	69.5	64.6	65.1	105.0	8.6	21.0	27.3	1.3	-9.1	-3.9
3299.9	771.2	405.6	265.0	188.4	188.3	104.7	8.1	13.7	8.9	7.1	12.5	5.9
2194.3	532.6	254.5	172.8	177.0	160.7	98.6	7.1	15.9	8.1	1.5	10.3	5.3
9351.2	894.1	453.1	252.6	203.9	178.6	117.5	10.6	14.6	12.4	7.2	8.7	6.7
	206.0	44.6	52.2	27.8	40.0	61.6		35.8	-3.1	5.5	-8.3	-11.0
	58.4	78.3	46.5	55.9	72.0	114.4		-5.7	11.0	-8.4	-8.9	-5.2
	1080.2	393.2	133.2	104.0	133.5	132.2		22.4	24.2		0.2	0.4
	378.2	232.2	90.7	65.1	98.6	97.9		10.2	20.7	-1.7	0.1	-3.8
	118.3	82.3	35.1	36.5	43.1	94.7		7.5	18.6	-4.0	-14.6	-8.7

1-1-4

指　　标	总量指标									
	1978	2000	2005	2010	2012	2015	2020	2021	2022	2023
交通运输										
货运量(万吨)	8213	44629	73082	132205	168078	186160	170550	211904	207833	234358
铁路	3861	9648	22060	47040	42813	66653	61545	79053	81122	87983
公路	4352	34979	51020	85162	125260	119500	109002	132847	126709	146372
空运		2.00	2.00	3.11	4.68	2.89	3.26	3.60	2.37	3.76
客运量(万人)	3422	23549	32114	24343	28188	16986	7395	7272	4103	8904
铁路	1753	3378	3259	4136	4273	5117	3298	3597	1712	5060
公路	1669	20061	28604	19830	23310	11017	3224	2686	1844	2478
空运		110	251	377	605	852	873	989	547	1366
邮电通信业										
函　件(万件)	6658	9677	3143	3389	2433	1455	623	672	430	495
报刊期发数(万份)	253	395	194	242	230	194	182	183	182	172
国内贸易										
社会消费品零售总额(亿元)	36.83	529.83	1089.20	2486.40	3239.20	4103.51	4760.45	5060.31	4971.40	5374.30
对外经济贸易										
进出口总额(亿美元)	0.16	20.36	51.62	87.19	112.57	127.84	151.85	191.36	227.81	278.36
进口额	0.05	10.14	30.97	53.84	72.86	71.10	101.45	117.35	133.48	167.51
出口额	0.10	10.22	20.65	33.35	39.70	56.73	50.40	74.01	94.33	110.84
实际利用外资额(万美元)		54819	140007	355876	417665	336629	182240	31587	53899	80057
旅游										
入境旅游人数(万人次)		39.20	100.16	142.80	159.17	160.78	8.68			
国内旅游人数(万人次)		735.00	2062.00	4477.55	5887.31	8351.83	12494.39	13126.81	9249.08	23045.04
旅游外汇收入(万美元)		12645	35207	60190	77196	96249	3401			
国内旅游收入(万元)		32.23	179.72	692.92	1080.65	2193.77	2404.06	1460	1053.92	3354.68
金融保险										
金融机构各项存款(亿元)	16.5	1270.1	3298.2	10278.7	13612.7	18077.6	24970.0	27534.0	32313.6	36317.6
金融机构各项贷款(亿元)	40.3	1340.7	2588.6	7919.5	11284.2	17140.7	23249.2	24965.0	26919.0	30064.0
保险公司保费收入(亿元)		24.6	60.9	198.8	247.7	395.5	740.0	756.6	667.0	718.7
保险公司赔付支出(亿元)		7.9	10.8	59.5	85.4	124.5	224.5	258.5	240.1	304.9
教育、科技、文化										
教育										
专任教师数(万人)										
普通高等学校	0.3	0.9	1.6	2.3	2.5	2.6	2.8	2.8	2.9	3.0
中等学校	8.1	10.1	10.8	11.0	11.0	10.7	11.2	11.7	11.9	12.2
小学	12.1	12.9	11.9	11.4	11.3	10.2	10.5	9.7	11.0	11.2
在校学生数(万人)										
普通高等学校	1.3	7.2	22.9	37.1	39.1	42.1	48.7	50.7	53.5	54.0
中等学校	162.5	162.1	179.9	164.9	152.2	131.7	124.3	125.5	128.1	127.8
小学	291.8	201.5	159.6	143.1	136.5	131.4	138.2	140.8	138.3	140.8
教育经费支出(亿元)		55.3	116.2	405.0	553.9	702.9	853.6			
科技										
研究与发展经费支出(万元)		24606	113208	637205	1014468	1360617	1610703	1900595	2095130	2281480

注：2013—2018年铁路数据为各铁路局加总数据，2020年使用国家反馈数。

续表 2

速度指标(%)												
指数(2023年为以下各年)							平均增长速度					
1978	2000	2005	2010	2012	2015	2020	1979–2022	2001–2005	2006–2010	2011–2015	2016–2020	2013–2023
						137.4		10.4	12.6			
						143.0		18.0	16.4			
3363.3	418.5	286.9	171.9	116.9	122.5	134.3	8.1	7.8	10.8	7.0	-1.8	1.4
	188.0	188.0	120.9	80.3	130.1	115.3			9.2	-1.5	2.4	-2.0
						120.4		6.4	-5.4			
						153.4		-0.7	4.9			
148.5	12.4	8.7	12.5	10.6	22.5	76.9	0.9	7.4	-7.1	-11.1	-21.8	-18.4
	1241.8	544.2	362.3	225.8	160.3	156.5		17.9	8.5	17.7	0.5	7.7
7.4	5.1	15.7	14.6	20.3	34.0	79.5	-5.6	-20.1	1.5	-15.6	-15.6	-13.5
68.0	43.5	88.7	71.1	74.8	88.7	94.5	-0.9	-13.3	4.5	-4.3	-1.3	-2.6
14592.2	1014.3	493.4	216.1	165.9	131.0	112.9	11.7	15.5	17.9	10.5	3.0	4.7
173975.0	1367.2	539.2	319.3	247.3	217.7	183.3	18.0	20.5	11.1	8.0	3.5	8.6
335020.0	1652.0	540.9	311.1	229.9	235.6	165.1	19.8	25.0	11.7	5.7	7.4	7.9
110840.0	1084.5	536.8	332.4	279.2	195.4	219.9	16.9	15.1	10.1	11.2	-2.3	9.8
	146.0	57.2	22.5	19.2	23.8	43.9		20.6	20.5	-1.1	-11.5	-13.9
								20.6	7.4	2.4	-44.2	
	3135.4	1117.6	514.7	391.4	275.9	184.4		22.9	16.8	13.3	8.4	13.2
								22.7	11.3	9.8	-48.8	
	10408.6	1866.6	484.1	310.4	152.9	139.5		41.0	31.0	25.9	1.8	10.8
220507.3	2859.4	1101.1	353.3	266.8	200.9	145.4	18.7	21.0	25.5	12.0	6.7	9.3
74545.1	2242.3	1161.4	379.6	266.4	175.4	129.3	15.8	14.1	25.1	16.7	6.3	9.3
	2918.1	1180.8	361.5	290.1	181.7	97.1		19.8	26.7	14.7	13.3	10.2
	3849.7	2833.6	512.9	357.2	244.8	135.8		6.3	40.8	15.9	12.5	12.3
1010.2	336.4	184.0	127.7	120.8	116.7	106.3	5.3	12.8	7.6	1.8	1.9	1.7
149.9	120.5	113.0	110.5	111.0	113.6	108.8	0.9	1.3	0.4	-0.5	0.9	1.0
92.3	86.7	94.2	98.7	99.3	110.1	106.5	-0.2	-1.6	-0.9	-2.2	0.7	-0.1
4297.5	750.4	235.5	145.4	138.0	128.3	111.0	8.7	26.1	10.1	2.5	2.9	3.0
78.7	78.8	71.1	77.5	84.0	97.0	102.8	-0.5	2.1	-1.7	-4.4	-1.2	-1.6
48.3	69.9	88.2	98.4	103.2	107.2	101.9	-1.6	-4.6	-2.2	-1.7	1.0	0.3
								16.0	28.4	11.7	4.0	
	9272.0	2015.3	358.0	224.9	167.7	141.6		35.7	41.3	41.3	16.4	7.6

1-1-4

指标	总量指标									
	1978	2000	2005	2010	2012	2015	2020	2021	2022	2023
文化										
出版数量										
图书(万册)	3200	7423	8888	6069	5807	6482	6322	6261	5959	5942
杂志(万册)		1585	1384	1437	2755	2081	1129	1082	1017	940
报纸(万份)		17967	61819	27050	29361	32815	24449	23238	22478	18980
电视节目制作时间(小时)		12916	71091	64697	66794	73302	85210	79660	78396	62709
家庭、生活、环境、婚姻										
结婚数(万对)		15.20	15.45	20.26	20.77	21.79	14.03	13.27	11.46	14.24
离婚数(万对)		3.25	3.92	5.72	7.49	9.19	8.61	5.55	5.24	7.04
居住										
城镇居民人均居住面积(平方米)	3.50	15.54	26.09	29.84	29.89	31.39	35.25	35.30	35.67	36.22
农村居民人均居住面积(平方米)		16.96	19.65	22.10	24.90	26.07	31.34	32.80	32.75	33.19
生活										
城镇居民人均可支配收入(元)	301	5152	9247	18050	23611	30594	41353	44377	46295	48676
农村牧区居民人均可支配收入(元)	100	2058	3070	5780	7956	10776	16567	18337	19641	21221
住户存款余额(亿元)	2.5	875.7	1973.6	4618.1	6597.2	8999.4	15302.8	17145.2	20195.3	22904.1
职工工资										
工资总额(亿元)	15.0	186.0	387.7	879.8	1280.5	1706.7	2256.7	2373.1	2644.9	2872.2
职工平均工资(元)	712	6974	15985	35507	47053	57870	87916	93266	103804	111602
卫生										
医院、卫生院(个)	1723	1988	1834	1807	1848	2024	2034	2057	2058	2091
医生(人)	26724	52299	50308	54161	59528	64239	80570	84220	85970	92704
医院、卫生院床位数(张)	24079	63156	64002	87882	99761	124676	151647	155200	156194	161268
市政建设										
自来水供应量(万吨)	8837	61757	61081	62757	64870	74788	73096	62072	68210	68385
排水管道长度(公里)		2693	4505	8514	10012	12542	11157	11622	12217	12559
城市煤气和天然气供气量(万立方米)		7485	16330	72560	115825	136297	205948	219984	244629	263269
公共汽车总数(辆)	425	2128	3594	5771	5705	6822	7720	11098	7415	7333
铺装道路长度(公里)	677	2771	3867	6447	7299	9281	8044	8878	8830	9147
绿地面积(公顷)	2143	16541	24632	38143	46727	63090	56264	58260	58611	52405
自然灾害										
火灾发生数(起)		2096	5422	8741	7545	9509	17517	20283	18732	15237
火灾损失(万元)		1365	1687	5195	10131	12866	12435	16733	22714	18208
交通事故发生数(起)		9521	8452	4780	3956	3214	3097	3581	3359	3691
交通事故损失(万元)		2539	2785	2346	1879	1587	2278	2397	1917	2227

续表 3

速度指标(%)												
指数(2023年为以下各年)							平均增长速度					
1978	2000	2005	2010	2012	2015	2020	1979–2022	2001–2005	2006–2010	2011–2015	2016–2020	2013–2023
185.7	80.0	66.9	97.9	102.3	91.7	94.0	1.4	3.7	-7.3	1.3	-0.5	0.2
	59.3	67.9	65.4	34.1	45.2	83.3		-2.7	0.8	7.7	-11.5	-9.3
	105.6	30.7	70.2	64.6	57.8	77.6		28.0	-15.2	3.9	-5.7	-3.9
	485.5	88.2	96.9	93.9	85.5	73.6		40.6	-1.9	2.5	3.1	-0.6
	93.7	92.1	70.3	68.5	65.3	101.5		0.3	5.6	1.5	-8.2	-3.4
	217.1	180.0	123.4	94.2	76.8	82.0		3.8	7.9	9.9	-1.3	-0.5
1034.9	233.1	138.8	121.4	121.2	115.4	102.8	5.3	10.9	2.7	1.0	2.3	1.8
	195.7	168.9	150.2	133.3	127.3	105.9		3.0	2.4	3.4	3.8	2.6
2321.0	599.0	353.0	207.0	172.5	141.6	114.1	7.2	11.2	11.3	7.9	4.4	33.1
3153.9	588.0	448.2	280.6	220.9	171.7	123.4	8.0	5.6	9.8	10.3	6.8	36.9
					254.5	149.7		17.6	18.5		11.2	
19173.6	1544.5	740.8	326.5	224.3	168.3	127.3	100.0	15.8	17.8	14.2	5.7	
15674.4	1600.3	698.2	314.3	237.2	192.8	126.9	11.9	18.0	17.3	10.3	8.7	8.2
121.4	105.2	114.0	115.7	113.1	103.3	102.8	0.4	-1.6	-0.3	2.3	0.1	1.1
346.9	177.3	184.3	171.2	155.7	144.3	115.1	2.8	-0.8	1.5	3.5	4.6	4.1
669.7	255.3	252.0	183.5	161.7	129.3	106.3	4.3	0.3	6.5	7.2	4.0	4.5
773.8	110.7	112.0	109.0	105.4	91.4	93.6	4.7	-0.2	0.5	3.6	-0.5	0.5
	466.4	278.8	147.5	125.4	100.1	112.6		10.8	13.6	8.1	-2.3	2.1
	3517.3	1612.2	362.8	227.3	193.2	127.8		16.9	34.8	13.4	8.6	7.8
1725.4	344.6	204.0	127.1	128.5	107.5	95.0	6.5	11.1	9.9	3.4	2.5	2.3
1351.1	330.1	236.5	141.9	125.3	98.6	113.7	6.0	6.9	10.8	7.6	-2.8	2.1
2445.4	316.8	212.8	137.4	112.2	83.1	93.1	7.4	8.3	9.1	10.6	-2.3	1.0
	727.0	281.0	174.3	201.9	160.2	87.0		20.9	10.0	1.7	13.0	6.6
	1333.9	1079.3	350.5	179.7	141.5	146.4		4.3	25.2	19.9	-0.7	5.5
	38.8	43.7	77.2	93.3	114.8	119.2		-2.4	-10.8	-7.6	-0.7	-0.6
	87.7	80.0	94.9	118.5	140.3	97.8		1.9	-3.4	-7.5	7.5	1.6

1-1-5 国民经济和社会发展结构

单位：%

指　　标	1995	2000	2005	2010	2015	2020	2021	2022	2023
人口城乡结构									
城镇	38.2	42.2	47.2	55.5	62.1	67.5	68.2	68.6	69.6
乡村	61.8	57.8	52.8	44.5	37.9	32.5	31.8	31.4	30.4
人口性别结构									
男	52.0	51.7	51.5	51.9	51.7	51.0	51.1	51.0	51.2
女	48.0	48.3	48.5	48.1	48.3	49.0	48.9	49.0	48.8
就业产业结构									
第一产业	52.2	52.2	53.8	50.4	43.2	35.7	34.7	36.9	34.4
第二产业	21.9	17.2	15.6	32.8	25.5	17.0	17.2	17.3	17.7
第三产业	26.0	30.7	30.5	16.9	31.2	47.3	48.1	45.8	48.0
生产总值三次产业结构									
第一产业	30.4	22.8	16.7	13.4	12.6	11.8	10.8	11.5	11.1
第二产业	36.0	37.9	39.1	41.7	40.7	40.0	45.7	48.5	47.5
第三产业	33.6	39.3	44.2	44.9	46.7	48.2	43.5	40.0	41.4
农、林、牧、渔业产值结构									
农业	61.9	56.8	48.3	49.7	53.4	48.9	49.3	51.2	51.4
林业	3.2	4.3	4.1	4.2	3.6	2.6	2.5	2.5	2.6
牧业	34.0	37.8	45.4	43.8	40.4	46.2	46.0	43.5	42.7
渔业	0.8	1.1	0.7	0.9	1.1	0.8	0.8	0.7	0.7
固定资产投资额三次产业投资结构									
第一产业	8.6	11.1	3.0	3.3	4.5	4.4	4.1	3.9	5.2
第二产业	64.8	34.3	57.0	49.1	41.8	39.1	43.2	53.2	58.0
第三产业	26.6	54.6	40.0	47.6	53.7	56.5	52.7	42.9	36.8
教育经费占财政支出的比例	**16.2**	**11.4**	**10.7**	**14.2**	**12.6**	**12.2**	**12.2**	**11.8**	**11.3**
社会消费品零售总额结构									
按销售单位所在地分									
城镇				89.7	89.2	88.3	88.4	88.3	88.2
乡村				10.3	10.8	11.7	11.6	11.7	11.8

1-1-5 续表

单位：%

指 标	1995	2000	2005	2010	2015	2020	2021	2022	2023
按销售形态分									
商品零售收入				87.1	86.8	87.8	87.2	88.7	87.6
餐饮收入				12.9	13.2	12.2	12.8	11.3	12.4
货运量结构(按运输方式分)									
铁路	25.5	21.6	30.2	35.6	35.8	36.1	37.3	39.0	37.5
公路	74.5	78.4	69.8	64.4	64.2	63.9	62.7	61.0	62.5
航空									
管道									
学校在校学生结构									
大学生	1.0	1.9	6.3	10.8	13.8	15.6	16.0	16.7	16.7
中学生	35.4	43.7	49.6	47.8	43.2	40.0	39.6	40.0	39.6
小学生	63.6	54.3	44.0	41.5	43.0	44.4	44.4	43.2	43.7
城镇居民消费结构									
食 品 类	48.4	34.5	31.4	30.1	28.4	28.0	26.9	27.0	27.0
衣 着 类	16.3	14.3	15.1	15.7	11.3	8.9	7.9	7.5	7.5
居 住	6.3	8.6	10.4	9.9	17.0	21.6	20.7	22.5	19.4
用品及其他	29.0	42.6	43.1	44.3	43.3	41.5	44.4	42.9	46.2
农牧民消费结构									
食 品 类	59.7	44.8	43.1	37.5	29.4	30.6	30.1	31.1	29.1
衣 着 类	7.3	6.9	6.1	7.1	7.2	5.3	5.4	5.4	5.2
居 住	13.3	15.4	13.7	16.9	17.1	19.4	18.0	19.4	16.9
用品及其他	19.7	32.9	37.1	38.5	46.4	44.7	46.4	44.2	48.8
卫生机构结构									
医院、卫生院	40.8	44.9	48.6	22.4	8.5	8.3	8.2	8.2	8.1
专科防治所站	1.3	1.4	1.4	0.6	0.2	0.1	0.1	0.0	0.04
疾病预防控制中心	3.8	4.2	3.9	1.6	0.5	0.5	0.5	0.5	0.5
妇幼保健所站	2.4	2.4	3.1	1.5	0.5	0.5	0.5	0.5	0.5
卫生技术人员结构									
医生	48.3	51.9	49.0	44.0	39.6	39.8	39.8	39.6	39.5
护师、护士	24.1	25.6	26.4	30.6	37.7	41.2	42.0	42.2	43.2

注：2013年起，城镇居民(农牧民)消费结构数据为城乡住户一体化调查数据。

主要统计指标解释

可比价格 指计算各种总量指标所采用的扣除了价格变动因素的价格，可进行不同时期总量指标的对比。按可比价格计算总量指标有两种方法：一种是直接用产品产量乘某一年的不变价格计算；另一种是用价格指数进行缩减。

不变价格 指以同类产品某年的平均价格作为固定价格，用于计算各年的产品价值。按不变价格计算的产品价值消除了价格变动因素，不同时期对比可以反映生产的发展速度，中华人民共和国成立后，随着工农业产品价格水平的变化，国家统计局先后五次制定了全国统一的工业产品不变价格和农业产品不变价格。从1952年到1957年使用1952年工(农)业产品不变价格。从1957年到1970年使用1957年不变价格，从1971年到1980年使用1970年不变价格，从1981年到1990年使用1980年不变价格，从1991年开始使用1990年不变价格。

平均增长速度 我国计算平均增长速度有两种方法：一种是习惯上经常使用的“水平法”，又称几何平均法，是以间隔期最后一年的水平同基期水平对比来计算平均每年增长(或下降)速度；另一种是“累计法”，又称代数平均法或方程法，是以间隔期内各年水平的总和同基期水平对比来计算平均每年增长(或下降)速度。在一般正常情况下，两种方法计算的平均每年增长速度比较接近，但在经济发展不平衡、出现大起大落时，两种方法计算的结果差别较大。

本《年鉴》内所列的平均增长速度，除固定资产投资用“累计法”计算外，其余均用“水平法”计算。从某年到某年平均增长速度的年份，均不包括基期年在内。如中华人民共和国成立四十三年的平均增长速度是以1949年为基期计算的，则写为1950-1992年平均增长速度，其余类推。

企业(单位)登记注册类型 是以在工商行政管理机关登记注册的各类企业为划分对象，以工商行政管理部门对企业登记注册的类型为依据，将企业登记注册类型分为内资企业、港澳台商投资企业和外商投资企业三大类。内资企业包括国有企业、集体企业、股份合作企业、联营企业、有限责任公司、股份有限公司、私营公司和其他企业；港澳台商投资企业和外商投资企业分别包括合资经营企业、合作经营企业、独资经营企业和股份有限公司。对不在工商行政管理部门进行登记注册的行政机关、事业单位和社会团体，主要按其经费来源和管理方式进行划分。

国有企业 指企业全部资产归国家所有，并按《中华人民共和国企业法人登记管理条例》规定登记注册的非公司制的经济组织。不包括有限责任公司中的国有独资公司。

集体企业 指企业资产归集体所有，并按《中华人民共和国企业法人登记管理条例》规定登记注册的经济组织。

股份合作企业 指以合作制为基础，由企业职工共同出资入股，吸收一定比例的社会资产投资组建，实行自主经营，自负盈亏，共同劳动，民主管理，按劳分配与按股分红相结合的一种集体经济组织。

联营企业 指两个及两个以上相同或不同所有制性质的企业法人或事业单位法人，按自愿、平等、互利的原则，共同投资组成的经济组织。联营企业包括国有联营企业、集体联营企业、国有与集体联营企业和其他联营企业。

有限责任公司 指根据《中华人民共和国公司登记管理条例》规定登记注册，由两个以上、五十个以下的股东共同出资，每个股东以其所认缴的出资额对公司承担有限责任，公司以其全部资产对其债务承担责任的经济组织。有限责任公司包括国有独资公司以及其他有限责任公司。

股份有限公司 指根据《中华人民共和国公司登记管理条例》规定登记注册，其全部注册资本由等额股份构成并通过发行股票筹集资本，股东以其认购的股份对公司承担有限责任，公司以其全部资产对其债务承担责任的经济组织。

私营企业 指由自然人投资设立或由自然人控股，以雇佣劳动为基础的营利性经济组织。包括按照《公司法》《合伙企业法》《私营企业暂行条例》规定登记注册的私营有限责任公司、私营股份有限公司、私营合伙企业和私营独资企业。

其他内资企业 指上述企业之外的其他内资经济组织。

与港澳台商合资经营企业 指港澳台地区投资者与内地企业依照《中华人民共和国中外合资经营企业法》及有关法律的规定，按合同规定的比例投资设立、分享利润和分担风险的企业。

与港澳台商合作经营企业 指港澳台地区投资者与内地企业依照《中华人民共和国中外合作经营企业法》及有关法律的规定，依照合作合同的约定进行投资或提供条件设立、分配利润和分担风险的企业。

港澳台商独资经营企业 指依照《中华人民共和国外资企业法》及有关法律的规定，在内地由港澳台地区投资者全额投资设立的企业。

港澳台商投资股份有限公司 指根据国家有关规定，经外经贸部依法批准设立，其中港、澳、台商的股本占公司注册资本的比例达 25%以上的股份有限公司。凡其中港、澳、台商的股本占公司注册资本的比例小于 25%的，属于内资企业中的股份有限公司。

中外合资经营企业 指外国企业或外国人与中国内地企业依照《中华人民共和国中外合资经营企业法》及有关法律的规定，按合同规定的比例投资设立、分享利润和分担风险的企业。

中外合作经营企业 指外国企业或外国人与中国内地企业依照《中华人民共和国中外合作经营企业法》及有关法律的规定，依照合作合同的约定进行投资或提供条件设立、分配利润和分担风险的企业。

外资企业 指依照《中华人民共和国外资企业法》及有关法律的规定，在中国内地由外国投资者全额投资设立的企业。

外商投资股份有限公司 指根据国家有关规定，经外经贸部依法批准设立，其中外资的股本占公司注册资本的比例达 25%以上的股份有限公司。凡其中外资股本占公司注册资本的比例小于25%的，属于内资企业中的股份有限公司。

行政机关、事业单位和社会团体 参照企业登记注册类型，主要按其经费来源和管理方式划分。具体规定如下:

(1)行政机关：包括国家机关和政党机关，原则上均列为“国有”。但有特殊规定的，如供销社等，则列为“集体”。

(2)事业单位：包括经国家机构编制部门和有关业务主管部门批准成立的各类事业单位，不包括实行企业化管理的事业单位。事业单位的划分办法如下:

①由国家财政预算拨款或列入财政预算外资金管理以及经费主要来源于国有主管部门或国有上级单位的事业单位，列为“国有”。

②经费主要来源于集体单位的事业单位，列为“集体”。

③公民个人(或个人合伙)开办的事业单位，列为“私营”。

④上述以外的其他事业单位，如果其经费来源不明 确，按管理方式进行归类。

(3)社会团体：包括经民政部门批准成立以及未纳入社会团体管理条例范围的工会、妇联等各类社会团体。社会团体的划分办法如下:

①未纳入民政部社会团体管理条例范围的工会、妇联、共青团、青联、工商联、科协、侨联等社会团体，国家拨款设立的基金会或基金管理组织以及经费主要来源于国有业务主管部门或国有上级单位的社会团体，列入“国有”。

②经费主要来源于集体单位的社会团体，列为“集体”。

③公民个人(或个人合伙)开办的社会团体，划为“私营”。

④上述以外的其他社会团体，如果其经费来源不明确，改按管理方式进行归类。

第一部分
综合篇

② 国民经济核算

1-2-1 生产总值

单位：亿元

年 份	生产总值				人均生产总值（元）
		第一产业	第二产业	第三产业	
1952	12.16	8.64	1.37	2.15	173
1953	15.57	10.44	2.25	2.88	211
1954	19.46	12.37	3.65	3.44	249
1955	17.49	10.25	3.53	3.71	213
1956	24.60	14.11	5.43	5.06	283
1957	21.27	11.29	5.05	4.93	232
1958	28.10	12.55	9.65	5.90	292
1959	35.76	14.75	13.41	7.60	349
1960	36.56	11.80	17.11	7.65	325
1961	25.25	11.40	7.25	6.60	215
1962	25.12	12.75	6.56	5.81	215
1963	29.02	12.71	9.90	6.41	243
1964	32.55	14.04	11.43	7.08	262
1965	35.41	15.21	12.08	8.12	275
1966	38.32	17.12	13.01	8.19	289
1967	31.80	13.87	10.43	7.50	233
1968	32.96	14.87	10.54	7.55	235
1969	32.90	14.78	10.52	7.60	227
1970	39.17	17.69	12.94	8.54	263
1971	41.61	16.82	15.99	8.80	271
1972	39.36	14.56	15.54	9.26	247
1973	44.07	16.22	18.14	9.71	269
1974	43.26	15.97	17.30	9.99	256
1975	48.55	18.15	20.02	10.38	280
1976	48.09	18.51	18.77	10.81	272
1977	51.65	18.91	21.60	11.14	287
1978	58.04	18.96	26.37	12.71	317
1979	64.14	21.03	28.37	14.74	343
1980	68.40	18.03	32.26	18.11	361
1981	77.91	27.14	32.04	18.73	407
1982	93.22	33.32	37.21	22.69	480
1983	105.88	35.90	41.98	28.00	535
1984	128.20	42.98	47.74	37.48	640
1985	163.83	53.54	56.95	53.34	809
1986	181.58	54.64	61.55	65.39	888
1987	212.27	62.21	70.42	79.64	1025
1988	270.81	90.20	85.72	94.89	1291
1989	292.69	89.08	98.96	104.65	1377

1-2-1 续表

单位：亿元

年 份	生产总值				人均生产总值(元)
		第一产业	第二产业	第三产业	
1990	319.31	112.57	102.43	104.31	1478
1991	359.66	117.19	124.03	118.44	1642
1992	421.68	126.86	152.56	142.26	1906
1993	537.81	149.96	203.46	184.39	2423
1994	695.06	208.53	254.52	232.01	3094
1995	857.06	260.18	308.78	288.10	3772
1996	1023.09	312.82	364.77	345.50	4457
1997	1153.51	322.52	422.39	408.60	4980
1998	1262.54	341.62	458.86	462.06	5406
1999	1379.31	342.91	510.47	525.93	5861
2000	1539.12	350.80	582.57	605.74	6502
2001	1713.81	358.89	655.68	699.24	7210
2002	1940.94	374.69	754.78	811.47	8146
2003	2388.38	420.10	840.88	1127.40	10015
2004	2942.35	522.80	1041.21	1378.35	12315
2005	3523.70	589.56	1377.80	1556.34	14695
2006	4161.75	634.94	1722.36	1804.45	17275
2007	5166.93	762.55	2122.73	2281.65	21334
2008	6242.41	902.92	2555.05	2784.44	25620
2009	7104.22	934.88	2915.99	3253.35	28982
2010	8199.86	1097.80	3420.45	3681.61	33262
2011	9458.12	1309.72	4044.04	4104.36	38276
2012	10470.14	1453.22	4553.62	4463.29	42441
2013	11392.42	1582.87	4870.14	4939.41	46320
2014	12158.22	1638.02	5114.42	5405.77	49585
2015	12948.99	1630.21	5269.54	6049.24	52972
2016	13789.26	1650.56	5579.77	6558.93	56560
2017	14898.05	1649.77	5874.25	7374.03	61196
2018	16140.76	1750.67	6335.38	8054.70	66491
2019	17212.53	1863.26	6763.14	8586.13	71170
2020	17258.04	2028.82	6908.17	8321.06	71640
2021	21166.00	2353.91	9880.56	8931.53	88137
2022	23388.87	2655.07	11352.51	9381.29	97433
2023	24626.96	2737.25	11703.57	10186.14	102677

注：1.本表按当年价格计算。
2.根据第四次全国经济普查结果对2003-2018年数据进行了修订，2019-2021年为最终核实数,下表同。
3.根据第七次全国人口普查结果对2011-2019年人均生产总值及指数进行了修订。

1-2-2　生产总值构成

单位：%

年　份	生产总值	第一产业	第二产业	第三产业
1952	100.0	71.1	11.3	17.6
1953	100.0	67.1	14.5	18.4
1954	100.0	63.6	18.8	17.6
1955	100.0	58.6	20.2	21.2
1956	100.0	57.4	22.1	20.5
1957	100.0	53.1	23.7	23.2
1958	100.0	44.7	34.3	21.0
1959	100.0	41.2	37.5	21.3
1960	100.0	32.3	46.8	20.9
1961	100.0	45.1	28.7	26.2
1962	100.0	50.8	26.1	23.1
1963	100.0	43.8	34.1	22.1
1964	100.0	43.1	35.1	21.8
1965	100.0	43.0	34.1	22.9
1966	100.0	44.7	34.0	21.3
1967	100.0	43.6	32.8	23.6
1968	100.0	45.1	32.0	22.9
1969	100.0	44.9	32.0	23.1
1970	100.0	45.2	33.0	21.8
1971	100.0	40.4	38.4	21.2
1972	100.0	37.0	39.5	23.5
1973	100.0	36.8	41.2	22.0
1974	100.0	36.9	40.0	23.1
1975	100.0	37.4	41.2	21.4
1976	100.0	38.5	39.0	22.5
1977	100.0	36.6	41.8	21.6
1978	100.0	32.7	45.4	21.9
1979	100.0	32.8	44.2	23.0
1980	100.0	26.4	47.2	26.4
1981	100.0	34.8	41.1	24.1
1982	100.0	35.8	39.9	24.3
1983	100.0	33.9	39.6	26.5
1984	100.0	33.5	37.2	29.3
1985	100.0	32.7	34.8	32.5
1986	100.0	30.1	33.9	36.0
1987	100.0	29.3	33.2	37.5
1988	100.0	33.3	31.7	35.0
1989	100.0	30.4	33.8	35.8

1-2-2 续表

单位：%

年 份	生产总值	第一产业	第二产业	第三产业
1990	100.0	35.3	32.1	32.6
1991	100.0	32.6	34.5	32.9
1992	100.0	30.1	36.2	33.7
1993	100.0	27.9	37.8	34.3
1994	100.0	30.0	36.6	33.4
1995	100.0	30.4	36.0	33.6
1996	100.0	30.6	35.7	33.7
1997	100.0	28.0	36.6	35.4
1998	100.0	27.1	36.3	36.6
1999	100.0	24.9	37.0	38.1
2000	100.0	22.8	37.9	39.3
2001	100.0	20.9	38.3	40.8
2002	100.0	19.3	38.9	41.8
2003	100.0	17.6	35.2	47.2
2004	100.0	17.8	35.4	46.8
2005	100.0	16.7	39.1	44.2
2006	100.0	15.2	41.4	43.4
2007	100.0	14.7	41.1	44.2
2008	100.0	14.5	40.9	44.6
2009	100.0	13.2	41.0	45.8
2010	100.0	13.4	41.7	44.9
2011	100.0	13.8	42.8	43.4
2012	100.0	13.9	43.5	42.6
2013	100.0	13.9	42.7	43.4
2014	100.0	13.5	42.1	44.4
2015	100.0	12.6	40.7	46.7
2016	100.0	12.0	40.5	47.5
2017	100.0	11.1	39.4	49.5
2018	100.0	10.8	39.3	49.9
2019	100.0	10.8	39.3	49.9
2020	100.0	11.8	40.0	48.2
2021	100.0	11.1	46.7	42.2
2022	100.0	11.4	48.5	40.1
2023	100.0	11.1	47.5	41.4

注：本表按当年价格计算。

1-2-3 生产总值指数

上年=100

年 份	生产总值				人均生产总值
		第一产业	第二产业	第三产业	
1953	116.3	107.5	159.9	127.4	110.6
1954	119.4	111.3	160.4	117.6	112.8
1955	90.7	83.7	97.5	107.4	86.0
1956	138.7	136.6	152.3	131.4	131.0
1957	110.9	117.5	98.3	106.2	105.3
1958	125.3	105.3	184.0	127.1	119.4
1959	122.9	112.6	139.2	125.2	115.3
1960	95.8	77.9	126.6	86.5	87.3
1961	65.3	80.7	39.3	95.5	62.3
1962	94.7	105.2	84.3	86.5	95.5
1963	119.7	108.9	148.6	115.0	117.0
1964	113.2	111.8	117.1	111.3	108.9
1965	109.8	105.9	113.6	112.6	105.8
1966	110.0	112.4	114.4	99.7	106.8
1967	83.3	81.1	81.2	91.2	81.1
1968	99.9	98.9	102.6	98.3	96.9
1969	100.8	99.5	103.4	99.8	97.7
1970	123.3	119.7	140.2	105.6	120.0
1971	102.1	95.0	106.5	108.7	99.0
1972	107.8	117.0	97.2	110.4	104.1
1973	111.7	110.8	116.8	105.0	108.3
1974	96.2	94.3	95.4	101.8	93.3
1975	111.3	111.7	115.6	103.1	108.6
1976	99.4	101.8	94.7	103.2	97.4
1977	107.0	102.2	114.5	103.7	105.2
1978	108.0	98.8	117.2	108.9	106.3
1979	109.8	107.7	108.6	116.0	107.4
1980	101.7	76.0	113.3	122.9	100.2
1981	110.6	141.8	96.3	103.4	109.4
1982	118.6	118.2	117.4	121.1	116.9
1983	109.8	105.0	109.9	116.7	107.8
1984	116.1	114.0	110.2	128.1	116.2
1985	117.2	114.1	108.2	133.0	114.6
1986	105.9	91.7	105.4	120.4	104.8
1987	109.0	106.8	107.0	112.5	107.7
1988	109.8	117.3	111.1	103.2	108.4
1989	102.7	95.1	104.9	106.8	101.4

1-2-3 续表

上年=100

年 份	生产总值	第一产业	第二产业	第三产业	人均生产总值
1990	107.5	124.4	99.4	103.1	105.8
1991	107.5	104.0	110.8	107.9	106.0
1992	111.0	104.0	115.4	113.8	109.9
1993	111.7	105.0	113.9	115.7	110.4
1994	111.2	103.2	113.1	116.1	109.8
1995	110.1	103.9	111.0	114.1	108.9
1996	114.4	121.4	111.4	112.3	113.2
1997	110.8	102.0	114.0	114.3	109.8
1998	110.7	106.2	109.6	114.7	109.7
1999	108.8	101.0	110.0	112.7	108.0
2000	110.8	102.6	111.7	114.5	110.1
2001	110.7	102.0	110.9	115.5	110.2
2002	113.2	104.4	115.7	115.3	112.9
2003	116.3	106.4	120.1	117.5	116.2
2004	116.7	111.3	122.3	113.8	116.5
2005	119.6	109.1	130.3	113.1	119.2
2006	118.0	103.2	124.1	118.2	117.5
2007	118.0	103.9	122.3	118.6	117.4
2008	116.5	106.9	118.4	117.5	115.8
2009	116.0	102.3	119.2	116.5	115.3
2010	114.1	106.1	115.7	114.4	113.5
2011	113.6	106.0	116.3	113.3	113.3
2012	110.7	105.7	112.9	110.0	110.9
2013	108.7	103.7	110.1	108.7	109.0
2014	107.8	103.2	108.6	108.2	108.1
2015	107.7	103.2	107.8	108.7	108.0
2016	107.0	103.2	106.9	108.2	107.3
2017	104.0	103.3	101.5	106.4	104.2
2018	105.2	103.2	105.0	106.0	105.5
2019	105.2	102.4	105.7	105.4	105.5
2020	100.2	101.7	101.1	99.0	100.5
2021	106.7	105.0	106.9	107.1	107.1
2022	104.4	104.3	106.5	102.7	104.5
2023	107.3	105.5	108.1	107.0	107.4

注：本表按可比价格计算。

1-2-4 生产总值指数

1952年=100

年 份	生产总值	第一产业	第二产业	第三产业	人均生产总值
1952	100	100	100	100	100
1953	116.3	107.5	159.9	127.4	110.6
1954	138.9	119.6	256.6	149.8	124.8
1955	125.9	100.1	250.1	160.9	107.4
1956	174.6	136.8	380.9	211.3	140.7
1957	193.6	160.8	374.2	224.5	148.2
1958	242.6	169.3	688.6	285.4	176.9
1959	298.1	190.6	958.4	357.3	204.1
1960	285.6	148.5	1213.1	309.1	178.1
1961	186.4	119.9	476.5	295.1	111.0
1962	176.5	126.1	401.8	255.4	106.0
1963	211.3	137.3	597.2	293.8	124.0
1964	239.3	153.5	699.5	327.0	135.1
1965	262.7	162.5	795.0	368.3	143.0
1966	288.9	182.6	909.8	367.2	152.7
1967	240.8	148.1	739.2	334.9	123.8
1968	240.6	146.5	758.6	329.1	120.1
1969	242.6	145.7	784.6	328.3	117.3
1970	299.1	174.4	1100.0	346.6	140.7
1971	305.3	165.7	1171.8	376.6	139.2
1972	329.1	193.9	1138.9	415.8	144.9
1973	367.5	214.8	1329.8	436.5	157.0
1974	353.7	202.6	1268.7	444.4	146.5
1975	393.8	226.3	1467.3	458.4	159.1
1976	391.2	230.4	1389.9	473.1	155.0
1977	418.7	235.4	1591.6	490.7	163.1
1978	452.2	232.5	1865.3	534.2	173.4
1979	496.3	250.5	2026.3	619.5	186.3
1980	504.6	190.5	2295.8	761.5	186.7
1981	558.1	270.1	2210.8	787.4	204.2
1982	661.8	319.3	2595.1	953.9	238.8
1983	726.9	335.4	2850.8	1113.2	257.5
1984	844.4	382.4	3135.9	1425.5	299.1
1985	989.8	436.3	3399.5	1896.5	342.7
1986	1048.0	400.2	3582.7	2282.8	359.1
1987	1142.1	427.6	3832.2	2568.3	386.6
1988	1254.0	501.6	4259.3	2651.2	419.2
1989	1288.3	476.7	4470.0	2831.2	425.0

1-2-4 续表

1952年=100

年 份	生产总值	第一产业	第二产业	第三产业	人均生产总值
1990	1385.2	593.2	4444.5	2919.0	449.5
1991	1488.7	616.9	4926.5	3149.9	476.5
1992	1652.6	641.8	5687.2	3584.0	523.7
1993	1845.3	673.9	6480.5	4145.0	578.2
1994	2051.2	695.5	7329.5	4810.9	640.1
1995	2259.3	722.6	8133.5	5490.7	697.0
1996	2584.3	877.2	9064.7	6165.5	789.3
1997	2862.1	894.8	10333.8	7046.3	866.4
1998	3167.0	950.2	11322.7	8080.3	950.8
1999	3446.7	959.7	12452.7	9105.7	1026.8
2000	3817.3	984.7	13912.2	10422.5	1130.6
2001	4225.8	1003.9	15423.1	12033.7	1246.4
2002	4782.1	1048.1	17842.6	13879.9	1407.1
2003	5561.5	1115.1	21428.9	16308.9	1635.1
2004	6490.3	1241.2	26207.6	18559.5	1904.8
2005	7762.4	1354.1	34148.5	20990.8	2270.6
2006	9159.6	1397.4	42378.3	24811.1	2667.9
2007	10808.4	1451.9	51828.6	29425.9	3132.1
2008	12591.8	1552.1	61365.1	34575.5	3627.0
2009	14606.4	1587.8	73147.2	40280.4	4181.9
2010	16666.0	1684.7	84631.3	46080.8	4746.5
2011	18932.5	1785.8	98426.2	52209.6	5377.8
2012	20958.3	1887.5	111123.2	57430.5	5964.0
2013	22781.7	1957.4	122346.7	62427.0	6500.7
2014	24558.6	2020.0	132868.5	67546.0	7027.3
2015	26449.7	2084.7	143232.2	73422.5	7589.5
2016	28301.1	2151.4	153115.2	79443.1	8143.5
2017	29433.2	2222.4	155412.0	84527.5	8485.5
2018	30963.7	2293.5	163182.6	89599.2	8952.2
2019	32573.8	2348.5	172484.0	94437.5	9444.6
2020	32639.0	2389.3	174345.1	93508.8	9491.8
2021	34825.8	2508.8	186374.9	100147.9	10165.7
2022	36358.1	2616.7	198489.3	102851.9	10623.2
2023	39012.2	2760.6	214566.9	110051.5	11409.3

注：本表按可比价格计算。

1-2-5　三次产业贡献率

单位：%

年　份	生产总值	第一产业	第二产业	第三产业
1990	100.0	89.1	-2.4	13.3
1991	100.0	18.9	46.6	34.5
1992	100.0	12.4	46.5	41.1
1993	100.0	13.7	41.3	45.1
1994	100.0	8.6	41.2	50.1
1995	100.0	10.7	38.6	50.6
1996	100.0	43.7	28.5	27.8
1997	100.0	6.2	48.0	45.7
1998	100.0	17.8	33.8	48.4
1999	100.0	3.4	43.1	53.5
2000	100.0	6.7	41.7	51.6
2001	100.0	4.2	38.6	57.2
2002	100.0	7.0	45.2	47.8
2003	100.0	7.6	47.6	44.8
2004	100.0	11.9	53.3	34.8
2005	100.0	7.8	64.6	27.6
2006	100.0	3.0	52.3	44.7
2007	100.0	3.2	51.0	45.8
2008	100.0	5.4	47.5	47.1
2009	100.0	1.7	52.0	46.3
2010	100.0	4.5	49.6	45.9
2011	100.0	5.9	50.0	44.1
2012	100.0	6.7	51.4	41.9
2013	100.0	5.0	50.7	44.3
2014	100.0	4.6	48.4	47.0
2015	100.0	4.5	44.7	50.8
2016	100.0	5.6	39.9	54.5
2017	100.0	9.9	15.4	74.7
2018	100.0	7.4	37.7	54.9
2019	100.0	5.4	43.9	50.7
2020				
2021	100.0	8.7	40.8	50.5
2022	100.0	11.3	58.8	30.0
2023	100.0	8.7	45.7	45.6

注：本表按可比价格计算。

1-2-6 三次产业对生产总值增长的拉动

单位：百分点

年 份	生产总值	第一产业	第二产业	第三产业
1990	7.5	6.7	-0.2	1.0
1991	7.5	1.4	3.5	2.6
1992	11.0	1.4	5.1	4.5
1993	11.7	1.6	4.8	5.3
1994	11.2	1.0	4.6	5.6
1995	10.1	1.1	3.9	5.1
1996	14.4	6.3	4.1	4.0
1997	10.8	0.7	5.2	4.9
1998	10.7	1.9	3.6	5.2
1999	8.8	0.3	3.8	4.7
2000	10.8	0.7	4.5	5.5
2001	10.7	0.4	4.1	6.1
2002	13.2	0.9	6.0	6.3
2003	16.3	1.2	7.8	7.3
2004	16.7	2.0	8.9	5.8
2005	19.6	1.5	12.7	5.4
2006	18.0	0.5	9.4	8.1
2007	18.0	0.6	9.2	8.2
2008	16.5	0.9	7.8	7.8
2009	16.0	0.3	8.3	7.4
2010	14.1	0.6	7.0	6.5
2011	13.6	0.8	6.8	6.0
2012	10.7	0.7	5.5	4.5
2013	8.7	0.4	4.4	3.9
2014	7.8	0.4	3.8	3.7
2015	7.7	0.3	3.4	3.9
2016	7.0	0.4	2.8	3.8
2017	4.0	0.4	0.6	3.0
2018	5.2	0.4	2.0	2.9
2019	5.2	0.3	2.3	2.6
2020	0.2	0.2	0.4	-0.4
2021	6.7	0.6	2.8	3.4
2022	4.4	0.5	2.6	1.3
2023	7.3	0.6	3.3	3.3

注：本表按可比价格计算。

主要统计指标解释

地区生产总值 是按市场价格计算的地区生产总值的简称。它是一个地区所有常住单位在一定时期内生产活动的最终成果。地区生产总值有三种表现形式，即价值形态、收入形态和产品形态。从价值形态看，它是所有常住单位在一定时期内所生产的全部货物和服务价值超过同期投入的全部非固定资产货物和服务价值的差额，即所有常住单位的增加值之和；从收入形态看，它是所有常住单位在一定时期内所创造并分配给常住单位和非常住单位的初次分配收入之和；从产品形态看，它是最终使用的货物和服务减去进口货物和服务。在实际核算中，地区生产总值的三种表现形态表现为三种计算方法，即生产法、收入法和支出法。三种方法分别从不同的方面反映地区生产总值及其构成。

三次产业 三次产业的划分是世界上较为常用的产业结构分类，但各国的划分不尽一致。根据国家统计局《三次产业划分规定》和《国民经济行业分类》（GB/T 4754-2017），我国的三次产业划分是：第一产业是指农、林、牧、渔业（不含农、林、牧、渔专业及辅助性活动业）。第二产业是指采矿业（不含开采专业及辅助活动），制造业（不含金属制品、机械和设备修理业），电力、热力、燃气及水生产和供应业，建筑业。第三产业即服务业，是指除第一、二产业以外的其他行业。

生产总值指数 名义 GDP 和实际 GDP 的比率。反映一定时期内国内生产总值变动趋势和程度的相对数。目前本书中的国内生产总值指数有两种，一种是以 1952 年为基期计算的定基指数，另一种是以上一年为基期计算的指数。

人均生产总值 一个国家或地区本年 GDP 与常住人口的比值，得到人均生产总值，是衡量国家或地区经济发展程度和人民生活水平的重要标准。

行业贡献率 即该行业 GDP 增量占总的 GDP 增量的比重，用于分析经济增长中各行业作用大小的程度。

第一部分

综合篇

③ 自然资源

1-3-1 自然资源

项　　目	2021	2022	2023
土地资源			
土地总面积(万平方公里)	118.30	118.30	118.30
水利资源			
水资源总量(亿立方米)	942.86	509.22	491.90
地表水资源量	788.75	365.91	357.03
地下水资源量	238.60	223.13	215.10
供水总量(亿立方米)	191.66	191.47	202.87
地表水	105.65	95.82	86.81
地下水	79.37	88.70	108.17
其他	6.63	6.94	7.89
用水总量(亿立方米)	191.66	191.47	202.87
农业	137.48	143.43	154.06
工业	13.36	13.24	14.79
生活	11.69	11.29	11.18
生态环境补水	29.13	23.50	22.83
矿产资源			
煤储量(亿吨)	327.02	411.22	430.62
铁矿石储量(亿吨)	12.72	14.80	14.87
磷矿石储量(亿吨)		0.08	0.08
铜储量(万吨)	169.27	157.68	184.37
铅储量(万吨)	452.90	495.44	568.46
锌储量(万吨)	881.96	925.79	1048.84
盐储量(亿吨)	0.60	0.53	0.55

注：地表水资源量与地下水资源量之和不等于水资源总量，有重复计算部分。

1-3-2 主要城市气温(2023年)

单位：摄氏度

城 市	1月	2月	3月	4月	5月	6月	7月	8月	9月	10月	11月	12月	年平均
呼和浩特	-10.7	-3.5	3.2	8.3	16.2	22.2	23.4	21.8	17.7	9.8	-2.8	-10.7	8.0
包 头	-10.2	-3.4	3.6	9.5	17.3	23.1	23.3	22.7	17.8	9.6	-2.4	-11.0	8.0
海拉尔	-25.5	-19.4	-6.4	2.1	11.9	18.2	20.8	18.0	13.0	4.4	-15.2	-24.9	
乌兰浩特	-14.1	-7.2	1.6	8.1	16.6	21.3	22.1	21.0	17.0	9.4	-5.7	-13.5	6.0
通 辽	-11.3	-5.7	3.6	10.2	18.4	23.1	24.5	23.0	19.0	11.3	-5.1	-11.6	8.0
赤 峰	-8.9	-4.6	4.2	10.3	18.4	23.9	24.5	22.7	18.6	11.5	-2.9	-9.9	9.0
锡林浩特	-16.8	-11.5	-0.3	6.2	13.8	21.0	22.8	20.9	16.5	7.4	-8.9	-17.1	5.0
集 宁	-11.6	-6.0	1.2	6.0	14.1	20.4	20.9	19.9	15.3	7.8	-4.5	-11.4	6.0
东 胜	-7.9	-2.5	5.3	7.6	15.0	21.3	22.4	21.6	16.7	10.6	-0.9	-7.8	9.0
临 河	-8.7	-2.3	4.8	10.4	17.9	23.5	24.5	24.0	18.6	10.7	-1.1	-8.6	10.0
乌 海	-8.4	-2.1	5.4	11.0	19.0	24.8	26.7	25.6	19.9	11.4	-0.2	-7.4	11.0
巴彦浩特	-7.2	-1.2	6.6	9.6	16.6	23.4	25.1	24.4	19.6	12.0	0.5	-5.5	10.0

1-3-3 主要城市平均相对湿度(2023年)

单位：%

城 市	1月	2月	3月	4月	5月	6月	7月	8月	9月	10月	11月	12月	年平均
呼和浩特	53.0	53.0	23.0	42.0	39.0	33.0	52.0	59.0	53.0	42.0	42.0	62.0	46.0
包 头	57.0	61.0	40.0	49.0	45.0	41.0	63.0	66.0	62.0	56.0	49.0	68.0	55.0
海拉尔	72.0	75.0	68.0	44.0	39.0	60.0	72.0	75.0	65.0	54.0	78.0	74.0	65.0
乌兰浩特	53.0	47.0	36.0	28.0	36.0	60.0	81.0	76.0	62.0	42.0	53.0	53.0	52.0
通 辽	45.0	46.0	36.0	32.0	38.0	58.0	78.0	77.0	63.0	50.0	68.0	61.0	54.0
赤 峰	42.0	43.0	24.0	30.0	34.0	38.0	61.0	62.0	58.0	42.0	50.0	50.0	45.0
锡林浩特	65.0	64.0	28.0	33.0	43.0	43.0	58.0	57.0	53.0	50.0	65.0	69.0	52.0
集 宁	51.0	53.0	27.0	45.0	42.0	37.0	59.0	61.0	58.0	45.0	46.0	58.0	49.0
东 胜	42.0	51.0	25.0	46.0	41.0	33.0	52.0	56.0	57.0	44.0	35.0	56.0	45.0
临 河	45.0	46.0	27.0	36.0	36.0	37.0	53.0	52.0	52.0	46.0	44.0	55.0	44.0
乌 海	43.0	47.0	24.0	39.0	33.0	32.0	41.0	45.0	50.0	49.0	44.0	54.0	42.0
巴彦浩特	37.0	44.0	20.0	40.0	37.0	29.0	37.0	39.0	42.0	39.0	39.0	39.0	37.0

1-3-4　主要城市降水量(2023年)

单位：毫米

城　市	1月	2月	3月	4月	5月	6月	7月	8月	9月	10月	11月	12月	全年
呼和浩特	0.4	6.8	0.0	37.1	30.3	27.3	53.9	77.4	22.6	4.2	0.2	6.3	267.0
包　头	0.4	5.3	0.0	24.3	23.9	16.3	97.4	9.3	16.0	4.7	0.3	6.3	204.0
海拉尔	3.8	2.6	7.9	6.9	13.7	33.4	173.8	167.0	13.0	5.2	15.4	8.7	451.0
乌兰浩特	2.8	2.7	3.2	2.8	32.1	80.6	262.2	181.5	48.3	0.7	6.6	4.2	628.0
通　辽	0.2	2.8	0.0	10.3	13.3	54.2	215.9	52.1	12.9	11.4	34.3	5.4	413.0
赤　峰	3.3	2.6	0.4	8.0	2.7	16.4	87.1	68.4	20.8	7.2	18.6	7.1	243.0
锡林浩特	2.8	2.7	0.0	7.9	45.9	26.6	43.5	31.9	24.5	15.2	17.7	7.5	226.0
集　宁	4.6	5.8	1.8	67.2	23.4	27.2	121.9	38.8	34.1	4.0	5.0	8.1	342.0
东　胜	4.9	12.4	1.3	79.0	22.0	24.7	75.0	123.6	84.2	23.7	0.3	12.8	464.0
临　河	0.0	1.4	0.0	5.2	13.8	3.2	57.0	12.2	5.7	0.3	2.7	2.7	104.0
乌　海	0.0	0.9	0.0	9.1	3.3	0.6	11.7	26.9	9.6	0.7	4.7	2.2	70.0
巴彦浩特	1.9	8.3	0.0	20.8	39.1	2.1	32.0	22.0	10.1	1.3	14.1	1.9	154.0

1-3-5　主要城市有效可照时数(2023年)

单位：小时

城　市	1月	2月	3月	4月	5月	6月	7月	8月	9月	10月	11月	12月	全年
呼和浩特	220.2	180.1	287.5	192.6	226.1	321.7	241.6	257.8	264.5	242.5	202.3	184.7	2822.0
包　头	237.6	195.4	282.7	199.0	253.1	343.6	269.3	285.0	271.2	262.1	237.3	195.3	3032.0
海拉尔	191.2	225.3	251.7	265.9	298.5	235.2	232.0	235.7	298.7	278.3	222.3	212.0	2947.0
乌兰浩特	218.4	236.8	272.6	239.2	290.2	227.5	176.3	216.4	261.9	262.9	167.6	210.7	2781.0
通　辽	221.2	232.7	273.0	214.9	284.3	269.7	195.4	241.3	269.6	254.9	168.7	194.8	2821.0
赤　峰	219.5	208.5	284.0	218.0	266.8	252.9	202.4	247.5	260.4	267.2	199.6	197.6	2824.0
锡林浩特	198.2	221.4	300.3	216.9	263.9	283.6	233.9	256.7	259.8	256.6	189.9	183.9	2865.0
集　宁	225.8	199.6	274.3	210.0	235.3	318.6	225.8	271.8	258.2	247.8	205.0	196.7	2869.0
东　胜	239.7	181.2	278.3	184.4	218.5	336.3	254.9	255.6	245.7	240.1	219.7	201.9	2856.0
临　河	205.8	185.8	272.5	191.6	227.5	321.2	289.6	299.6	250.7	246.6	212.4	178.1	2881.0
乌　海	214.9	187.2	265.6	189.7	239.9	310.4	279.7	264.3	235.0	244.9	225.7	213.2	2871.0
巴彦浩特	231.5	187.5	274.1	182.4	213.3	277.8	278.0	264.1	238.2	230.3	232.2	211.4	2821.0

主要统计指标解释

气候 指地球与大气之间长期能量交换与质量交换所形成的一种自然环境状态，它是多种因素综合作用的结果。气候既是人类生活和生产的环境要素之一，又是供给人类生活和生产的重要资源。气温、降水、湿度等气象要素的多年平均值是用来描述一个地区气候状况的主要参数，而各种气象要素某年、某月的平均值(或总量)则可以反映出该时期天气气候状况的重要特征。

自然资源 指人类可以直接从自然界获得，并用于生产和生活的物质资源。自然资源一般可以分成可再生资源和非再生资源两大类。可再生资源指在较短时间内可以再生、可以循环利用的资源，包括土地资源、水资源、气候资源、生物资源和海洋资源等。非再生资源指在使用后不能再生的资源，包括矿产资源和地热能源。

土地资源 土地指陆地的表层部分，它主要由岩石、岩石的风化物和土壤构成。土地资源按利用类型可以分为农用地、建筑用地和未利用地。农用地包括耕地、园地、林地、牧草地和水面。建筑用地包括居民点及工矿用地、交通用地和水利设施用地。未利用地指农用地和建筑用地以外的土地，包括滩涂、荒漠、戈壁、冰川和石山等。

水资源 水在自然界中以固体、液体和气态三种聚集状态存在，分布于海洋、陆地(包括土壤)以及大气之中，通过水循环形成水资源。水资源包括经人类控制并直接可供灌溉、发电、给水、航运、养殖等用途的地表水和地下水，以及江河、湖泊、井、泉、潮汐、港湾和养殖水域等。水资源是发展国民经济不可缺少的重要自然资源。

地表水和地下水 陆地上的水因空间分布不同，可以分为地表水和地下水。地表水指分别存在于河流、湖泊、沼泽、冰川和冰盖等水体中水分的总称，又称陆地水。地下水指储存在地面以下饱和岩土孔隙、裂隙及溶洞中的水。

矿产资源 矿产指由地质作用形成，富集于地壳中或出露于地表达到工农业利用要求的有用矿物。矿产是一种重要的自然资源，是社会发展的重要物质基础。从某种意义上讲，一个国家对矿产资源开发利用的广度和深度，可以作为这个国家经济发展水平的标志。

矿产保有储量 指探明的矿产储量(包括工业储量和远景储量)，扣除已开采部分和地下损失量后的年末实有储量，是反映国家矿产资源现状的重要指标。

气温 指空气的温度，我国一般以摄氏度(℃)为单位表示。气象观测的温度表是放在离地面约1.5 米处通风良好的百叶箱里测量的。因此，通常说的气温指的是离地面 1.5 米处百叶箱中的温度。其统计计算方法为:

月平均气温是将全月各日的平均气温相加，除以该月的天数而得。

年平均气温是将 12 个月的月平均气温累加后除以 12 而得。

相对湿度 指空气中实际水气压与当时气温下的饱合水气压之比。其统计方法与气温相同。

降水量 指从天气降落到地面的液态或固态(经融化后) 水，未经蒸发、渗透、流失而在地面上积聚的深度。其统计计算方法为:

月降水量是将全月各日的降水量累加而得。

年降水量是将 12 个月的月降水量累加而得。

日照时数 指太阳实际照射地面的时间。其统计方法与降水量相同。

第二部分

农牧业调查篇

第二部分 农牧业调查篇

① 粮食生产

2-1-1 粮食作物播种面积

单位：千公顷

年份	粮食作物播种面积	#谷物					#大豆	#薯类
			#稻谷	#小麦	#玉米	#谷子		
1978	4094			1086	668	567		292
1979	4042		16	952	670		183	277
1980	3882		15	957	653	502	171	252
1981	3854		16	903	592		194	232
1982	3843		16	878	505		239	243
1983	3837		17	911	494		219	254
1984	3762		18	932	464		193	246
1985	3422		24	927	434	463	219	227
1986	3581		27	937	548	414	264	225
1987	3557		28	921	660	387	275	229
1988	3636		35	974	669	385	311	253
1989	3721		53	1008	696	374	318	247
1990	3875		79	1154	774	357	301	246
1991	3879		88	1192	812	334	301	239
1992	3925	3188	94	1334	775	285	356	250
1993	3987	2936	73	1189	762	258	571	263
1994	4027	2921	68	1034	837	233	604	253
1995	4143	3009	79	1017	992	237	557	355
1996	4424	3232	90	1094	1116	252	555	416
1997	4906	3390	122	1165	1279	257	758	464
1998	5031	3405	118	1093	1471	224	771	501
1999	4951	3309	117	938	1572	207	737	582
2000	4436	2648	118	617	1298	164	794	650

2-1-1 续表

单位：千公顷

年 份	粮食作物播种面积	#谷物	#稻谷	#小麦	#玉米	#谷子	#大豆	#薯类
2001	4383	2638	86	516	1519	176	755	567
2002	4343	2718	90	465	1562	177	596	580
2003	4051	2434	67	318	1591	142	697	536
2004	4181	2583	81	419	1676	126	753	528
2005	4374	2734	84	461	1806	125	797	562
2006	4937	3024	91	484	1916	143	973	595
2007	5034	3311	105	545	2074	136	730	594
2008	5295	3596	99	463	2402	146	729	598
2009	5644	3776	105	553	2560	160	931	657
2010	5846	3954	95	590	2710	182	943	672
2011	5979	4153	95	599	2957	147	846	669
2012	6124	4455	97	659	3175	161	800	637
2013	6253	4703	82	618	3534	137	796	570
2014	6389	5016	86	619	3829	185	745	484
2015	6580	5178	88	617	3938	214	813	453
2016	6803	5266	109	659	3844	230	923	450
2017	6781	5177	122	674	3716	234	989	432
2018	6790	5131	150	597	3742	182	1094	352
2019	6828	5134	161	538	3776	208	1190	300
2020	6833	5172	161	479	3824	253	1202	280
2021	6884	5572	155	442	4205	287	893	270
2022	6952	5399	117	386	4195	254	1222	227
2023	6985	5418	103	401	4280	230	1235	247

2-1-2 粮食作物播种面积及增减情况

单位：千公顷

指 标	2000	2005	2010	2015	2020	2021	2022	2023	2023年比2022年增长(%)
粮食作物	4435.9	4373.6	5846.1	6580.0	6833.2	6884.3	6951.8	6984.7	0.5
#谷物	2648.2	2734.4	3953.7	5178.2	5172.0	5571.9	5399.4	5417.9	0.3
#稻谷	118.4	84.5	95.0	88.0	160.9	155.1	117.2	103.4	-11.8
小麦	617.1	460.6	589.8	617.2	479.0	442.1	386.2	401.0	3.8
玉米	1298.2	1805.8	2709.7	3938.3	3823.9	4204.6	4194.6	4280.2	2.0
谷子	164.0	124.5	182.1	214.3	253.3	286.6	253.6	229.9	-9.4
高粱	108.8	57.3	135.4	81.4	150.0	160.1	122.9	102.2	-16.9
大麦	7.7	9.5	64.8	41.5	24.0	20.4	18.6	12.8	-31.4
燕麦	62.2	39.0	38.0	96.3	167.0	184.4	187.1	178.5	-4.6
荞麦	138.0	88.0	70.0	63.2	69.4	74.9	81.9	71.6	-12.7
豆类	1137.4	1077.5	1220.1	949.0	1380.7	1042.0	1325.3	1319.4	-0.4
#大豆	793.9	797.0	942.7	812.9	1201.7	893.2	1222.0	1235.3	1.1
绿豆	156.9	178.6	170.3	93.5	135.3	100.0	59.2	47.7	-19.4
红小豆	24.3	34.3	20.5	14.8	13.2	13.6	15.3	11.6	-23.9
薯类	650.3	561.7	672.3	452.8	280.5	270.4	227.1	247.4	8.9
#马铃薯	646.4	553.4	670.4	452.1	277.4	267.9	224.0	246.7	10.1

2-1-3 粮食作物播种面积构成

单位：%

指 标	2000	2005	2010	2015	2019	2020	2021	2022	2023
粮食作物	100.0	100.0	100.0	100.0	100.0	100.0	100.0	100.0	100.0
#谷物	59.7	62.5	67.6	78.7	75.2	75.7	80.9	77.7	77.6
#稻谷	2.7	1.9	1.6	1.3	2.4	2.4	2.3	1.7	1.5
小麦	13.9	10.5	10.1	9.4	7.9	7.0	6.4	5.6	5.7
玉米	29.3	41.3	46.3	59.9	55.3	56.0	61.1	60.3	61.3
谷子	3.7	2.8	3.1	3.3	3.1	3.7	4.2	3.6	3.3
高粱	2.5	1.3	2.3	1.2	2.4	2.2	2.3	1.8	1.5
大麦	0.2	0.2	1.1	0.6	0.4	0.4	0.3	0.3	0.2
燕麦	1.4	0.9	0.7	1.5	2.0	2.4	2.7	2.7	2.6
荞麦	3.1	2.0	1.2	1.0	1.1	1.0	1.1	1.2	1.0
豆类	25.6	24.6	20.9	14.4	20.4	20.2	15.1	19.1	18.9
#大豆	17.9	18.2	16.1	12.4	17.4	17.6	13.0	17.6	17.7
绿豆	3.5	4.1	2.9	1.4	2.3	2.0	1.5	0.9	0.7
红小豆	0.5	0.8	0.4	0.2	0.3	0.2	0.2	0.2	0.2
薯类	14.7	12.8	11.5	6.9	4.4	4.1	3.9	3.3	3.5
#马铃薯	14.6	12.7	11.5	6.9	4.4	4.1	3.9	3.2	3.5

注：部分数据因四舍五入的原因，存在总计与分项合计不等的情况。

2-1-4 粮食作物产量

单位：万吨

年　份	粮　食 总产量	#谷物					#大豆	#薯类
			#稻谷	#小麦	#玉米	#谷子		
1978	499.0		3.6	88.0	173.5	60.0		42.0
1980	396.5		4.1	82.7	139.2	39.7	12.4	30.0
1981	510.0		4.0	99.8	142.6		19.3	37.6
1982	530.0		4.7	126.7	105.9		24.3	41.6
1983	560.2		4.2	120.9	142.9		24.3	41.9
1984	594.4		6.0	144.2	148.3		24.3	49.9
1985	604.1		7.8	148.5	159.8	78.6	28.8	48.2
1986	528.5		8.3	130.8	192.7	38.3	41.0	36.4
1987	607.0		7.7	125.7	273.3	52.1	36.7	33.7
1988	738.3		12.0	163.4	305.5	46.4	47.5	61.2
1989	677.9		19.2	187.5	285.1	31.3	36.9	42.5
1990	973.0		31.1	261.7	393.1	59.4	47.7	61.3
1991	958.5		35.2	280.2	413.7	45.1	45.1	46.5
1992	1046.8	937.4	41.4	330.3	435.4	44.3	40.0	58.7
1993	1108.3	930.9	33.0	298.5	453.9	48.4	90.1	63.8
1994	1083.5	910.4	30.5	234.8	482.3	41.4	94.0	55.3
1995	1055.4	914.1	39.6	262.2	518.4	23.9	52.5	74.3
1996	1535.3	1301.7	51.0	318.9	751.5	49.3	83.4	124.0
1997	1421.0	1188.0	70.6	307.9	677.9	41.1	97.4	114.4
1998	1575.4	1319.9	60.3	282.7	839.8	44.3	93.8	127.0
1999	1428.5	1210.6	68.8	273.1	771.4	29.2	82.5	110.7
2000	1241.9	947.9	72.2	181.8	629.2	15.0	85.8	184.3

2-1-4 续表

单位：万吨

年 份	粮 食总产量	#谷物	#稻谷	#小麦	#玉米	#谷子	#大豆	#薯类
2001	1239.1	1016.5	56.7	127.1	757.0	25.7	83.4	108.8
2002	1406.1	1097.7	56.0	121.5	821.5	30.3	96.4	168.5
2003	1360.7	1092.3	45.0	79.0	888.7	21.4	53.6	174.5
2004	1505.4	1180.4	54.5	110.5	948.0	19.9	103.1	189.8
2005	1662.2	1342.1	62.1	143.6	1066.2	23.4	130.9	156.0
2006	1806.7	1486.0	65.3	172.2	1134.6	26.6	103.7	178.6
2007	1768.2	1523.0	75.7	171.1	1175.2	23.1	74.0	134.8
2008	2100.9	1773.7	69.7	150.8	1442.3	25.3	119.1	159.2
2009	2128.9	1820.6	65.6	188.4	1488.3	15.8	124.5	156.1
2010	2344.3	1983.3	67.4	174.3	1643.7	24.1	149.4	187.5
2011	2573.4	2221.3	69.0	171.9	1858.5	36.2	135.4	189.8
2012	2739.8	2401.8	66.2	186.3	2016.0	38.7	130.7	183.5
2013	3070.5	2748.3	53.5	184.3	2397.6	30.5	128.6	178.7
2014	3112.4	2833.1	50.8	174.8	2503.2	40.4	115.0	152.2
2015	3292.6	3012.2	50.6	179.1	2652.2	57.2	126.7	141.0
2016	3263.3	2960.1	69.8	187.7	2563.1	59.3	150.8	134.5
2017	3254.5	2930.8	85.2	189.1	2497.4	76.6	162.6	137.5
2018	3553.3	3197.8	121.9	202.3	2700.0	62.2	179.4	149.8
2019	3652.6	3261.8	136.2	182.7	2722.3	73.9	226.0	139.1
2020	3664.1	3281.6	123.1	170.8	2742.7	97.2	234.7	126.1
2021	3840.3	3529.1	115.3	157.2	2994.2	110.2	168.5	124.4
2022	3900.6	3529.1	90.2	126.4	3098.4	92.3	245.4	111.8
2023	3957.8	3572.0	82.1	132.5	3179.6	76.9	244.4	130.1

2-1-5 粮食作物产量及增减情况

单位：万吨

指　　标	2000	2005	2010	2015	2020	2021	2022	2023	2023年比2022年增长(%)
粮食作物	1241.9	1662.2	2344.3	3292.6	3664.1	3840.3	3900.6	3957.8	1.5
#谷物	947.9	1342.1	1983.3	3012.2	3281.6	3529.1	3529.1	3572.0	1.2
#稻谷	72.2	62.1	67.4	50.6	123.1	115.3	90.2	82.1	-9.0
小麦	181.8	143.6	174.3	179.1	170.8	157.2	126.4	132.5	4.8
玉米	629.2	1066.2	1643.7	2652.2	2742.7	2994.2	3098.4	3179.6	2.6
谷子	15.0	23.4	24.1	57.2	97.2	110.2	92.3	76.9	-16.7
高粱	28.3	21.7	40.3	33.2	90.3	94.2	72.3	58.7	-18.8
大麦	1.0	2.5	16.0	9.0	5.5	5.1	4.9	3.5	-28.0
燕麦	2.7	2.8	1.9	15.1	30.7	32.6	27.6	24.4	-11.6
荞麦	6.5	8.5	6.7	10.3	11.3	10.3	9.5	6.6	-30.2
豆类	109.7	164.1	173.5	139.4	256.4	186.8	259.7	255.7	-1.5
#大豆	85.8	130.9	149.4	126.7	234.7	168.5	245.4	244.4	-0.4
绿豆	6.7	22.6	12.6	7.9	15.0	10.9	6.9	5.9	-15.4
红小豆	1.6	4.3	2.1	2.0	2.0	2.2	2.7	1.8	-32.5
薯类	184.3	156.0	187.5	141.0	126.1	124.4	111.8	130.1	16.4
#马铃薯	183.4	150.4	186.3	140.5	124.2	122.9	110.0	129.8	17.9

2-1-6 粮食作物单位面积产量及增减情况

单位：公斤/公顷

指　　标	2000	2005	2010	2015	2020	2021	2022	2023	2023年比2022年增长(%)
粮食作物	2800	3800	4010	5004	5362	5578	5611	5666	1.0
#谷物	3579	4908	5016	5817	6345	6334	6536	6593	0.9
#稻谷	6099	7358	7092	5745	7655	7432	7695	7937	3.1
小麦	2946	3117	2955	2903	3566	3556	3273	3304	0.9
玉米	4846	5904	6066	6734	7173	7121	7387	7428	0.6
谷子	915	1876	1324	2670	3839	3846	3640	3345	-8.1
高粱	2596	3789	2976	4075	6019	5886	5881	5745	-2.3
大麦	1300	2660	2472	2168	2298	2493	2637	2765	4.8
燕麦	433	728	507	1571	1840	1766	1478	1370	-7.3
荞麦	474	970	964	1622	1629	1375	1163	929	-20.1
豆类	964	1523	1422	1469	1857	1792	1960	1938	-1.1
#大豆	1081	1642	1584	1559	1953	1887	2008	1978	-1.5
绿豆	425	1264	739	842	1107	1091	1173	1231	5.0
红小豆	663	1265	1004	1356	1509	1635	1738	1541	-11.3
薯类	2834	2777	2789	3114	4495	4601	4923	5260	6.8
#马铃薯	2837	2718	2779	3109	4477	4588	4911	5259	7.1

2-1-7　各盟市粮食作物播种面积

单位：千公顷

地　　区	2015	2016	2017	2018	2019	2020	2021	2022	2023
全　区	**6580.0**	**6803.4**	**6780.9**	**6789.9**	**6827.5**	**6833.2**	**6884.3**	**6951.8**	**6984.7**
呼和浩特市	334.6	335.0	336.4	338.9	329.6	329.8	330.0	334.5	336.8
包头市	220.2	212.3	211.6	191.1	193.6	197.1	199.4	202.9	204.0
呼伦贝尔市	1612.2	1670.6	1687.0	1666.7	1670.0	1647.5	1657.8	1639.2	1641.2
兴安盟	873.8	922.1	901.6	975.1	1010.1	1012.5	1018.4	1039.1	1041.9
通辽市	1219.5	1266.6	1267.1	1226.0	1232.1	1234.9	1240.4	1259.0	1262.1
赤峰市	1040.5	1076.7	1075.5	1086.9	1104.7	1112.3	1122.4	1134.6	1137.9
锡林郭勒盟	164.5	172.8	161.7	147.3	143.6	144.1	146.7	150.7	151.3
乌兰察布市	509.8	521.5	507.6	476.4	453.7	457.6	460.3	466.7	473.1
鄂尔多斯市	265.6	272.2	275.7	301.8	310.8	316.5	324.9	332.0	336.5
巴彦淖尔市	313.5	331.5	333.1	358.3	359.1	360.2	362.7	371.2	376.8
乌海市	5.0	5.0	4.9	4.3	4.2	4.3	4.6	4.8	5.4
阿拉善盟	20.8	17.1	18.8	17.0	15.9	16.4	16.7	17.3	17.8

2-1-8　各盟市粮食作物总产量

单位：万吨

地　　区	2015	2016	2017	2018	2019	2020	2021	2022	2023
全　区	**3292.6**	**3263.3**	**3254.5**	**3553.3**	**3652.6**	**3664.1**	**3840.3**	**3900.6**	**3957.8**
呼和浩特市	143.9	140.5	142.3	155.3	171.3	174.0	176.8	183.1	189.2
包头市	108.9	109.2	110.0	108.4	109.5	112.7	115.4	117.8	124.6
呼伦贝尔市	667.3	653.1	648.9	701.4	653.7	604.5	685.5	651.7	660.3
兴安盟	484.7	502.5	503.4	577.6	624.5	634.9	665.9	671.5	678.2
通辽市	773.0	759.8	750.8	816.4	848.6	864.8	898.3	933.8	945.0
赤峰市	567.3	548.1	552.2	594.7	605.2	611.7	624.8	656.0	650.0
锡林郭勒盟	38.2	37.3	37.1	37.0	45.0	46.5	47.6	47.9	48.4
乌兰察布市	104.7	106.1	104.8	112.2	124.2	125.8	126.9	119.5	131.1
鄂尔多斯市	149.1	148.0	145.2	170.2	189.8	196.4	201.0	210.5	217.8
巴彦淖尔市	233.4	238.8	239.9	262.0	264.2	276.2	281.1	290.8	294.4
乌海市	4.1	4.1	4.0	3.6	3.3	3.3	3.5	3.7	4.2
阿拉善盟	18.0	15.7	16.0	14.5	13.3	13.3	13.6	14.2	14.7

2-1-9 各盟市粮食作物播种面积(2023年)

单位：公顷

指 标	内蒙古	呼和浩特	包头	呼伦贝尔	兴安	通辽	赤峰
粮食面积	**6984728**	**336809**	**203980**	**1641250**	**1041880**	**1262064**	**1137890**
一、谷物	5417940	291040	188175	710718	872816	1207934	1010014
(一)稻谷	103423	52	92	11182	61290	15531	12715
(二)小麦	400955	11520	13979	203180	7091	1303	26957
(三)玉米	4280247	239642	141464	482125	779347	1166032	668826
(四)其他谷物	633315	39826	32639	14231	25088	25068	301517
1.谷子	229875	4546	277	36	4381	12439	186619
2.高粱	102151	7091	1218	236	19086	9837	53523
3.大麦	12782	8		8438	26	40	129
其中：青稞	43				26		17
4.燕麦	178471	16915	6216	5167	329	770	16705
5.荞麦	71553	5632	24556		223	1192	32325
6.其他	38484	5634	373	355	1044	790	12216
二、豆类	1319417	16723	9478	897445	167546	51752	111074
(一)大豆	1235282	15119	9367	886090	146987	42899	78717
(二)绿 豆	47726	698		7	12599	3494	30751
(三)红小豆	11626	97		1178	6729	1384	84
(四)其他杂豆	24784	809	111	10170	1231	3976	1522
三、薯类(折粮)	247371	29046	6327	33087	1518	2378	16801
(一)马铃薯(折粮)	246731	29029	6327	33087	1518	1849	16749
(二)甘薯(折粮)	640	17				529	52

2-1-9 续表

单位：公顷

指 标	锡林郭勒	乌兰察布	鄂尔多斯	巴彦淖尔	乌海	阿拉善
粮食面积	**151282**	**473066**	**336488**	**376838**	**5382**	**17799**
一、谷物	95082	346542	305079	368247	5061	17232
(一)稻谷			2415	126	20	
(二)小麦	11852	73659	3393	47499	106	417
(三)玉米	20788	145761	295794	318801	4934	16733
(四)其他谷物	62441	127123	3477	1822	1	82
1.谷子	114	20751	491	214		6
2.高粱		9482	425	1178		76
3.大麦	1	4140				
其中：青稞						
4.燕麦	61867	70466	24	14		
5.荞麦	83	6090	1038	415		
6.其他	376	16195	1500		1	
二、豆类	1355	39801	17226	6347	321	349
(一)大豆	768	31485	16948	6233	321	349
(二)绿 豆		146	2	29		
(三)红小豆	16	2130	5	2		
(四)其他杂豆	571	6040	270	84		
三、薯类(折粮)	54846	86723	14182	2244		219
(一)马铃薯(折粮)	54846	86723	14177	2208		219
(二)甘薯(折粮)			5	36		

2-1-10 各盟市粮食作物产量(2023年)

单位：吨

指　　标	内蒙古	呼和浩特	包头	呼伦贝尔	兴安	通辽	赤峰
粮食产量	**39578385**	**1892219**	**1245508**	**6603069**	**6781540**	**9450204**	**6499959**
一、谷物	35720019	1725501	1210902	4501333	6404283	9346890	6237493
(一)稻谷	820852	279	470	85997	484681	128230	106736
(二)小麦	1324610	18345	12669	803172	25326	6404	73453
(三)玉米	31795633	1600440	1182096	3565915	5742402	9094491	5043622
(四)其他谷物	1778924	106436	15668	46248	151873	117765	1013682
1.谷子	769019	14470	358	141	19195	51849	611506
2.高粱	586879	41371	7637	1185	127070	58106	306251
3.大麦	35342	10		30135	118	181	179
其中：青稞	143				118		25
4.燕麦	244486	27904	1395	14032	1573	2871	28808
5.荞麦	66485	8427	6096		567	2182	41272
6.其他	76713	14254	182	755	3351	2575	25667
二、豆类	2557248	21812	13780	1859263	365499	89645	126869
(一)大豆	2443836	19549	13483	1840257	335812	74948	91499
(二)绿 豆	58734	993		8	18070	5486	33982
(三)红小豆	17915	138		2082	10194	2604	85
(四)其他杂豆	36762	1132	297	16915	1422	6607	1303
三、薯类(折粮)	1301119	144906	20825	242474	11759	13669	135597
(一)马铃薯(折粮)	1297575	144807	20825	242474	11759	10620	135425
(二)甘薯(折粮)	3544	98				3049	172

2-1-10 续表

单位：吨

指　　标	锡林郭勒	乌兰察布	鄂尔多斯	巴彦淖尔	乌海	阿拉善
粮食产量	**484108**	**1310618**	**2177888**	**2944312**	**42230**	**146730**
一、谷物	184803	921217	2076623	2924412	41693	144869
(一)稻谷			13545	807	107	
(二)小麦	28572	98639	18849	236096	589	2495
(三)玉米	59962	610597	2036199	2677008	40995	141906
(四)其他谷物	96268	211980	8031	10501	1	469
1.谷子	469	68995	1226	791		18
2.高粱		32993	2366	9447		451
3.大麦	1	4718				
其中：青稞						
4.燕麦	95661	72160	74	9		
5.荞麦	73	5723	1890	254		
6.其他	63	27390	2475		1	
二、豆类	1252	43463	27251	7328	537	550
(一)大豆	397	32818	26900	7084	537	550
(二)绿 豆		184	2	9		
(三)红小豆	17	2788	6	1		
(四)其他杂豆	839	7671	342	235		
三、薯类(折粮)	298053	345939	74014	12572		1311
(一)马铃薯(折粮)	298053	345939	73987	12375		1311
(二)甘薯(折粮)			28	197		

2-1-11 各旗县(区)主要粮食作物播种面积(2023年)

单位：公顷

县名称	粮食作物	谷物	稻谷	小麦	玉米	谷子	豆类	大豆	薯类
内蒙古	6984728	5417940	103423	400955	4280247	229875	1319417	1235282	247371
新城区	413	373		20	185	63	13	8	27
回民区	130	106		1	104	0	2	1	22
玉泉区	5659	5452		61	5388		205	205	3
赛罕区	25777	24487	3	30	22370	494	1016	780	274
土默特左旗	94376	93420	49	217	92867	33	939	934	17
托克托县	63776	61076		69	59034	0	2188	2176	511
和林格尔县	66519	57855		42	48780	2123	6736	5739	1928
清水河县	24299	16565		0	8861	1739	5402	5114	2332
武川县	55860	31706		11079	2052	93	222	163	23932
东河区	5866	5108	49	7	5051		756	756	2
昆都仑区	1066	1063		53	1008	2	2	2	1
青山区	883	786		93	693		1	1	97
石拐区	1516	1322		9	1247	20	8	8	186
白云鄂博矿区									
九原区	13002	12198	19	589	11577	12	781	705	23
土默特右旗	94048	87978	23	698	86036	8	6020	6016	50
固阳县	55796	50381		4659	21032	235	1495	1464	3920
达尔罕茂明安联合旗	31801	29338		7871	14820		415	415	2048
海拉尔区	16622	5427		3433	943		4304	69	6891
扎赉诺尔区	338								338
阿荣旗	328720	138571	4874	17	133448	9	190073	189451	76
莫力达瓦达斡尔自治旗	502689	152531	3903		148621		350135	349550	22
鄂伦春族自治旗	288504	20487		2304	18125		267589	265390	428
鄂温克族自治旗	4098	3001		2895			1015	1	82
陈巴尔虎旗	38581	33886		30617	40		627		4068
新巴尔虎左旗	16173	16120		16120					53
新巴尔虎右旗	781	477			477				304
满洲里市	598								598
牙克石市	104259	79096		77690	501		7547	6888	17616
扎兰屯市	258632	182441	2405	17	179971	27	76156	74741	35
额尔古纳市	80577	78267		69673					2310
根河市	679	413		413					265
乌兰浩特市	50558	49265	10442		38793	6	1282	1020	10
阿尔山市	15736	3247		2669	577		12066	12040	423

2-1-11 续表 1

单位：公顷

县名称	粮食作物	谷物	稻谷	小麦	玉米	谷子	豆类	大豆	薯类
科尔沁右翼前旗	244278	191131	7513	1685	180844	112	52948	47982	199
科尔沁右翼中旗	195952	152594	6737	2737	139193	619	42504	38099	854
扎赉特旗	365222	324726	35304		288784	370	40483	38039	12
突泉县	170134	151853	1293		131156	3275	18262	9807	20
科尔沁区	154845	153352	147	441	151533	529	1379	683	113
科尔沁左翼中旗	275530	263531	899	140	258196	1922	11746	6908	253
科尔沁左翼后旗	244346	230547	11671	8	218849	8	13767	12889	32
开鲁县	131298	127685	140	249	126024	944	3553	2708	60
库伦旗	96882	90812	737	101	86401	1976	6012	5568	58
奈曼旗	205621	200130	1862	64	193828	3531	4591	4294	900
扎鲁特旗	150001	140327	76	16	130627	3528	9673	8821	1
霍林郭勒市	3539	1548		285	574		1030	1028	961
红山区	13535	11824		63	7596	3825	1660	1607	50
元宝山区	24490	22476		24	18323	3207	1654	1446	360
松山区	131917	115803		596	70825	30485	15130	12891	984
阿鲁科尔沁旗	134166	120441	9	68	92947	23501	13584	2540	141
巴林左旗	102744	86626	72	38	69901	12048	15982	11033	136
巴林右旗	86828	75317	1002	108	60594	10922	9959	9582	1552
林西县	50733	44165	223	349	28271	4231	4935	4860	1633
克什克腾旗	64321	53660		19475	14253	2595	4034	4019	6627
翁牛特旗	195828	166214	10743	6048	89186	39514	27924	21323	1690
喀喇沁旗	45783	42042		74	36140	3798	1085	885	2657
宁城县	98069	95980	17	107	71890	5276	1244	1244	845
敖汉旗	189476	175466	648	5	108899	47217	13883	7288	127
二连浩特市									
锡林浩特市	9065	6422		3563	431		594	594	2049
阿巴嘎旗									
苏尼特左旗									
苏尼特右旗	300	265		172	25				35
东乌珠穆沁旗	24052	21734		2957	2311				2318
西乌珠穆沁旗									
太仆寺旗	58852	32042		2364	3553	1	436		26374
镶黄旗	322	321			18	24			1
正镶白旗	8641	7597		1261	361	89	245	121	799
正蓝旗	14387	8140		331	3653		32	32	6215

2-1-11 续表 2

单位：公顷

县名称	粮食作物	谷物	稻谷	小麦	玉米	谷子	豆类	大豆	薯类
多伦县	35662	18560		1204	10437		48	21	17054
集宁区	4743	3317		70	2557	109	402	315	1024
卓资县	24927	18192		2007	5256	1185	4353	2912	2382
化德县	40752	32675		11256	2694	1053	3571	3004	4506
商都县	60115	41262		19121	9435	176	5175	2555	13677
兴和县	48047	29976		1791	15013	1526	6335	5929	11735
凉城县	50263	40004		65	16633	11069	8581	7888	1678
察哈尔右翼前旗	29096	24377		608	18073	1549	1699	1381	3021
察哈尔右翼中旗	47684	34696		13771	10009	24	1246	193	11742
察哈尔右翼后旗	38340	26850		11960	8701	164	437	346	11053
四子王旗	86757	62027		12867	33389		530	530	24200
丰镇市	42343	33167		143	24002	3895	7471	6433	1705
东胜区	3885	2722			2379		600	587	563
康巴什区									
达拉特旗	119733	112231	1601	2924	105871	330	5159	5153	2343
准格尔旗	43548	36406	487	85	35140	121	5284	5256	1858
鄂托克前旗	27461	25648			25613	7	170	170	1643
鄂托克旗	23937	23317	23	5	23285	3	452	452	168
杭锦旗	48857	40813	106	367	39864	28	4672	4554	3372
乌审旗	43494	40758	197	12	40521		314	203	2421
伊金霍洛旗	25572	23185			23122	1	574	573	1813
临河区	67763	66628		8740	57876		1132	1132	3
五原县	50190	48929	71	6230	42628		1261	1261	
磴口县	41747	39094	21	5336	33617		743	743	1910
乌拉特前旗	96380	95399	35	10098	84471	31	737	624	243
乌拉特中旗	66987	65707		8508	56527	183	1194	1194	86
乌拉特后旗	8053	7880		577	7295		172	172	0
杭锦后旗	45718	44609		8009	36387		1107	1107	2
海勃湾区	829	829		57	772				
海南区	3779	3472	20	41	3410		308	308	
乌达区	774	761		8	752		13	13	
阿拉善左旗	16954	16387		417	15889	6	349	349	219
阿拉善右旗	503	503			501				
额济纳旗	342	342			342				

2-1-12 各旗县(区)主要粮食作物产量(2023年)

单位：吨

县名称	粮食作物	谷物	稻谷	小麦	玉米	谷子	豆类	大豆	薯类
内蒙古	39578385	35720019	820852	1324610	31795633	769019	2557248	2443836	1301119
新城区	1218	1132		33	755	107	14	8	72
回民区	710	601		2	598	0	1	0	109
玉泉区	41658	41344		232	41099		304	304	10
赛罕区	148844	145225	6	135	133352	1493	2199	1589	1420
土默特左旗	710648	709439	274	1322	706536	151	1101	1089	107
托克托县	386498	380895		229	369919	2	4142	4113	1461
和林格尔县	353057	338485		178	304988	7624	9466	8218	5106
清水河县	56429	47797		0	31975	4829	4218	3962	4415
武川县	193156	60584		16214	11216	265	367	266	132206
东河区	43986	42661	253	43	42366		1308	1308	17
昆都仑区	8526	8518		247	8268	3	4	4	4
青山区	5760	5047		82	4965		2	2	711
石拐区	9859	8537		36	8395	75	17	17	1305
白云鄂博矿区									
九原区	75339	73672	98	3428	70079	68	1514	1238	153
土默特右旗	872368	862725	119	4074	850853	27	9291	9287	352
固阳县	130713	118822		2659	109215	185	1238	1221	10652
达尔罕茂明安联合旗	98957	90920		2101	87955		406	406	7630
海拉尔区	75388	21056		13120	3602		7268	137	47064
扎赉诺尔区	1928								1928
阿荣旗	1500921	1082938	37252	33	1044518	21	417642	416642	341
莫力达瓦达斡尔自治旗	1972632	1181848	30087		1151748		790677	789616	107
鄂伦春族自治旗	599450	131348		7267	123930		465372	461281	2730
鄂温克族自治旗	12111	10100		9727			1445	1	566
陈巴尔虎旗	148653	124331		112952	251		592		23730
新巴尔虎左旗	47731	47412		47412					318
新巴尔虎右旗	4252	1908			1908				2344
满洲里市	3411								3411
牙克石市	516718	361339		355799	3006		15377	14068	140001
扎兰屯市	1416870	1255835	18658	56	1236953	120	160889	158512	146
额尔古纳市	300318	282277		255866					18042
根河市	2687	940		940					1747
乌兰浩特市	334374	332466	79985		252355	20	1828	1515	79
阿尔山市	36746	12961		9756	3205		20313	20271	3472

2-1-12 续表 1

单位：吨

县名称	粮食作物	谷物	稻谷	小麦	玉米	谷子	豆类	大豆	薯类
科尔沁右翼前旗	1559705	1439916	59395	4956	1369482	509	118784	111087	1005
科尔沁右翼中旗	1258451	1161406	67647	10613	1063960	2088	90125	83546	6920
扎赉特旗	2370658	2271225	264459		2003298	1913	99335	96561	97
突泉县	1221606	1186307	13195		1050103	14665	35114	22832	185
科尔沁区	1456073	1452358	1144	2407	1442641	1827	2811	1549	904
科尔沁左翼中旗	2392705	2367582	8754	736	2334852	9457	23685	14355	1438
科尔沁左翼后旗	1408674	1386616	96154	28	1290342	22	21861	20708	198
开鲁县	1407949	1400041	1223	1200	1390421	4638	7573	6364	335
库伦旗	683865	673636	4981	531	652653	8203	9968	9403	261
奈曼旗	1291539	1278508	15513	326	1242064	16353	7903	7497	5128
扎鲁特旗	795192	781163	461	98	738213	11350	14022	13257	7
霍林郭勒市	14207	6986		1078	3305		1823	1816	5399
红山区	44503	43176		370	35106	6891	798	771	528
元宝山区	200627	195510		120	182584	8615	1451	1295	3666
松山区	843838	821486		1888	693389	87073	13432	12240	8920
阿鲁科尔沁旗	721510	702942	55	348	591421	87611	17895	4714	673
巴林左旗	612555	592203	618	122	538556	32542	19143	13940	1209
巴林右旗	377575	352489	8438	325	294956	38014	14397	13977	10689
林西县	292546	269397	1078	1076	229178	20741	7844	7689	15306
克什克腾旗	274720	218808		53183	122185	13335	4867	4842	51045
翁牛特旗	905395	863559	90597	15056	584243	128190	26725	20057	15111
喀喇沁旗	340802	317162		390	299371	9228	1790	1462	21850
宁城县	853097	844761	116	555	706423	20563	2298	2297	6038
敖汉旗	1032792	1016000	5835	20	766211	158702	16229	8215	563
二连浩特市									
锡林浩特市	25967	9219		4811	2532		264	264	16485
阿巴嘎旗									
苏尼特左旗									
苏尼特右旗	829	505		291	107				324
东乌珠穆沁旗	85000	72671		10016	15214				12329
西乌珠穆沁旗									
太仆寺旗	225149	52131		9936	12082	1	775		172243
镶黄旗	376	373			94				3
正镶白旗	10435	6165		1211	425	469	144	73	4126
正蓝旗	39907	13266		864	6951		39	39	26601

2-1-12 续表 2

单位：吨

县名称	粮食作物	谷物	稻谷	小麦	玉米	谷子	豆类	大豆	薯类
多伦县	96444	30471		1444	22557		30	21	65942
集宁区	15575	10964		82	9656	338	517	378	4094
卓资县	52736	39926		4928	24144	997	4758	2539	8051
化德县	59757	39905		11034	8774	2642	2572	2188	17281
商都县	131760	72766		18474	36925	332	6040	2492	52954
兴和县	127049	77789		3002	52837	3477	6714	6316	42546
凉城县	205412	189862		159	107601	45945	10301	9426	5248
察哈尔右翼前旗	118725	104290		829	93313	5085	2149	1623	12286
察哈尔右翼中旗	124773	80710		29053	39581	37	1850	322	42213
察哈尔右翼后旗	117330	60459		20388	32582	188	619	505	56252
四子王旗	220634	120400		10098	100374		234	234	99999
丰镇市	136869	124145		592	104811	9955	7709	6795	5015
东胜区	18874	14865			14169		931	904	3078
康巴什区									
达拉特旗	851102	831871	8802	16133	804100	713	6770	6762	12461
准格尔旗	246285	231849	2944	591	226560	423	8359	8334	6077
鄂托克前旗	144705	137086			137002	10	185	185	7435
鄂托克旗	140400	138739	125	31	138576	7	601	601	1060
杭锦旗	394226	362263	605	2049	357235	70	9003	8852	22960
乌审旗	266952	255316	1068	45	254136		447	308	11189
伊金霍洛旗	115344	104632			104421	2	955	954	9756
临河区	660320	658944		55027	603799		1353	1352	23
五原县	464630	463094	476	34116	428502		1536	1536	
磴口县	306081	294128	123	31119	261834		1041	1041	10912
乌拉特前旗	632759	630568	208	36541	587366	98	864	621	1326
乌拉特中旗	372313	371366		27263	342714	694	649	649	299
乌拉特后旗	69198	68964		3375	65537		233	233	1
杭锦后旗	439012	437348		48657	387257		1653	1653	11
海勃湾区	8652	8652		336	8316				
海南区	26406	25899	107	216	25576		507	507	
乌达区	7172	7143		38	7104		30	30	
阿拉善左旗	140367	138507		2495	135548	18	550	550	1311
阿拉善右旗	4183	4183			4178				
额济纳旗	2180	2180			2180				

主要统计指标解释

粮食作物 指一般用作人类主食，种植在耕地或非耕地上的农作物。根据我国产品目录分类标准，粮食包括谷物、豆类、薯类。

粮食作物播种面积 指本年度内收获的粮食作物在全部土地（耕地或非耕地）上的播种或移植面积。凡是本年内收获的粮食作物，无论是本年还是上年播种，都算为当年播种面积，但不包括本年播种、下年收获的粮食作物面积。移植的粮食作物面积按移植后的面积计算，不计算移植前的秧田面积。如果因灾害等原因，应该收获却未能收获，也要按原播种面积计算，新补或改种，并在本年收获的，也要按复种作物计算面积。间种、混种的作物面积按比例折算各个作物的面积，如果完全混合、同步生长、收获的作物，按混合面积平均分配。复种、套种的作物，按次数计算面积，每种一次计算一次。再生稻、再生高粱等，因其没有经过播种或移植，不计入播种面积。

粮食作物产量 指本年度内生产的全部粮食作物数量。其中，谷物产量按脱粒后的原粮计算，豆类按去豆荚后的干豆计算，薯类按鲜薯重量统计上报，统一按 5: 1 折算粮食产量。

谷物 指禾本科和蓼科作物，具体统计品种包括稻谷、小麦、玉米、和其他谷物；其他谷物包括谷子、高粱、大麦、燕麦、荞麦等，其中西藏、青海、甘肃等地种植的青稞是大麦中的裸麦，按大麦统计。除按品种统计外，根据收获时间，主要按夏收谷物、秋收谷物分别做统计。夏收谷物指上年秋冬播和本年春季播种、夏季收获的全部谷物；秋收谷物指本年春、夏季播种，秋季收获的谷物；在夏收谷物收割后的耕地上播种、秋季收获的谷物也应计算在内。

稻谷 根据其播种期、生长期和成熟期的不同，按早稻、中稻和一季晚稻、双季晚稻三类分别做统计。其中，早稻指栽培时间较早且成熟早的南方籼稻，收获时间在三季度中旬之前，主产区包括湖南、江西、广东、广西等地；中稻及一季晚稻，指一年只种一季的一熟单季稻，包括籼稻、粳稻、糯稻等。主要分布在中国秦岭—淮河以北，长江流域北部，四川盆地和云贵高原，主产区包括黑龙江、江苏、安徽、湖北、四川等地；双季晚稻指，在同一块稻田里，早稻收割后，通过连作、间作和混作等方式种植和收获的其他季稻谷，分布与早稻相近。

小麦 根据其品种、播种时间、收获时间不同，分为春小麦和冬小麦。春小麦指春节过后播种，7、8 月份收获的小麦，主要分布在长城以北，该区气温普遍较低，生产季节短，故以一年一熟为主；冬小麦，一般在 9 月中下旬至 10 月上旬播种，幼苗过冬，春季返青，翌年 5 月底至 6 月中下旬成熟，主要分布在长城以南。

玉米 包括秋玉米、春玉米，但不包括青贮饲料玉米、鲜食玉米。

豆类 是以食用种籽及其制成品为主的一类豆科植物，包括大豆、绿豆、红小豆和其他杂豆，不含豇豆、四季豆等菜用豆类。夏收豆类指 7、8 月份前收获的豆类。

薯类 包括甘薯、马铃薯等。甘薯又名番薯、红薯、地瓜等，主产区在川蜀等地；马铃薯，又名土豆、洋芋等，主产区在四川、贵州、甘肃等地。薯类产量目前只统计甘薯和马铃薯，夏收薯类指 7、8 月份前收获的薯类。

第二部分

农牧业调查篇

② 畜牧业生产

2-2-1 年末畜禽总头(只)数

单位：万头(万只)

指　标	2018	2019	2020	2021	2022	2023
牲畜总头数	**7277.92**	**7192.41**	**7433.66**	**7574.69**	**7678.01**	**7880.25**
大牲畜和羊合计	**6780.62**	**6762.82**	**6899.56**	**7009.49**	**7080.94**	**7250.34**
大牲畜	**778.70**	**786.93**	**825.41**	**871.31**	**956.88**	**1069.73**
牛	616.20	626.08	671.11	732.47	820.36	947.69
肉牛	489.76	499.78	538.32	585.88	658.90	779.01
奶牛	120.84	122.50	129.32	143.41	159.05	168.68
役用牛	5.60	3.80	3.47	3.17	2.42	
马	63.83	67.11	70.69	73.99	78.97	75.62
驴	72.80	69.31	61.26	43.29	35.54	24.84
骡	8.60	7.16	5.40	2.89	1.63	0.95
骆驼	17.27	17.26	16.96	18.68	20.37	20.63
羊	**6001.92**	**5975.89**	**6074.15**	**6138.17**	**6124.06**	**6180.61**
绵羊	4369.94	4352.67	4444.89	4579.59	4611.92	4662.30
山羊	1631.97	1623.23	1629.26	1558.59	1512.14	1518.31
猪	**497.30**	**429.59**	**534.10**	**565.20**	**597.08**	**629.92**
能繁殖母猪	54.70	52.93	66.53	65.04	65.39	61.20
活家禽	**4835.40**	**5194.40**	**5346.98**	**5402.28**	**5496.82**	**5929.08**

2-2-2 牲畜总头数

单位：万头(只)

年 份	年中数				年末数			
	合计	大牲畜	羊	猪	合计	大牲畜	羊	猪
1978	4162.3	697.5	2860.5	604.3	3586.5	659.3	2378.1	549.1
1980	4656.8	741.3	3317.0	598.5	3753.3	681.3	2553.4	518.6
1981	4565.6	723.2	3307.2	535.2	3817.2	678.9	2670.0	468.3
1982	4721.9	744.3	3474.0	503.6	3903.9	708.0	2735.0	460.9
1983	4413.6	739.9	3177.9	495.8	3539.8	694.7	2418.0	427.1
1984	4259.5	740.9	3053.7	464.9	3488.3	698.2	2377.3	412.8
1985	4341.8	775.3	3060.7	505.8	3667.4	736.6	2468.4	462.4
1986	4434.5	799.5	3082.7	552.3	3734.5	751.3	2502.2	481.0
1987	4555.2	811.5	3219.9	523.8	3731.0	730.8	2544.7	455.5
1988	4685.9	792.3	3408.8	484.8	4093.8	734.6	2892.8	466.4
1989	5301.5	812.7	3945.0	543.8	4215.4	718.6	3009.5	487.3
1990	5307.5	784.9	3955.2	567.4	4254.4	707.5	3023.9	523.0
1991	5568.2	783.8	4160.0	624.4	4220.5	699.8	2960.9	559.8
1992	5558.0	774.4	4067.4	716.2	4168.4	690.2	2856.7	621.5
1993	5577.9	771.8	3942.1	864.0	4231.9	685.7	2860.3	685.9
1994	5711.3	756.6	4038.9	915.8	4450.7	682.4	3028.1	740.2
1995	6065.7	783.8	4302.5	979.4	4795.0	708.3	3321.0	765.7
1996	6697.7	825.5	4804.3	1067.9	5066.8	734.9	3561.8	770.1
1997	7112.4	840.8	5164.8	1106.8	5180.4	714.0	3656.7	809.7
1998	7387.2	817.8	5383.5	1185.9	5206.3	677.3	3712.9	816.1
1999	7436.2	802.8	5491.6	1141.7	5147.6	667.4	3702.6	777.6
2000	7300.5	803.3	5406.2	1090.9	4912.0	622.1	3551.6	738.3
2001	7135.0	702.3	5427.8	1004.9	4817.6	536.3	3515.9	765.4
2002	7260.1	652.0	5675.2	932.9	5176.9	543.4	3951.7	681.8
2003	7987.6	718.1	6396.1	873.5	5713.3	615.4	4450.1	647.7
2004	9274.4	814.5	7514.7	945.2	6722.9	718.2	5318.5	686.2
2005	10615.3	934.2	8713.0	968.1	6903.5	783.2	5420.0	700.3
2006	11050.5	986.8	9002.6	1061.1	6531.0	787.4	5123.4	620.2
2007	10854.4	1039.4	8774.6	1040.5	6554.4	815.5	5116.5	622.5
2008	10677.7	1063.8	8442.9	1170.6	6720.8	858.7	5231.6	630.5
2009	10858.5	1084.6	8512.2	1261.7	6842.6	851.0	5359.8	631.8
2010	10798.5	1140.1	8408.0	1250.5	6983.4	853.1	5498.4	631.9
2011	10762.6	1176.7	8347.5	1238.4	6907.4	819.9	5497.3	590.2
2012	11263.0	1238.7	8605.4	1418.9	6870.8	807.9	5470.8	592.1
2013	11819.8	1266.5	9024.7	1528.5	6968.8	788.6	5629.6	550.6
2014	12915.8	1308.5	10091.0	1516.3	7358.9	804.3	6046.0	508.6
2015	13585.7	1358.3	10736.5	1491.0	7657.1	846.3	6337.1	473.7
2016	13597.9	1389.0	10730.5	1478.4	7352.0	796.4	6101.6	454.0
2017					7441.9	824.4	6111.9	505.6
2018					7277.9	778.7	6001.9	497.3
2019					7192.4	786.9	5975.9	429.6
2020					7433.7	825.4	6074.2	534.1
2021					7574.7	871.3	6138.2	565.2
2022					7678.0	956.9	6124.1	597.1
2023					7880.3	1069.7	6180.6	629.9

注：1.2005年之前数据为年报数据。
2.2006年数据为第二次全国农业普查结果。
3.2007-2017年数据根据第三次全国农业普查结果进行了修订。

2-2-3 主要畜禽产品产量

指　标	2010	2011	2012	2013	2014	2015	2016	2017
当年出栏肉猪头数(万头)	913.92	905.10	940.40	931.94	930.08	898.45	644.95	918.96
当年出售和自宰的肉用牛(万头)	306.79	306.79	316.30	320.16	336.81	326.37	339.75	363.19
当年出售和自宰的肉用羊(万只)	5397.93	5300.17	5390.27	5401.05	5665.71	5596.30	6112.82	6257.87
当年出售和自宰的肉用家禽(万只)	8958.91	9434.46	11887.42	11364.35	11534.87	10439.06	10159.98	10271.10
当年肉类总产量(万吨)	238.05	236.79	244.66	243.89	251.10	244.63	236.30	265.16
猪肉产量(万吨)	71.89	71.30	73.94	73.35	73.30	70.81	51.13	73.52
牛肉产量(万吨)	49.71	49.73	51.17	51.79	54.53	52.89	55.59	59.48
羊肉产量(万吨)	89.17	87.23	88.63	88.80	93.33	92.59	101.31	104.13
禽肉产量(万吨)	19.75	20.85	23.48	22.33	22.60	20.45	19.95	20.10
奶类产品(万吨)	762.62	747.77	746.57	623.38	637.71	649.80	592.87	559.63
牛奶产量(万吨)	722.11	724.52	726.12	612.12	628.65	640.76	585.65	552.86
绵羊毛产量(吨)	107452	106599	104190	110532	121525	127187	132925	126682
山羊绒产量(吨)	8104	7644	7642	7901	8284	8380	8498	8026
禽蛋产量(万吨)	50.00	52.52	54.46	55.09	53.54	56.40	53.82	53.21

注：2010—2017年数据根据第三次全国农业普查结果进行了修订。

2-2-3 续表

指　标	2018	2019	2020	2021	2022	2023
当年出栏肉猪头数(万头)	895.99	758.39	742.08	812.90	886.87	910.16
当年出售和自宰的肉用牛(万头)	375.10	383.31	396.99	410.35	428.81	463.71
当年出售和自宰的肉用羊(万只)	6390.70	6458.33	6674.12	6705.36	6598.08	6494.08
当年出售和自宰的肉用家禽(万只)	10069.50	10597.98	10252.46	10456.95	11261.14	11757.02
当年肉类总产量(万吨)	267.24	264.56	267.95	277.32	284.05	291.24
猪肉产量(万吨)	71.80	62.57	61.35	67.39	73.66	75.67
牛肉产量(万吨)	61.43	63.78	66.25	68.71	71.87	77.84
羊肉产量(万吨)	106.34	109.79	112.97	113.65	110.25	108.80
禽肉产量(万吨)	19.71	20.72	20.09	20.50	22.07	23.04
奶类产品(万吨)	571.87	582.92	617.87	680.04	740.85	794.93
牛奶产量(万吨)	565.57	577.20	611.48	673.24	733.83	792.58
绵羊毛产量(吨)	118178.85	114874.72	117124.83	120553.89	116908.75	121190.79
山羊绒产量(吨)	6606.83	6311.95	6717.63	6109.14	6049.93	8635.84
禽蛋产量(万吨)	55.20	58.10	60.44	61.56	62.59	67.21

2-2-4 各盟市牲畜头数(2023年年末数)

单位：万头(只)

地 区	牲畜总头数	大牲畜和羊	大牲畜	牛	马	驴	骡	骆驼
全 区	**7880.25**	**7250.34**	**1069.73**	**947.69**	**75.62**	**24.84**	**0.95**	**20.63**
呼和浩特市	299.16	254.06	45.76	44.21	0.60	0.87	0.06	0.03
包头市	300.03	284.31	17.87	13.47	4.07	0.23	0.00	0.09
乌海市	13.64	11.85	1.04	0.87	0.06	0.09	0.00	0.02
赤峰市	1335.54	1152.01	195.11	167.09	9.97	17.05	0.75	0.25
通辽市	1050.86	867.44	274.74	268.62	4.11	1.93	0.03	0.05
鄂尔多斯市	953.31	918.44	41.73	39.48	1.16	0.55	0.01	0.53
呼伦贝尔市	869.01	830.90	139.88	116.68	22.63	0.24	0.00	0.34
巴彦淖尔市	787.67	763.62	43.25	34.67	5.81	0.57	0.00	2.19
乌兰察布市	457.83	422.36	34.08	28.76	3.76	0.96	0.08	0.51
兴安盟	932.48	871.65	94.94	88.64	4.68	1.62	0.00	0.00
锡林郭勒盟	772.99	769.33	157.75	138.54	18.04	0.06	0.00	1.11
阿拉善盟	107.71	104.36	23.57	6.66	0.72	0.67	0.01	15.50

2-2-4 续表

单位：万只(头)

地 区	羊	猪
全 区	**6180.61**	**629.92**
呼和浩特市	208.30	45.10
包头市	266.44	15.72
乌海市	10.81	1.79
赤峰市	956.90	183.53
通辽市	592.70	183.42
鄂尔多斯市	876.71	34.87
呼伦贝尔市	691.01	38.12
巴彦淖尔市	720.37	24.05
乌兰察布市	388.28	35.47
兴安盟	776.71	60.83
锡林郭勒盟	611.58	3.66
阿拉善盟	80.79	3.35

2-2-5 各盟市主要畜产品产量(2023年年末数)

单位：万头(只)、吨

地 区	当年出栏肉猪头数	当年出售和自宰肉用牛	当年出售和自宰肉用羊	当年出售和自宰家禽	当年肉类总产量	猪肉产量	牛肉产量	羊肉产量	禽肉产量
全 区	**910.16**	**463.71**	**6494.08**	**11757.02**	**2912373**	**756665**	**778421**	**1088021**	**230425.00**
呼和浩特市	78.48	17.89	336.34	353.33	156404.66	60245.11	31523.40	56336.20	6995.55
包头市	28.79	13.80	334.27	290.73	116617.64	23936.67	23168.00	60991.03	4298.90
乌海市	1.96	0.25	10.64	50.36	5924.39	2329.46	617.15	2038.10	846.00
赤峰市	255.05	91.99	752.13	5502.10	607166.46	211155.63	151612.49	125982.60	106736.93
通辽市	261.20	120.75	518.68	510.11	517398.19	215151.39	205294.38	86879.64	7401.18
鄂尔多斯市	40.03	17.14	612.00	99.51	170567.80	35275.71	28772.95	102509.92	2401.83
呼伦贝尔市	42.10	62.21	649.66	304.97	258580.76	35001.44	98824.43	108818.67	7171.45
巴彦淖尔市	31.73	11.43	1240.41	3499.39	333641.55	31805.17	20001.05	206542.92	71526.74
乌兰察布市	50.85	15.27	490.14	228.19	158683.18	42275.97	25633.65	82098.18	4343.29
兴安盟	110.28	32.50	840.24	880.79	308649.62	90983.24	57942.83	136970.08	18163.24
锡林郭勒盟	6.17	77.54	661.85	32.60	259488.16	5401.29	130171.42	110860.16	488.29
阿拉善盟	3.50	2.95	47.72	4.94	19250.93	3103.94	4859.25	7993.52	51.59

2-2-5 续表

单位：吨

地 区	奶类产量	牛奶产量	山羊毛产量	绵羊毛产量	山羊绒产量	禽蛋产量
全 区	**7949348.97**	**7925784.11**	**14592.07**	**121190.79**	**8635.84**	**672076.77**
呼和浩特市	2468201.14	2460527.86	801.93	3672.16	360.44	51743.31
包头市	245696.99	245308.84	866.96	4772.68	449.40	52804.48
乌海市	1033.07	1033.07	138.88	151.22	51.14	9880.60
赤峰市	415701.40	415683.30	985.48	24013.93	384.96	352252.51
通辽市	380341.23	380316.25	251.10	9181.27	163.22	41811.40
鄂尔多斯市	458871.18	458034.04	8581.76	14020.46	5662.09	12048.68
呼伦贝尔市	754375.44	753304.99	61.12	15175.13	41.24	30168.41
巴彦淖尔市	1420357.14	1419396.19	1310.61	8856.19	906.37	29555.57
乌兰察布市	301163.25	298481.33	555.53	8410.97	133.29	44532.38
兴安盟	725962.49	725303.69	573.58	19834.18	199.22	39810.66
锡林郭勒盟	613869.27	610650.64	134.22	12373.47	123.34	6964.20
阿拉善盟	163776.37	157743.92	330.90	729.14	161.13	504.58

2-2-6 生猪大县生产情况

单位：万头、万吨

指 标	2013	2014	2015	2016	2017	2018	2019	2020	2021	2022	2023
年末生猪存栏											
科尔沁区	61.38	71.90	68.40	58.80	61.50	39.60	8.85	32.53	25.98	37.29	40.23
开鲁县	45.47	45.08	41.00	10.59	33.90	24.60	32.55	55.73	57.70	46.94	51.33
奈曼旗	37.68	38.73	34.00	5.79	22.76	18.80	17.31	47.51	58.14	48.37	53.07
扎赉特旗	35.80	33.76	32.54	16.73	23.11	18.20	6.32	5.76	6.92	24.53	19.54
年末能繁殖母猪											
科尔沁区	6.95	6.95	6.60	5.31	6.30	3.96	2.08	5.00	3.11	4.16	4.90
开鲁县	5.82	6.50	3.25	2.18	6.38	2.40	4.37	5.14	4.53	3.76	4.25
奈曼旗	4.37	3.80	3.05	1.27	3.20	1.80	2.21	5.66	5.49	4.66	4.31
扎赉特旗	5.25	7.12	6.50	2.61	5.00	4.00	1.15	1.12	1.14	3.01	2.07
年内生猪出栏											
科尔沁区	80.31	83.13	87.12	84.48	94.38	89.40	38.38	32.26	62.97	40.36	46.14
开鲁县	78.42	87.66	71.00	53.97	76.20	70.20	43.56	45.16	65.79	67.53	76.49
奈曼旗	66.66	68.87	68.53	35.67	60.98	34.07	11.09	12.61	54.79	67.41	64.74
扎赉特旗	69.20	74.93	69.00	53.59	74.95	81.20	13.10	3.75	10.43	49.09	58.06
年内猪肉产量											
科尔沁区	5.29	6.76	6.88	6.68	7.10	6.70	3.03	2.87	4.80	3.42	3.83
开鲁县	6.91	7.58	5.70	4.44	6.00	5.52	3.71	4.31	5.97	5.57	6.35
奈曼旗	6.23	5.09	5.30	2.86	4.73	2.64	1.10	1.13	4.33	5.55	5.37
扎赉特旗	5.69	6.34	5.43	4.21	6.12	6.60	3.05	0.34	0.96	4.12	4.82

注：第三次全国农业普查后根据国家统计局要求，各省修改了2013–2017年各地分县数据，生猪大县的数据也相应修改衔接，其中2016年份的数据为农普平台数，因此与前后年份差距较大。

主要统计指标解释

生猪期末存栏　指本调查期末饲养生猪的总量，包括 25 公斤以下仔猪、待育肥猪（架子猪）和种猪等数量之和。

能繁殖母猪　是指猪龄约在 9 个月（包括 9 个月）以上的、具备繁殖能力的母猪。

猪肉产量　指本调查期内出栏肥猪头数折算出的鲜、冷鲜、冷冻猪肉总量，按胴体重计算。

肉牛　指饲养目的是生产肉的牛。

能繁殖母牛　指牛龄在 16 个月左右，具备繁殖能力的母牛。

奶牛　指饲养目的是生产奶的牛。

牛总量　指肉牛、奶牛、役用牛的合计数量。

牛期末存栏　指本调查期末饲养各类型的牛总量，包括牛犊、待育肥牛（架子牛）、奶牛和种牛等数量之和。

牛肉产量　指本调查期内出栏肉牛头数折算出的鲜、冷鲜、冷冻牛肉产量，按胴体重计算。

牛奶产量　指本调查期内奶牛所生产的牛奶总产量。

羊期末存栏　指本调查期末饲养各种羊只总量。包括羊羔、待育肥羊（架子羊）、奶羊和种羊等数量之和。

羊肉产量　指本调查期内出栏肥羊头数折算出的鲜、冷鲜、冷冻羊肉产量，按胴体重计算。

绵羊毛产量　指本调查期内绵羊所生产的羊毛总量。

山羊绒产量　指本调查期内山羊所生产的羊绒总量。

家禽种类　主要包括鸡、鸭、鹅三个种类。

家禽期末存栏　指本调查期末饲养家禽的总量，包括幼禽、肉用家禽、蛋用家禽和种家禽等。

肉用家禽　指本调查期内饲养的家禽中以食肉为目的的家禽总量。

蛋用家禽　指本调查期内饲养的家禽中以产蛋为目的的家禽总量。

禽肉产量　指本调查期内出栏肉用家禽产出的禽肉总量。

禽蛋产量　指本调查期内饲养的蛋用家禽生产的禽蛋总重量。包括出售的和农民自产自用的部分。品种主要为鸡鸭鹅。

肉类总产量　指调查期内各种牲畜及家禽、兔等动物肉产量总计。猪、牛、羊、马、驴、骡、骆驼肉产量按去掉头蹄下水后带骨肉的胴体重量计算,兔禽肉产量按屠宰后去毛和内脏后的重量计算。猪牛羊禽四个品种肉产量由主要畜禽监测抽样调查获得，马、驴、骡、骆驼、兔肉产量由全面统计获得，其它特种养殖肉产量可用住户调查资料推算获得。

第三部分

居民收支调查篇

居民生活

3-1-1 居民家庭人均可支配收入

年 份	全体居民可支配收入		城镇居民可支配收入		农牧民可支配收入	
	绝对数(元)	增速(%)	绝对数(元)	增速(%)	绝对数(元)	增速(%)
1978			301		100	
1979			350	16.3	126	25.2
1980			407	16.3	181	44.4
1981			449	10.3	225	24.2
1982			453	0.8	273	21.3
1983			474	4.7	294	7.8
1984			549	15.7	336	14.2
1985			686	25.0	360	7.2
1986			774	12.8	340	-5.8
1987			820	6.0	389	14.5
1988			916	11.7	500	28.6
1989			1053	15.0	478	-4.5
1990	804		1149	9.1	607	27.2
1991			1294	12.6	618	1.8
1992			1495	15.5	672	8.8
1993			1893	26.6	778	15.7
1994			2498	32.0	970	24.7
1995			2863	14.6	1208	24.6
1996			3432	19.9	1602	32.6
1997			3945	14.9	1780	11.1
1998			4360	10.5	1988	11.7
1999			4785	9.8	2016	1.4
2000	3379		5152	7.7	2058	2.1
2001			5568	8.1	1999	-2.9
2002			6096	9.5	2120	6.1
2003			7076	16.1	2312	9.1
2004			8208	16.0	2667	15.3
2005	5985		9247	12.7	3070	15.1
2006	6876	14.9	10499	13.5	3444	12.2
2007	8340	21.3	12566	19.7	4089	18.7
2008	9923	19.0	14676	16.8	4834	18.2
2009	11015	11.0	16140	10.0	5143	6.4
2010	12538	13.8	18050	11.8	5780	12.4
2011	14715	17.4	20813	15.3	6942	20.1
2012	16800	14.2	23611	13.4	7956	14.6
2013	18693	10.7	26004	10.1	8985	12.9
2014	20559	10.0	28350	9.0	9976	11.0
2015	22310	8.5	30594	7.9	10776	8.0
2016	24127	8.1	32975	7.8	11609	7.7
2017	26212	8.6	35670	8.2	12584	8.4
2018	28376	8.3	38305	7.4	13803	9.7
2019	30555	7.7	40782	6.5	15283	10.7
2020	31497	3.1	41353	1.4	16567	8.4
2021	34108	8.3	44377	7.3	18337	10.7
2022	35921	5.3	46295	4.3	19641	7.1
2023	38130	6.1	48676	5.1	21221	8.0

注：2012年以前的数据根据国家统计局2018年新口径居民收支回溯结果进行了修订。

3-1-2 居民家庭人均生活消费支出

年 份	全体居民生活消费支出			城镇居民生活消费支出			农牧民生活消费支出		
	绝对数(元)	增速(%)	恩格尔系数	绝对数(元)	增速(%)	恩格尔系数	绝对数(元)	增速(%)	恩格尔系数
1978				269					
1979				351	30.5				
1980				353	0.6		157		
1981				378	7.1		177	13.1	
1982				397	5.0		205	15.6	
1983				411	3.5		227	10.6	
1984				449	9.2		246	8.4	
1985				595	32.5		291	18.6	
1986				680	14.3		307	5.6	
1987				712	4.7		349	13.6	
1988				844	18.5		404	15.8	
1989				913	8.2		448	10.7	
1990	670			982	7.6		492	9.8	
1991				1081	15.7		571	16.1	
1992				1254	10.4		600	5.0	
1993				1585	26.4		695	16.0	
1994				2111	33.2		835	20.1	
1995				2482	17.6		1180	41.3	
1996				2768	11.5		1438	21.8	58.1
1997				3032	9.5		1560	8.5	55.9
1998				3106	2.4		1602	2.7	55.0
1999				3469	11.7		1582	-1.3	50.5
2000	2648		37.7	3928	13.2	34.5	1694	7.1	44.8
2001				4195	6.8	33.9	1656	-2.3	43.7
2002				4859	15.8	31.5	1784	7.7	43.4
2003				5418	11.5	31.5	1950	9.3	41.3
2004				6218	14.8	32.5	2337	19.8	42.7
2005	4746		33.1	6927	11.4	31.4	2796	19.7	43.1
2006	5385	13.5	30.8	7665	10.7	30.2	3225	15.4	39.0
2007	6578	22.1	30.6	9280	21.1	30.4	3860	19.7	39.3
2008	7706	17.1	32.4	10826	16.7	32.8	4364	13.1	41.0
2009	8873	15.2	30.1	12367	14.3	30.5	4870	11.6	39.8
2010	10209	15.1	29.0	13991	13.1	30.1	5572	14.4	37.5
2011	11920	16.8	29.7	15874	13.5	31.3	6880	23.5	37.5
2012	13475	13.0	29.1	17712	11.6	30.8	7972	15.9	37.3
2013	14878	10.4	29.0	19244	8.7	28.3	9080	13.9	30.9
2014	16258	9.3	29.2	20885	8.5	28.7	9972	9.8	30.5
2015	17179	5.7	28.6	21876	4.7	28.4	10637	6.7	29.4
2016	18072	5.2	28.6	22744	4.0	28.3	11462	7.8	29.3
2017	18946	4.8	27.5	23638	3.9	27.4	12184	6.3	27.8
2018	19665	3.8	27.1	24437	3.4	26.9	12661	3.9	27.5
2019	20743	5.5	26.6	25383	3.9	26.4	13816	9.1	27.3
2020	19794	-4.6	28.7	23888	-5.9	28.0	13594	-1.6	30.6
2021	22658	14.5	27.8	27194	13.8	26.9	15691	15.4	30.1
2022	22298	-1.6	28.1	26667	-1.9	27.0	15444	-1.6	31.1
2023	27025	21.2	27.6	32249	20.9	27.0	18650	20.8	29.1

3-1-3 2013-2023年全体居民家庭人均可支配收入

年 份	可支配收入(元)				
		一工资性收入	二、经营净收入	三、财产净收入	四、转移净收入
2013	18693	10005	4729	1059	2900
2014	20559	10904	5104	1203	3348
2015	22310	11992	5380	1266	3672
2016	24127	12939	5776	1203	4208
2017	26212	13900	6364	1288	4661
2018	28376	15033	7149	1442	4751
2019	30555	15922	7994	1614	5025
2020	31497	16325	8147	1624	5402
2021	34108	17515	9204	1780	5609
2022	35921	18634	9615	1787	5885
2023	38130	19896	10171	1847	6216

注：2012年以前的数据根据国家统计局2018年新口径居民收支回溯结果进行了修订。

3-1-4 2013-2023年城镇居民家庭人均可支配收入

年 份	可支配收入(元)				
		一工资性收入	二、经营净收入	三、财产净收入	四、转移净收入
2013	26004	16146	4223	1587	4049
2014	28350	17406	4539	1802	4603
2015	30594	18989	4801	1870	4934
2016	32975	20355	5466	1733	5421
2017	35670	21707	6349	1824	5789
2018	38305	23302	7128	2070	5805
2019	40782	24459	7945	2344	6033
2020	41353	24888	7697	2366	6401
2021	44377	26574	8698	2631	6474
2022	46295	28090	8911	2607	6687
2023	48676	29756	9276	2637	7006

注：2012年以前的数据根据国家统计局2018年新口径居民收支回溯结果进行了修订。

3-1-5 2013-2023年农村居民家庭人均可支配收入

年 份	可支配收入(元)				
		一、工资性收入	二、经营净收入	三、财产净收入	四、转移净收入
2013	8985	1851	5402	357	1375
2014	9976	2071	5872	389	1644
2015	10776	2250	6185	425	1916
2016	11609	2449	6216	453	2492
2017	12584	2649	6385	515	3036
2018	13803	2897	7181	520	3205
2019	15283	3174	8067	523	3519
2020	16567	3353	8828	498	3888
2021	18337	3603	9980	473	4281
2022	19641	3795	10718	500	4628
2023	21221	4086	11607	580	4948

注：2012年以前的数据根据国家统计局2018年新口径居民收支回溯结果进行了修订。

3-1-6 不同时期城乡居民人均可支配收入增速

报告期	城镇居民收入年均增速(%)	农村居民收入年均增速(%)
五年规划期		
“六五”时期	11.2	12.5
“七五”时期	10.4	15.6
“八五”时期	22.0	18.3
“九五”时期	10.7	6.5
“十五”时期	13.5	11.3
“十一五”时期	14.5	13.8
“十二五”时期	10.1	11.6
“十三五”时期	5.8	9.3
十年规划期		
1981-1990	11.0	11.7
1991-2000	16.6	14.3
2001-2010	14.0	12.5
2011-2020	7.9	10.1
近年		
1979-2023	11.9	12.4
1993-2023	11.4	11.7
2001-2023	10.4	11.3
2013-2023	6.5	9.0

注：2012年以前的数据根据国家统计局2018年新口径居民收支回溯结果进行了修订。

3-1-7 全体居民消费支出及构成

年份	消费支出(元)	食品烟酒支出	衣着支出	居住支出	生活用品及服务支出	交通通信支出	教育文化娱乐支出	医疗保健支出	其他用品及服务支出
2013	14877	4314	1633	2684	924	2036	1663	1176	446
2014	16258	4746	1688	2795	1009	2405	1813	1320	482
2015	17179	4920	1760	2919	1031	2569	2067	1384	529
2016	18072	5169	1827	3174	1127	2526	2166	1570	514
2017	18946	5205	1866	3324	1200	2915	2228	1654	554
2018	19665	5324	1751	3680	1205	3074	2245	1848	538
2019	20743	5517	1765	3944	1186	3218	2408	2108	597
2020	19794	5686	1568	4149	1119	3099	1836	1892	446
2021	22658	6299	1641	4533	1215	3488	2544	2355	585
2022	22298	6269	1546	4836	1225	3458	2111	2263	589
2023	27025	7446	1862	5058	1500	4717	2656	2935	851

注：2012年以前的数据根据国家统计局2018年新口径居民收支回溯结果进行了修订。

3-1-8 城镇居民消费支出及结构

年份	消费支出(元)	食品烟酒支出	衣着支出	居住支出	生活用品及服务支出	交通通信支出	教育文化娱乐支出	医疗保健支出	其他用品及服务支出
2013	19243	5451	2365	3465	1323	2605	2040	1352	641
2014	20885	6003	2395	3619	1437	3095	2178	1471	688
2015	21876	6210	2474	3710	1430	3231	2505	1576	740
2016	22744	6446	2543	4006	1565	3045	2599	1840	700
2017	23638	6469	2577	4108	1670	3511	2637	1907	759
2018	24437	6583	2456	4594	1631	3736	2592	2106	738
2019	25383	6688	2458	4845	1614	3797	2818	2349	814
2020	23888	6691	2124	5149	1473	3724	2100	2040	588
2021	27194	7326	2153	5643	1547	4063	3087	2618	758
2022	26667	7208	2004	6008	1561	4233	2534	2341	777
2023	32249	8707	2414	6243	1875	5543	3270	3069	1127

注：2012年以前的数据根据国家统计局2018年新口径居民收支回溯结果进行了修订。

3-1-9 农村居民消费支出及构成

年份	消费支出(元)	食品烟酒支出	衣着支出	居住支出	生活用品及服务支出	交通通信支出	教育文化娱乐支出	医疗保健支出	其他用品及服务支出
2013	9080	2803	662	1648	394	1281	1163	942	187
2014	9972	3039	728	1676	428	1468	1318	1114	202
2015	10637	3123	765	1817	475	1647	1458	1118	235
2016	11463	3363	814	1996	507	1790	1553	1188	252
2017	12184	3385	842	2194	522	2056	1639	1288	258
2018	12661	3476	717	2338	579	2102	1736	1468	244
2019	13816	3768	731	2598	546	2354	1796	1749	273
2020	13594	4164	727	2633	583	2152	1436	1667	231
2021	15691	4721	854	2828	704	2606	1710	1951	318
2022	15444	4796	829	2998	698	2241	1447	2140	295
2023	18650	5423	978	3157	897	3394	1672	2720	408

注：2012年以前的数据根据国家统计局2018年新口径居民收支回溯结果进行了修订。

3-1-10 全体居民家庭基本情况

指标	单位	2022	2023	2023年比2022年增加	
				绝对数	%
住户经营情况					
生产经营户	%	46.6	45.9	-0.7	-1.5
#农业生产经营户	%	29.9	29.8	-0.1	-0.4
非生产经营户	%	53.4	54.1	0.7	1.3
户主文化程度					
未上过学	%	1.0	2.2	1.2	124.0
小学	%	13.2	17.6	4.4	33.4
初中	%	37.8	35.5	-2.3	-6.1
高中	%	19.9	18.3	-1.6	-8.0
大学专科	%	15.7	14.0	-1.7	-11.0
大学本科	%	11.1	11.4	0.3	3.1
研究生	%	1.3	0.9	-0.3	-26.5
按家庭规模分的住户类型					
一人户	%	5.0	10.4	5.4	109.2
二人户	%	37.0	37.9	0.8	2.3
三人户	%	37.4	31.1	-6.4	-17.0
四人户	%	15.7	15.6	0.0	-0.2
五人户	%	3.4	3.3	0.0	-0.7
六人及以上户	%	1.6	1.7	0.1	9.0
住户特征					
纯老人户	%	14.5	15.9	1.4	9.5
家中有未成年子女户	%	33.6	34.1	0.4	1.3
年轻夫妻无子女户	%	0.4	1.5	1.1	296.7
无劳动力户	%	1.2	1.3	0.1	11.3

3-1-11　全体居民家庭人口和就业情况

指　　标	单位	2022	2023	2023年比2022年增加	
				绝对数	%
家庭常住成员数	**人/户**	**2.8**	**2.7**	**-0.1**	**-5.0**
常住成员情况					
性别					
男性	%	49.8	49.5	-0.3	-0.6
女性	%	50.2	50.5	0.3	0.6
年龄	%				
5岁及以下	%	3.9	4.6	0.6	16.3
6-15岁	%	11.3	11.8	0.5	4.7
16-19岁	%	4.1	4.0	-0.1	-2.5
20-24岁	%	4.7	3.7	-1.0	-20.9
25-29岁	%	3.4	3.9	0.4	12.7
30-34岁	%	5.9	7.0	1.1	19.5
35-40岁	%	10.4	10.3	-0.1	-0.7
41-50岁	%	19.7	18.0	-1.7	-8.9
51-60岁	%	21.0	19.6	-1.4	-6.6
61-65岁	%	6.1	6.4	0.4	6.1
66岁及以上	%	9.5	10.7	1.2	12.5
在校学生	%	18.8	18.4	-0.5	-2.6
受教育程度					
未上过学	%	2.9	3.4	0.5	17.9
小学	%	19.7	22.6	2.9	14.8
初中	%	31.6	31.6	0.0	-0.1
高中	%	18.0	16.6	-1.4	-7.7
大学专科	%	13.5	12.5	-1.0	-7.2
大学本科	%	13.0	12.2	-0.8	-6.1
研究生	%	1.3	1.0	-0.3	-20.2

3-1-11 续表 1

指标	单位	2022	2023	2022年比2021年增加	
				绝对数	%
劳动力人数	**人/户**	**2.1**	**2.0**	**-0.1**	**-3.7**
整劳动力人数	人/户	1.0	0.9	0.0	-1.5
半劳动力人数	人/户	1.1	1.1	-0.1	-5.6
从业人数	**人/户**	**1.5**	**1.5**	**0.0**	**-2.2**
性别					
男性	%	49.7	49.5	-0.2	-0.5
女性	%	50.3	50.5	0.2	0.5
受教育程度					
未上过学	%	1.9	2.8	1.0	51.1
小学	%	14.2	17.8	3.6	25.6
初中	%	35.9	34.6	-1.2	-3.5
高中	%	18.6	17.3	-1.3	-7.1
大学专科	%	15.5	14.3	-1.2	-7.9
大学本科	%	12.8	12.2	-0.6	-4.8
研究生	%	1.1	0.9	-0.2	-16.2
离退休人员	%				
行政事业单位离退休	%	3.8	3.1	-0.8	-20.1
其他单位离退休	%	10.4	9.5	-0.8	-8.1
就业类型					
雇主	%	0.7	1.0	0.3	45.2
公职人员	%	4.1	2.9	-1.2	-29.1
事业单位人员	%	11.2	8.8	-2.4	-21.4
国有企业雇员	%	6.7	6.4	-0.3	-4.6
其他雇员	%	34.4	39.2	4.8	14.0
农业自营	%	32.1	30.8	-1.2	-3.8
非农自营	%	10.8	10.8	0.0	0.3

3-1-11 续表 2

指　　标	单位	2022	2023	2023年比2022年增加	
				绝对数	%
从事主要行业					
第一产业	%	33.9	32.9	-1.0	-2.9
第二产业	%	13.5	14.6	1.1	8.1
采矿业	%	2.5	2.4	0.0	-1.9
制造业	%	3.9	4.5	0.7	16.9
电力、热力、燃气及水生产供应业	%	3.0	2.4	-0.6	-18.5
建筑业	%	4.1	5.2	1.0	24.9
第三产业	%	52.6	52.5	-0.1	-0.2
批发和零售业	%	8.4	8.8	0.4	5.3
交通运输、仓储和邮政业	%	5.8	5.6	-0.1	-2.5
住宿和餐饮业	%	3.4	4.5	1.1	33.5
信息传输、软件业和信息技术服务业	%	1.4	1.3	0.0	-2.9
金融业	%	1.7	1.5	-0.2	-10.4
房地产业	%	0.5	0.4	0.0	-8.8
租赁和商务服务业	%	0.5	0.3	-0.2	-34.6
科学研究和技术服务业	%	0.3	0.2	-0.1	-35.0
水利、环境和公共设施管理业	%	0.9	0.8	-0.1	-15.5
居民服务、修理和其他服务业	%	11.2	12.5	1.3	11.6
教育	%	4.8	4.2	-0.6	-12.4
卫生和社会工作	%	3.1	3.1	0.0	0.1
文化、体育和娱乐业	%	0.6	1.0	0.4	57.9
公共管理、社会保障和社会组织	%	10.1	8.2	-1.9	-19.0
国际组织	%		0.0	0.0	
从事主要职业					
国家机关、党群组织、企事业单位负责人	%	2.7	1.9	-0.8	-29.9
专业技术人员	%	12.9	10.8	-2.1	-16.4
办事人员和有关人员	%	23.2	17.5	-5.7	-24.5
商业、服务业人员	%	20.6	24.4	3.8	18.7
农、林、牧、渔、水利业生产人员	%	35.7	32.5	-3.2	-8.9
生产、运输设备操作人员及有关人员	%	4.6	3.7	-0.8	-18.2
军人	%	0.0	0.0	0.0	341.4
不便分类的其他从业人员	%	0.4	9.1	8.7	2430.1

3-1-12 全体居民家庭住房情况

指　　标	单位	2022	2023	2023年比2022年增加	
				绝对数	%
现住房建筑面积	**平方米/人**	**34.8**	**35.2**	**0.4**	**1.2**
居住空间样式					
单栋楼房	%	4.6	3.0	-1.6	-35.3
单栋平房	%	36.8	36.2	-0.7	-1.8
四居室及以上单元房	%	0.8	0.8	0.0	-5.2
三居室单元房	%	16.0	16.9	0.8	5.1
二居室单元房	%	37.3	36.1	-1.1	-3.0
一居室单元房	%	2.3	4.6	2.2	95.7
筒子楼或连片平房	%	2.0	2.3	0.3	14.2
其他	%	0.0	0.2	0.2	384.1
主要建筑材料					
钢筋混凝土	%	52.6	57.6	5.0	9.5
砖混材料	%	26.3	28.0	1.7	6.5
砖瓦砖木	%	20.3	13.3	-7.1	-34.8
竹草土坯	%	0.7	1.0	0.2	30.8
其他	%		0.2	0.2	
住房建筑面积					
10平方米以内	%		0.0		
10-20平方米	%	0.2	0.8	0.6	397.5
20-30平方米	%	1.0	0.8	-0.2	-22.0
30-60平方米	%	13.0	16.5	3.5	26.9
60-90平方米	%	33.6	32.4	-1.2	-3.5
90-120平方米	%	34.6	32.6	-2.1	-5.9
120-200平方米	%	16.0	15.8	-0.3	-1.7
200平方米以上	%	1.5	1.1	-0.4	-27.4
自有住房建筑年份					
当年新建	%		0.1	0.1	
1-5年	%	2.8	6.8	4.0	140.1
6-10年	%	18.6	21.3	2.6	14.2
11-20年	%	48.1	40.4	-7.7	-16.0
21-50年	%	29.9	31.0	1.0	3.4
50年以上	%	0.5	0.5	0.0	-5.4
购(建)房总金额	万元/户	16.6	21.0	4.4	26.2
自有现住房市场价月租金	元/人	253.0	265.6	12.6	5.0
租赁住房实际月租金	元/人	9.6	22.2	12.6	131.8
租赁公房实际月租金	元/人	1.0	1.3	0.3	28.4
租赁私房实际月租金	元/人	8.6	20.9	12.3	143.7

3-1-13 全体居民家庭基本生活情况

指标	单位	2022	2023	2023年比2022年增加	
				绝对数	%
宅外道路路面情况					
水泥或柏油路面	%	92.0	90.8	-1.2	-1.3
沙石或石板等硬质路面	%	6.5	7.6	1.1	16.9
其他	%	1.5	1.6	0.1	6.1
取水位置					
住宅内管道取水	%	89.1	90.7	1.6	1.8
住宅内其他方式取水	%	2.0	2.3	0.3	12.9
院内管道取水	%	2.4	2.3	-0.1	-3.4
院内其他方式取水	%	5.3	3.3	-2.0	-38.1
其他位置取水	%	1.2	1.5	0.3	22.2
饮用水情况					
经过净化处理的自来水	%	82.9	84.6	1.6	2.0
受保护的井水和泉水	%	15.2	14.0	-1.2	-8.0
不受保护的井水和泉水	%	1.9	0.6	-1.3	-66.8
江河湖泊水	%		0.0	0.0	
收集雨水	%				
桶装水	%	0.0	0.8	0.8	3772.7
其他水源	%		0.0	0.0	
获取饮用水的主要困难					
单次取水往返时间超过半小时	%	0.1	0.0	0.0	64.1
间断或定时供水	%	1.8	2.4	0.6	33.2
当年连续缺水时间超过16天	%	0.2	0.2	0.0	-2.2
无上述困难	%	97.9	97.4	-0.5	-0.6
厕所使用情况					
本住户独用	%	95.8	94.4	-1.4	-1.5
几户合用	%	0.5	0.7	0.2	35.7
公用厕所	%	3.7	4.9	1.2	32.3

3-1-13 续表

指 标	单位	2022	2023	2023年比2022年增加	
				绝对数	%
洗澡设施情况					
统一供热水	%	3.9	2.9	-1.0	-25.1
家庭自装热水器	%	68.9	70.8	1.9	2.8
其他	%	1.7	1.0	-0.6	-37.8
无洗澡设施	%	25.5	25.2	-0.3	-1.2
取暖设备状况					
由市政或小区集中供暖	%	60.8	59.7	-1.1	-1.8
自行供暖	%	37.6	38.6	0.9	2.5
无取暖设备	%	1.6	1.7	0.1	7.5
炊用能源状况					
柴草	%	9.6	10.2	0.6	5.8
煤炭	%	9.4	9.3	-0.1	-1.0
罐装液化石油气	%	19.8	18.1	-1.7	-8.4
管道液化石油气	%	0.5	0.8	0.3	63.5
管道煤气	%	1.1	1.6	0.4	37.8
管道天然气	%	32.5	33.2	0.8	2.3
电	%	26.3	25.6	-0.8	-2.9
燃料用油	%	0.0		0.0	-100.0
沼气	%				
其他	%	0.4	0.3	-0.1	-26.7
无炊用行为	%	0.3	0.9	0.6	182.4

3-1-14 全体居民家庭耐用消费品拥有情况

指 标	单位	2022	2023	2023年比2022年增加	
				绝对数	%
耐用消费品拥有情况					
家用汽车	辆/百户	49.3	58.2	8.9	18.0
摩托车	辆/百户	25.0	17.5	-7.6	-30.2
助力车	辆/百户	56.8	66.4	9.6	16.9
洗衣机	台/百户	98.7	98.5	-0.2	-0.2
电冰箱(柜)	台/百户	109.9	116.5	6.6	6.0
微波炉	台/百户	31.7	30.5	-1.2	-3.8
彩色电视机	台/百户	102.6	98.4	-4.2	-4.1
空调	台/百户	16.7	18.5	1.8	10.8
热水器	台/百户	64.3	67.1	2.8	4.3
排油烟机	台/百户	59.3	62.4	3.1	5.2
移动电话	部/百户	236.6	229.7	-6.9	-2.9
计算机	台/百户	40.6	36.2	-4.4	-10.9
照相机	台/百户	6.9	4.9	-2.1	-29.7

3-1-15　全体居民家庭可支配收入及构成

指　　标	单位	2022	2023	2023年比2022年增加	
				绝对数	%
可支配收入	**元/人**	**35921**	**38130**	**2209**	**6.1**
工资性收入	元/人	18634	19896	1262	6.8
经营净收入	元/人	9615	10171	557	5.8
第一产业经营收入	元/人	4563	4751	188	4.1
农业	元/人	2783	3066	283	10.2
牧业	元/人	1716	1655	-61	-3.6
第二产业经营收入	元/人	484	561	77	15.9
第三产业经营收入	元/人	4568	4859	292	6.4
财产性净收入	元/人	1787	1847	60	3.4
转移净收入	元/人	5885	6216	331	5.6
转移性收入	元/人	8000	8238	238	3.0
转移性支出	元/人	2115	2022	-93	-4.4
可支配收入构成	%	100.0	100.0		
工资性收入	%	51.9	52.2	0.3	0.6
经营净收入	%	26.8	26.7	-0.1	-0.3
第一产业经营收入	%	12.7	12.5	-0.2	-1.9
农业	%	7.7	8.0	0.3	3.8
牧业	%	4.8	4.3	-0.4	-9.1
第二产业经营收入	%	1.3	1.5	0.1	9.2
第三产业经营收入	%	12.7	12.7	0.0	0.2
财产性净收入	%	5.0	4.8	-0.1	-2.6
转移净收入	%	16.4	16.3	-0.1	-0.5
转移性收入	%	22.3	21.6	-0.7	-3.0
转移性支出	%	5.9	5.3	-0.6	-9.9

3-1-16 全体居民家庭现金可支配收入及构成

指　　标	单位	2022	2023	2023年比2022年增加	
				绝对数	%
可支配收入	**元/人**	**34064**	**36715**	**2651**	**7.8**
工资性收入	元/人	18589	19812	1223	6.6
经营净收入	元/人	9090	10071	981	10.8
第一产业经营收入	元/人	3752	3827	75	2.0
农业	元/人	1388	1027	-361	-26.0
牧业	元/人	2361	2798	437	18.5
第二产业经营收入	元/人	519	606	87	16.8
第三产业经营收入	元/人	4818	5637	819	17.0
财产性净收入	元/人	775	1056	281	36.2
转移净收入	元/人	5610	5777	167	3.0
转移性收入	元/人	7724	7798	74	1.0
转移性支出	元/人	2115	2022	-93	-4.4
可支配收入构成	%	100.0	100.0		
工资性收入	%	54.6	54.0	-0.6	-1.1
经营净收入	%	26.7	27.4	0.7	2.8
第一产业经营收入	%	11.0	10.4	-0.6	-5.4
农业	%	4.1	2.8	-1.3	-31.4
牧业	%	6.9	7.6	0.7	9.9
第二产业经营收入	%	1.5	1.7	0.1	8.3
第三产业经营收入	%	14.1	15.4	1.2	8.5
财产性净收入	%	2.3	2.9	0.6	26.4
转移净收入	%	16.5	15.7	-0.7	-4.5
转移性收入	%	22.7	21.2	-1.4	-6.3
转移性支出	%	6.2	5.5	-0.7	-11.3

3-1-17　全体居民家庭生活消费支出

指　　标	单位	2022	2023	2023年比2022年增加	
				绝对数	%
消费支出	**元/人**	**22298**	**27025**	**4727**	**21.2**
食品烟酒	元/人	6269	7446	1177	18.8
食品	元/人	4096	4570	473	11.6
烟酒	元/人	761	909	148	19.5
饮料	元/人	118	156	38	32.5
饮食服务	元/人	1295	1811	517	39.9
衣着	元/人	1546	1862	316	20.4
衣类	元/人	1230	1485	255	20.7
鞋类	元/人	317	377	61	19.2
居住	元/人	4836	5058	222	4.6
租赁房房租	元/人	117	234	116	99.0
住房维修及管理	元/人	933	1143	210	22.5
水电燃料及其他	元/人	1294	1386	93	7.2
自有住房折算租金	元/人	2492	2295	-197	-7.9
生活用品及服务	元/人	1225	1500	274	22.4
家具及室内装饰品	元/人	210	203	-8	-3.6
家用器具	元/人	264	325	61	23.1
家用纺织品	元/人	103	120	16	15.9
家庭日用杂品	元/人	282	398	116	41.3
个人用品	元/人	301	378	76	25.4
家庭服务	元/人	65	77	12	17.7
交通通信	元/人	3458	4717	1260	36.4
交通	元/人	2761	3881	1119	40.5
通信	元/人	697	837	140	20.1
教育文化娱乐	元/人	2111	2656	545	25.8
教育	元/人	1575	1814	239	15.2
文化娱乐	元/人	536	842	306	57.0
医疗保健	元/人	2263	2935	672	29.7
医疗器具及药品	元/人	725	974	249	34.3
医疗服务	元/人	1537	1961	423	27.5
其他用品及服务	元/人	589	851	262	44.5
其他用品	元/人	298	404	106	35.5
其他服务	元/人	291	447	156	53.6
#消费支出中服务性消费支出（不含自有住房折算租金）	元/人	6016	8122	2106	35.0

3-1-18　全体居民家庭生活消费支出构成

指　　标	单位	2022	2023	2023年比2022年增加	
				绝对数	%
消费支出构成					
食品烟酒	%	28.1	27.6	-0.6	-2.0
食品	%	18.4	16.9	-1.5	-8.0
烟酒	%	3.4	3.4	0.0	-1.4
饮料	%	0.5	0.6	0.0	9.3
饮食服务	%	5.8	6.7	0.9	15.5
衣着	%	6.9	6.9	0.0	-0.6
衣类	%	5.5	5.5	0.0	-0.4
鞋类	%	1.4	1.4	0.0	-1.6
居住	%	21.7	18.7	-3.0	-13.7
租赁房房租	%	0.5	0.9	0.3	64.2
住房维修及管理	%	4.2	4.2	0.0	1.0
水电燃料及其他	%	5.8	5.1	-0.7	-11.6
自有住房折算租金	%	11.2	8.5	-2.7	-24.0
生活用品及服务	%	5.5	5.5	0.1	1.0
家具及室内装饰品	%	0.9	0.8	-0.2	-20.4
家用器具	%	1.2	1.2	0.0	1.6
家用纺织品	%	0.5	0.4	0.0	-4.3
家庭日用杂品	%	1.3	1.5	0.2	16.6
个人用品	%	1.4	1.4	0.0	3.4
家庭服务	%	0.3	0.3	0.0	-2.8
交通通信	%	15.5	17.5	1.9	12.6
交通	%	12.4	14.4	2.0	16.0
通信	%	3.1	3.1	0.0	-0.9
教育文化娱乐	%	9.5	9.8	0.4	3.8
教育	%	7.1	6.7	-0.3	-5.0
文化娱乐	%	2.4	3.1	0.7	29.5
医疗保健	%	10.1	10.9	0.7	7.0
医疗器具及药品	%	3.3	3.6	0.4	10.8
医疗服务	%	6.9	7.3	0.4	5.2
其他用品及服务	%	2.6	3.1	0.5	19.2
其他用品	%	1.3	1.5	0.2	11.8
其他服务	%	1.3	1.7	0.3	26.8
#消费支出中服务性消费支出（不含自有住房折算租金）	%	27.0	30.1	3.1	11.4

3-1-19 全体居民现金生活消费支出

指　　标	单位	2022	2023	2023年比2022年增加	
				绝对数	%
消费支出	**元/人**	**19091**	**23820**	**4729**	**24.8**
食品烟酒	元/人	5903	7031	1128	19.1
食品	元/人	3749	4202	454	12.1
烟酒	元/人	761	908	148	19.4
饮料	元/人	118	156	38	32.4
饮食服务	元/人	1276	1765	489	38.3
衣着	元/人	1546	1861	315	20.4
衣类	元/人	1230	1484	254	20.7
鞋类	元/人	317	377	61	19.2
居住	元/人	2274	2714	440	19.3
租赁房房租	元/人	117	233	116	98.7
住房维修及管理	元/人	933	1143	209	22.4
水电燃料及其他	元/人	1224	1338	114	9.3
生活用品及服务	元/人	1222	1496	274	22.5
家具及室内装饰品	元/人	210	203	-7	-3.5
家用器具	元/人	264	325	61	23.1
家用纺织品	元/人	103	120	16	15.9
家庭日用杂品	元/人	278	395	117	42.1
个人用品	元/人	301	378	76	25.4
家庭服务	元/人	65	76	11	17.0
交通通信	元/人	3457	4713	1256	36.3
交通	元/人	2760	3876	1116	40.4
通信	元/人	697	837	140	20.1
教育文化娱乐	元/人	2111	2655	544	25.8
教育	元/人	1575	1814	239	15.2
文化娱乐	元/人	536	841	305	56.9
医疗保健	元/人	2011	2503	492	24.5
医疗器具及药品	元/人	722	973	250	34.6
医疗服务	元/人	1289	1531	242	18.8
其他用品及服务	元/人	567	846	279	49.3
其他用品	元/人	297	403	106	35.7
其他服务	元/人	270	443	173	64.2

3-1-20　全体居民现金生活消费支出构成

指　标	单位	2022	2023	2023年比2022年增加	
				绝对数	%
消费支出构成					
食品烟酒	%	30.9	29.5	-1.4	-4.5
食品	%	19.6	17.6	-2.0	-10.2
烟酒	%	4.0	3.8	-0.2	-4.3
饮料	%	0.6	0.7	0.0	6.1
饮食服务	%	6.7	7.4	0.7	10.9
衣着	%	8.1	7.8	-0.3	-3.5
衣类	%	6.4	6.2	-0.2	-3.3
鞋类	%	1.7	1.6	-0.1	-4.5
居住	%	11.9	11.4	-0.5	-4.4
租赁房房租	%	0.6	1.0	0.4	59.2
住房维修及管理	%	4.9	4.8	-0.1	-1.9
水电燃料及其他	%	6.4	5.6	-0.8	-12.4
生活用品及服务	%	6.4	6.3	-0.1	-1.9
家具及室内装饰品	%	1.1	0.9	-0.2	-22.7
家用器具	%	1.4	1.4	0.0	-1.3
家用纺织品	%	0.5	0.5	0.0	-7.1
家庭日用杂品	%	1.5	1.7	0.2	13.9
个人用品	%	1.6	1.6	0.0	0.5
家庭服务	%	0.3	0.3	0.0	-6.2
交通通信	%	18.1	19.8	1.7	9.3
交通	%	14.5	16.3	1.8	12.5
通信	%	3.6	3.5	-0.1	-3.7
教育文化娱乐	%	11.1	11.1	0.1	0.8
教育	%	8.2	7.6	-0.6	-7.7
文化娱乐	%	2.8	3.5	0.7	25.8
医疗保健	%	10.5	10.5	0.0	-0.2
医疗器具及药品	%	3.8	4.1	0.3	7.9
医疗服务	%	6.8	6.4	-0.3	-4.8
其他用品及服务	%	3.0	3.6	0.6	19.6
其他用品	%	1.6	1.7	0.1	8.8
其他服务	%	1.4	1.9	0.4	31.6

3-1-21 全体居民家庭购买生活消费品及服务

指　标	单位	2022	2023	2023年比2022年增加	
				绝对数	%
购买生活消费品及服务	**元/人**	**19130.1**	**23363.4**	**4233.2**	**22.1**
食品烟酒	元/人	5901.7	6848.4	946.8	16.0
食品	元/人	3747.5	4088.5	341.0	9.1
谷物	元/人	506.0	560.6	54.6	10.8
薯类	公斤/人	20.7	20.3	-0.4	-1.8
金额	元/人	66.7	69.2	2.6	3.9
豆类	公斤/人	9.4	11.2	1.8	19.4
金额	元/人	53.3	59.4	6.1	11.5
食用油	公斤/人	6.7	7.1	0.4	5.4
金额	元/人	105.1	102.7	-2.3	-2.2
蔬菜和食用菌	公斤/人	81.7	107.3	25.6	31.3
金额	元/人	422.4	460.5	38.2	9.0
肉类	公斤/人	30.8	35.6	4.8	15.5
金额	元/人	1099.7	1087.9	-11.8	-1.1
禽类	公斤/人	5.6	7.0	1.4	24.5
金额	元/人	124.1	141.1	17.1	13.8
水产品	公斤/人	6.6	7.8	1.1	17.0
金额	元/人	142.1	161.7	19.7	13.8
蛋类	公斤/人	12.5	13.9	1.4	11.2
金额	元/人	119.9	126.0	6.2	5.1
奶类	公斤/人	20.9	24.8	3.9	18.6
金额	元/人	275.6	333.8	58.2	21.1
干鲜瓜果类	公斤/人	58.1	80.6	22.5	38.8
金额	元/人	508.8	608.8	99.9	19.6
糖果糕点类	公斤/人	1.8	5.9	4.0	218.4
金额	元/人	139.2	173.3	34.1	24.5
其他食品	元/人	184.8	203.2	18.4	10.0
饮料	元/人	117.6	155.8	38.2	32.4
烟酒	元/人	760.7	877.4	116.7	15.3
烟草	元/人	525.4	634.5	109.1	20.8
酒类	元/人	235.3	242.9	7.6	3.2
饮食服务	元/人	1275.8	1726.8	450.9	35.3

3-1-21 续表

指标	单位	2022	2023	2023年比2022年增加	
				绝对数	%
衣着	元/人	1544.4	1814.7	270.4	17.5
衣类	元/人	1227.8	1437.3	209.6	17.1
鞋类	元/人	316.6	377.4	60.8	19.2
居住	元/人	2273.9	2647.2	373.2	16.4
租赁房房租	元/人	117.5	218.8	101.3	86.2
住房维修及管理	元/人	933.2	1125.3	192.1	20.6
水电燃料及其他	元/人	1223.2	1303.1	79.9	6.5
生活用品及服务	元/人	1221.5	1471.8	250.3	20.5
家具及室内装饰品	元/人	210.2	202.8	-7.4	-3.5
家用器具	元/人	263.7	317.3	53.6	20.3
家用纺织品	元/人	103.3	119.8	16.5	15.9
家庭日用杂品	元/人	277.8	377.9	100.2	36.1
个人用品	元/人	301.5	377.9	76.4	25.4
家庭服务	元/人	65.0	76.1	11.0	17.0
交通通信	元/人	3252.0	4322.5	1070.5	32.9
交通	元/人	2555.5	3507.9	952.4	37.3
通信	元/人	1090.2	814.6	-275.6	-25.3
教育文化娱乐	元/人	2110.7	2612.1	501.3	23.8
教育	元/人	1575.0	1787.7	212.6	13.5
文化娱乐	元/人	535.7	824.4	288.7	53.9
医疗保健	元/人	2259.7	2819.2	559.5	24.8
医疗器具及药品	元/人	722.2	940.7	218.5	30.3
医疗服务	元/人	1537.5	1878.5	341.0	22.2
其他用品及服务	元/人	566.3	827.4	261.2	46.1
其他用品	元/人	297.0	397.1	100.1	33.7
其他服务	元/人	269.2	430.3	161.1	59.8

3-1-22 全体居民家庭食品消费量

指　　标	单位	2022	2023	2023年比2022年增加	
				绝对数	%
食品消费量					
粮食消费量	公斤/人	153.2	165.4	12.2	8.0
谷物消费量	公斤/人	137.7	148.8	11.1	8.1
小麦	公斤/人	79.9	86.1	6.3	7.8
稻谷	公斤/人	44.4	41.4	-3.0	-6.8
玉米	公斤/人	5.0	12.3	7.3	147.4
其他谷物	公斤/人	8.5	9.0	0.5	6.2
薯类消费量	公斤/人	5.7	5.0	-0.6	-10.9
红薯	公斤/人	0.6	0.7	0.1	18.1
马铃薯	公斤/人	4.4	3.6	-0.8	-18.9
其他薯类	公斤/人	0.6	0.7	0.1	19.2
豆类消费量	公斤/人	9.9	11.6	1.8	17.8
大豆	公斤/人	0.9	0.9	0.0	-2.4
其他豆类	公斤/人	8.9	10.7	1.8	19.9
油脂类消费量	公斤/人	7.0	7.3	0.3	4.1
植物油	公斤/人	6.7	7.0	0.3	4.4
动物油	公斤/人	0.3	0.3	0.0	-2.0
蔬菜及菜制品消费量	公斤/人	92.6	120.0	27.4	29.6
鲜菜	公斤/人	89.4	115.6	26.1	29.2
干菜及菜制品	公斤/人	1.7	2.3	0.7	39.5
鲜菌	公斤/人	1.3	1.9	0.6	45.9
干菌及菌制品	公斤/人	0.2	0.2	0.0	13.9
肉类	公斤/人	38.8	43.3	4.5	11.6
猪肉	公斤/人	24.9	26.9	2.1	8.2
牛肉	公斤/人	4.0	4.2	0.2	5.3
羊肉	公斤/人	6.6	7.3	0.7	11.1
禽类	公斤/人	6.8	8.2	1.3	19.4
鸡	公斤/人	5.1	5.6	0.5	9.7
水产品	公斤/人	6.6	7.8	1.2	17.8
鱼类	公斤/人	4.9	5.2	0.3	5.6
蛋类及蛋制品	公斤/人	14.2	16.2	2.0	13.8
鲜蛋	公斤/人	14.0	15.9	1.9	13.2
奶和奶制品	公斤/人	20.9	24.9	4.0	19.0
鲜奶	公斤/人	16.0	18.6	2.6	16.0

3-1-23 城镇居民家庭基本情况

指　　标	单位	2022	2023	2023年比2022年增加	
				绝对数	%
住户经营情况					
生产经营户	%	28.6	29.0	0.4	1.3
#农业生产经营户	%	7.8	8.5	0.7	9.0
非生产经营户	%	71.4	71.0	-0.4	-0.5
户主文化程度					
未上过学	%	0.7	1.6	0.9	134.4
小学	%	7.3	10.2	2.9	40.1
初中	%	31.5	30.4	-1.1	-3.6
高中	%	23.0	21.1	-1.9	-8.4
大学专科	%	20.4	18.7	-1.7	-8.2
大学本科	%	15.3	16.6	1.3	8.5
研究生	%	1.8	1.4	-0.4	-22.0
按家庭规模分的住户类型					
一人户	%	5.2	11.7	6.5	124.5
二人户	%	32.9	34.5	1.6	4.8
三人户	%	42.6	34.5	-8.1	-19.1
四人户	%	16.0	15.9	-0.1	-0.8
五人户	%	2.4	2.4	0.0	0.3
六人及以上户	%	0.8	1.0	0.2	24.2
住户特征					
纯老人户	%	12.9	14.7	1.8	14.0
家中有未成年子女户	%	36.8	37.3	0.5	1.4
年轻夫妻无子女户	%	0.5	2.1	1.6	318.9
无劳动力户	%	1.1	1.3	0.1	12.5

3-1-24 城镇居民家庭人口和就业情况

指　　标	单位	2022	2023	2023年比2022年增加	
				绝对数	%
家庭常住成员数	**人/户**	**2.8**	**2.6**	**-0.2**	**-5.8**
常住成员情况					
性别					
男性	%	50.0	49.1	-0.9	-1.8
女性	%	50.0	50.9	0.9	1.8
年龄					
5岁及以下	%	4.2	5.4	1.2	27.3
6-15岁	%	12.1	12.6	0.5	3.7
16-19岁	%	3.9	4.0	0.1	2.1
20-24岁	%	4.6	3.7	-0.9	-19.5
25-29岁	%	3.6	4.5	0.9	24.1
30-34岁	%	6.7	8.4	1.7	25.6
35-40岁	%	11.8	11.5	-0.4	-3.1
41-50岁	%	20.3	18.3	-2.0	-9.8
51-60岁	%	19.5	17.3	-2.2	-11.3
61-65岁	%	4.8	5.5	0.8	16.5
66岁及以上	%	8.4	8.9	0.4	4.8
在校学生	%	19.4	19.1	-0.2	-1.2
受教育程度					
未上过学	%	2.1	2.4	0.3	14.4
小学	%	15.2	17.2	2.0	13.2
初中	%	27.0	27.8	0.8	3.0
高中	%	20.7	18.9	-1.8	-8.6
大学专科	%	16.8	15.9	-0.9	-5.3
大学本科	%	16.6	16.4	-0.2	-1.3
研究生	%	1.7	1.4	-0.2	-13.1

3-1-24 续表 1

指 标	单位	2022	2023	2023年比2022年增加	
				绝对数	%
劳动力人数	**人/户**	**2.1**	**2.0**	**-0.1**	**-5.7**
整劳动力人数	人/户	1.0	1.0	0.0	-1.5
半劳动力人数	人/户	1.0	0.9	-0.1	-10.0
从业人数	**人/户**	**1.4**	**1.3**	**0.0**	**-2.9**
性别					
男性	%	49.5	48.9	-0.6	-1.3
女性	%	50.5	51.1	0.6	1.2
受教育程度					
未上过学	%	0.8	1.6	0.8	98.1
小学	%	8.1	10.5	2.4	29.8
初中	%	30.0	29.7	-0.3	-1.0
高中	%	22.2	20.2	-2.0	-8.8
大学专科	%	20.0	18.9	-1.0	-5.1
大学本科	%	17.4	17.7	0.2	1.4
研究生	%	1.5	1.3	-0.2	-11.9
离退休人员					
行政事业单位离退休	%	5.2	4.3	-0.9	-17.9
其他单位离退休	%	13.9	13.3	-0.6	-4.0
就业类型					
雇主	%	1.0	1.3	0.4	37.6
公职人员	%	6.1	4.6	-1.5	-24.7
事业单位人员	%	16.8	13.4	-3.4	-20.3
国有企业雇员	%	10.2	10.0	-0.2	-1.6
其他雇员	%	45.3	51.1	5.7	12.7
农业自营	%	6.1	4.9	-1.2	-19.1
非农自营	%	14.5	14.7	0.1	1.0

3-1-24 续表 2

指 标	单位	2022	2023	2023年比2022年增加	
				绝对数	%
从事主要行业					
第一产业	%	8.3	6.6	-1.7	-20.8
第二产业	%	17.7	19.0	1.3	7.3
采矿业	%	3.7	2.9	-0.8	-21.5
制造业	%	4.8	6.0	1.3	26.2
电力、热力、燃气及水生产供应业	%	4.3	3.5	-0.8	-18.4
建筑业	%	4.9	6.5	1.6	32.7
第三产业	%	74.0	74.5	0.4	0.6
批发和零售业	%	11.7	12.0	0.3	2.8
交通运输、仓储和邮政业	%	8.2	7.8	-0.4	-5.0
住宿和餐饮业	%	4.4	6.3	1.8	41.6
信息传输、软件业和信息技术服务业	%	1.9	2.1	0.2	9.5
金融业	%	2.5	2.4	-0.2	-6.6
房地产业	%	0.7	0.6	-0.1	-8.0
租赁和商务服务业	%	0.7	0.5	-0.2	-30.5
科学研究和技术服务业	%	0.4	0.3	-0.1	-31.5
水利、环境和公共设施管理业	%	1.2	1.2	0.0	-3.5
居民服务、修理和其他服务业	%	15.8	17.4	1.6	10.1
教育	%	7.1	6.3	-0.8	-11.9
卫生和社会工作	%	4.3	4.6	0.3	7.1
文化、体育和娱乐业	%	0.9	1.4	0.5	51.9
公共管理、社会保障和社会组织	%	14.2	11.7	-2.4	-17.3
国际组织	%		0.0	0.0	
从事主要职业					
国家机关、党群组织、企事业单位负责人	%	4.0	2.8	-1.2	-29.4
专业技术人员	%	18.9	15.5	-3.4	-17.9
办事人员和有关人员	%	33.4	25.7	-7.7	-23.1
商业、服务业人员	%	28.0	32.2	4.2	15.1
农、林、牧、渔、水利业生产人员	%	9.2	5.8	-3.4	-37.2
生产、运输设备操作人员及有关人员	%	5.9	4.4	-1.6	-26.2
军人	%	0.1	0.1	0.0	42.1
不便分类的其他从业人员	%	0.6	13.5	13.0	2318.7

3-1-25 城镇居民家庭住房情况

指　　标	单位	2022	2023	2023年比2022年增加	
				绝对数	%
现住房建筑面积	**平方米/人**	**35.7**	**36.2**	**0.6**	**1.5**
居住空间样式					
单栋楼房	%	5.8	3.6	-2.2	-38.3
单栋平房	%	13.1	10.5	-2.6	-19.6
四居室及以上单元房	%	1.2	1.1	-0.1	-9.0
三居室单元房	%	22.5	24.4	1.8	8.2
二居室单元房	%	51.7	51.9	0.2	0.3
一居室单元房	%	3.2	6.5	3.2	99.3
筒子楼或连片平房	%	2.4	1.9	-0.4	-18.3
其他	%	0.1	0.2	0.1	181.2
主要建筑材料					
钢筋混凝土	%	72.3	80.5	8.2	11.3
砖混材料	%	20.5	16.1	-4.4	-21.4
砖瓦砖木	%	7.0	3.0	-4.0	-56.9
竹草土坯	%	0.1	0.3	0.2	181.2
其他	%		0.0	0.0	
住房建筑面积					
10平方米以内	%		0.0	0.0	
10-20平方米	%	0.1	0.4	0.1	67.6
20-30平方米	%	0.7	0.7	-0.3	-36.0
30-60平方米	%	9.4	14.4	0.3	3.3
60-90平方米	%	33.5	32.7	-11.4	-33.9
90-120平方米	%	36.6	33.1	-14.2	-38.7
120-200平方米	%	18.0	17.7	-6.0	-33.3
200平方米以上	%	1.6	1.1	-0.9	-55.3
自有住房建筑年份					
当年新建	%		0.0	0.0	
1-5年	%	1.7	6.6	4.8	278.0
6-10年	%	17.8	20.3	2.5	14.2
11-20年	%	56.8	48.7	-8.2	-14.4
21-50年	%	23.4	24.2	0.8	3.4
50年以上	%	0.3	0.3	0.0	-13.8
购(建)房总金额	万元/户	24.1	27.5	3.4	14.1
自有现住房市场价月租金	元/人	357.2	361.2	4.1	1.1
租赁住房实际月租金	元/人	14.3	23.9	9.5	66.5
租赁公房实际月租金	元/人	1.6	1.5	-0.1	-6.1
租赁私房实际月租金	元/人	12.7	22.3	9.6	75.7

3-1-26 城镇居民家庭基本生活情况

指　标	单位	2022	2023	2023年比2022年增加	
				绝对数	%
宅外道路路面情况					
水泥或柏油路面	%	95.7	95.8	0.1	0.1
沙石或石板等硬质路面	%	4.0	3.8	-0.2	-4.4
其他	%	0.3	0.4	0.1	23.7
取水位置					
住宅内管道取水	%	97.2	97.7	0.5	0.5
住宅内其他方式取水	%	0.8	0.5	-0.3	-35.7
院内管道取水	%	0.6	0.2	-0.4	-62.5
院内其他方式取水	%	1.3	1.0	-0.3	-24.2
其他位置取水	%	0.1	0.5	0.5	855.9
饮用水情况					
经过净化处理的自来水	%	93.7	96.4	2.7	2.9
受保护的井水和泉水	%	5.1	2.4	-2.7	-53.4
不受保护的井水和泉水	%	1.1	0.2	-1.0	-85.9
江河湖泊水	%		0.0	0.0	
收集雨水	%				
桶装水	%	0.0	1.0	1.0	3386.3
其他水源	%		0.0	0.0	
获取饮用水的主要困难					
单次取水往返时间超过半小时	%				
间断或定时供水	%	0.1	0.5	0.4	378.0
当年连续缺水时间超过16天	%	0.2	0.3	0.1	87.4
无上述困难	%	99.7	99.1	-0.6	-0.6
厕所使用情况					
本住户独用	%	96.9	96.6	-0.3	-0.3
几户合用	%	0.4	0.2	-0.2	-48.6
公用厕所	%	2.7	3.2	0.5	17.0

3-1-26 续表

指　　标	单位	2022	2023	2023年比2022年增加	
				绝对数	%
洗澡设施情况					
统一供热水	%	5.3	3.8	-1.5	-28.2
家庭自装热水器	%	82.8	86.7	3.9	4.7
其他	%	1.2	0.7	-0.6	-45.1
无洗澡设施	%	10.6	8.8	-1.8	-17.3
取暖设备状况					
由市政或小区集中供暖	%	84.6	85.4	0.7	0.9
自行供暖	%	13.7	12.5	-1.1	-8.4
无取暖设备	%	1.7	2.1	0.4	23.8
炊用能源状况					
柴草	%	1.3	1.1	-0.2	-17.5
煤炭	%	3.9	3.6	-0.3	-7.8
罐装液化石油气	%	20.2	18.8	-1.4	-7.0
管道液化石油气	%	0.7	1.2	0.5	66.4
管道煤气	%	1.5	2.3	0.7	47.9
管道天然气	%	45.1	46.9	1.8	4.0
电	%	26.4	25.3	-1.1	-4.1
燃料用油	%	0.0		0.0	
沼气	%				
其他	%	0.3	0.1	-0.2	-71.9
无炊用行为	%	0.4	0.7	0.3	76.7

3-1-27 城镇居民家庭耐用消费品拥有情况

指　　标	单位	2022	2023	2023年比2022年增加	
				绝对数	%
耐用消费品拥有情况					
家用汽车	辆/百户	61.5	66.2	4.7	7.7
摩托车	辆/百户	10.2	5.9	-4.3	-42.4
助力车	辆/百户	47.7	52.3	4.6	9.7
洗衣机	台/百户	100.2	99.3	-0.9	-0.9
电冰箱(柜)	台/百户	111.6	112.9	1.2	1.1
微波炉	台/百户	48.2	43.9	-4.3	-8.8
彩色电视机	台/百户	101.4	97.5	-3.9	-3.9
空调	台/百户	24.5	25.8	1.3	5.1
热水器	台/百户	85.0	88.6	3.6	4.3
排油烟机	台/百户	84.4	87.3	2.8	3.3
移动电话	部/百户	235.8	223.8	-12.0	-5.1
计算机	台/百户	54.9	48.2	-6.7	-12.2
照相机	台/百户	10.7	7.2	-3.5	-32.8

3-1-28 城镇居民家庭可支配收入及构成

指　标	单位	2022	2023	2023年比2022年增加	
				绝对数	%
可支配收入	**元/人**	**46295**	**48676**	**2380**	**5.1**
工资性收入	元/人	28090	29756	1666	5.9
经营净收入	元/人	8911	9276	364	4.1
第一产业经营收入	元/人	1295	1217	-78	-6.0
农业	元/人	700	834	134	19.2
牧业	元/人	529	384	-145	-27.3
第二产业经营收入	元/人	752	863	112	14.9
第三产业经营收入	元/人	6865	7195	330	4.8
财产性净收入	元/人	2607	2637	31	1.2
转移净收入	元/人	6687	7006	319	4.8
转移性收入	元/人	9685	9744	58	0.6
转移性支出	元/人	2999	2737	-261	-8.7
可支配收入构成	%	100.0	100.0		
工资性收入	%	60.7	61.1	0.5	0.8
经营净收入	%	19.2	19.1	-0.2	-1.0
第一产业经营收入	%	2.8	2.5	-0.3	-10.6
农业	%	1.5	1.7	0.2	13.4
牧业	%	1.1	0.8	-0.4	-30.9
第二产业经营收入	%	1.6	1.8	0.2	9.3
第三产业经营收入	%	14.8	14.8	0.0	-0.3
财产性净收入	%	5.6	5.4	-0.2	-3.8
转移净收入	%	14.4	14.4	-0.1	-0.3
转移性收入	%	20.9	20.0	-0.9	-4.3
转移性支出	%	6.5	5.6	-0.9	-13.2

3-1-29 城镇居民家庭现金可支配收入及构成

指　标	单位	2022	2023	2023年比2022年增加	
				绝对数	%
可支配收入	**元/人**	**46635**	**47499**	**865**	**1.9**
工资性收入	元/人	28090	29661	1570	5.6
经营净收入	元/人	9251	10002	751	8.1
第一产业经营收入	元/人	1226	767	-459	-37.5
农业	元/人	534	120	-414	-77.5
牧业	元/人	676	651	-25	-3.7
第二产业经营收入	元/人	805	933	128	15.9
第三产业经营收入	元/人	7220	8302	1082	15.0
财产性净收入	元/人	950	1352	403	42.4
转移净收入	元/人	6361	6484	123	1.9
转移性收入	元/人	9360	9221	-139	-1.5
转移性支出	元/人	2999	2737	-262	-8.7
可支配收入构成	%	100.0	100.0		
工资性收入	%	60.2	62.4	2.2	3.7
经营净收入	%	19.8	21.1	1.2	6.1
第一产业经营收入	%	2.6	1.6	-1.0	-38.6
农业	%	1.1	0.3	-0.9	-78.0
牧业	%	1.4	1.4	-0.1	-5.4
第二产业经营收入	%	1.7	2.0	0.2	13.8
第三产业经营收入	%	15.5	17.5	2.0	12.9
财产性净收入	%	2.0	2.8	0.8	39.8
转移净收入	%	13.6	13.7	0.0	0.1
转移性收入	%	20.1	19.4	-0.7	-3.3
转移性支出	%	6.4	5.8	-0.7	-10.4

3-1-30 城镇居民家庭生活消费支出

指　　标	单位	2022	2023	2023年比2022年增加	
				绝对数	%
消费支出	**元/人**	**26667**	**32249**	**5582**	**20.9**
食品烟酒	元/人	7208	8707	1499	20.8
食品	元/人	4494	5087	593	13.2
烟酒	元/人	720	893	173	24.0
饮料	元/人	140	187	46	32.9
饮食服务	元/人	1854	2540	686	37.0
衣着	元/人	2004	2414	410	20.5
衣类	元/人	1609	1939	331	20.6
鞋类	元/人	395	475	80	20.2
居住	元/人	6008	6243	235	3.9
租赁房房租	元/人	152	330	178	117.7
住房维修及管理	元/人	1093	1379	286	26.1
水电燃料及其他	元/人	1383	1420	38	2.7
自有住房折算租金	元/人	3381	3114	-266	-7.9
生活用品及服务	元/人	1561	1875	314	20.1
家具及室内装饰品	元/人	274	260	-14	-5.2
家用器具	元/人	324	393	69	21.2
家用纺织品	元/人	137	155	18	13.3
家庭日用杂品	元/人	320	443	123	38.3
个人用品	元/人	412	519	106	25.8
家庭服务	元/人	94	106	12	13.0
交通通信	元/人	4233	5543	1309	30.9
交通	元/人	3467	4588	1121	32.3
通信	元/人	767	955	188	24.6
教育文化娱乐	元/人	2534	3270	735	29.0
教育	元/人	1831	2136	305	16.6
文化娱乐	元/人	703	1133	430	61.2
医疗保健	元/人	2341	3069	728	31.1
医疗器具及药品	元/人	802	1073	271	33.9
医疗服务	元/人	1539	1996	457	29.7
其他用品及服务	元/人	777	1127	350	45.1
其他用品	元/人	387	545	158	40.7
其他服务	元/人	390	583	193	49.5
#消费支出中服务性消费支出（不含自有住房折算租金）	元/人	7248	9912	2663	36.7

3-1-31 城镇居民家庭生活消费支出构成

指标	单位	2022	2023	2023年比2022年增加	
				绝对数	%
消费支出构成					
食品烟酒	%	**27.0**	**27.0**	0.0	-0.1
食品	%	16.9	15.8	-1.1	-6.4
烟酒	%	2.7	2.8	0.1	2.5
饮料	%	0.5	0.6	0.1	9.9
饮食服务	%	7.0	7.9	0.9	13.3
衣着	%	7.5	7.5	0.0	-0.4
衣类	%	6.0	6.0	0.0	-0.3
鞋类	%	1.5	1.5	0.0	-0.6
居住	%	22.5	19.4	-3.2	-14.1
租赁房房租	%	0.6	1.0	0.5	80.0
住房维修及管理	%	4.1	4.3	0.2	4.3
水电燃料及其他	%	5.2	4.4	-0.8	-15.1
自有住房折算租金	%	12.7	9.7	-3.0	-23.8
生活用品及服务	%	5.9	5.8	0.0	-0.7
家具及室内装饰品	%	1.0	0.8	-0.2	-21.6
家用器具	%	1.2	1.2	0.0	0.2
家用纺织品	%	0.5	0.5	0.0	-6.3
家庭日用杂品	%	1.2	1.4	0.2	14.4
个人用品	%	1.5	1.6	0.1	4.0
家庭服务	%	0.4	0.3	0.0	-6.5
交通通信	%	15.9	17.2	1.3	8.3
交通	%	13.0	14.2	1.2	9.4
通信	%	2.9	3.0	0.1	3.0
教育文化娱乐	%	9.5	10.1	0.6	6.7
教育	%	6.9	6.6	-0.2	-3.5
文化娱乐	%	2.6	3.5	0.9	33.3
医疗保健	%	8.8	9.5	0.7	8.4
医疗器具及药品	%	3.0	3.3	0.3	10.7
医疗服务	%	5.8	6.2	0.4	7.2
其他用品及服务	%	2.9	3.5	0.6	20.0
其他用品	%	1.5	1.7	0.2	16.3
其他服务	%	1.5	1.8	0.3	23.6
#消费支出中服务性消费支出（不含自有住房折算租金）	%	27.2	30.7	3.6	13.1

3-1-32 城镇居民现金生活消费支出

指　　标	单位	2022	2023	2023年比2022年增加	
				绝对数	%
消费支出	**元/人**	**22801**	**28455**	**5654**	**24.8**
食品烟酒	元/人	7116	8577	1460	20.5
食品	元/人	4426	5005	580	13.1
烟酒	元/人	720	893	172	23.9
饮料	元/人	140	187	46	32.9
饮食服务	元/人	1830	2492	662	36.2
衣着	元/人	2003	2413	409	20.4
衣类	元/人	1609	1938	330	20.5
鞋类	元/人	395	474	80	20.2
居住	元/人	2569	3111	543	21.1
租赁房房租	元/人	152	329	178	117.2
住房维修及管理	元/人	1093	1379	285	26.1
水电燃料及其他	元/人	1324	1403	80	6.0
生活用品及服务	元/人	1556	1871	315	20.3
家具及室内装饰品	元/人	274	260	-14	-5.2
家用器具	元/人	324	393	69	21.1
家用纺织品	元/人	137	155	18	13.2
家庭日用杂品	元/人	315	440	125	39.6
个人用品	元/人	412	519	106	25.8
家庭服务	元/人	94	105	11	12.2
交通通信	元/人	4232	5536	1304	30.8
交通	元/人	3465	4581	1116	32.2
通信	元/人	767	955	188	24.5
教育文化娱乐	元/人	2534	3268	734	29.0
教育	元/人	1831	2136	305	16.6
文化娱乐	元/人	703	1132	430	61.1
医疗保健	元/人	2044	2559	514	25.2
医疗器具及药品	元/人	799	1071	272	34.1
医疗服务	元/人	1246	1488	242	19.4
其他用品及服务	元/人	746	1120	374	50.1
其他用品	元/人	386	543	157	40.6
其他服务	元/人	360	577	217	60.3

3-1-33 城镇居民现金生活消费支出构成

指 标	单位	2022	2023	2023年比2022年增加	
				绝对数	%
消费支出构成					
食品烟酒	%	31.2	30.1	-1.1	-3.4
食品	%	19.4	17.6	-1.8	-9.4
烟酒	%	3.2	3.1	0.0	-0.7
饮料	%	0.6	0.7	0.0	6.5
饮食服务	%	8.0	8.8	0.7	9.1
衣着	%	8.8	8.5	-0.3	-3.5
衣类	%	7.1	6.8	-0.2	-3.4
鞋类	%	1.7	1.7	-0.1	-3.7
居住	%	11.3	10.9	-0.3	-2.9
租赁房房租	%	0.7	1.2	0.5	74.1
住房维修及管理	%	4.8	4.8	0.0	1.0
水电燃料及其他	%	5.8	4.9	-0.9	-15.1
生活用品及服务	%	6.8	6.6	-0.2	-3.6
家具及室内装饰品	%	1.2	0.9	-0.3	-24.0
家用器具	%	1.4	1.4	0.0	-2.9
家用纺织品	%	0.6	0.5	-0.1	-9.3
家庭日用杂品	%	1.4	1.5	0.2	11.9
个人用品	%	1.8	1.8	0.0	0.8
家庭服务	%	0.4	0.4	0.0	-10.1
交通通信	%	18.6	19.5	0.9	4.8
交通	%	15.2	16.1	0.9	5.9
通信	%	3.4	3.4	0.0	-0.2
教育文化娱乐	%	11.1	11.5	0.4	3.3
教育	%	8.0	7.5	-0.5	-6.5
文化娱乐	%	3.1	4.0	0.9	29.1
医疗保健	%	9.0	9.0	0.0	0.3
医疗器具及药品	%	3.5	3.8	0.3	7.5
医疗服务	%	5.5	5.2	-0.2	-4.3
其他用品及服务	%	3.3	3.9	0.7	20.3
其他用品	%	1.7	1.9	0.2	12.7
其他服务	%	1.6	2.0	0.4	28.4

3-1-34 城镇居民家庭购买生活消费品及服务

指　标	单位	2022	2023	2023年比2022年增加	
				绝对数	%
购买生活消费品及服务	**元/人**	**22807.0**	**27789.0**	**4981.9**	**21.8**
食品烟酒	元/人	7114.3	8331.3	1217.1	17.1
食品	元/人	4423.9	4857.3	433.3	9.8
谷物	元/人	474.2	517.2	43.0	9.1
薯类	公斤/人	22.8	24.1	1.3	5.5
金额	元/人	74.9	82.5	7.6	10.2
豆类	公斤/人	8.9	11.4	2.5	27.9
金额	元/人	53.5	62.1	8.6	16.0
食用油	公斤/人	6.5	7.2	0.6	9.9
金额	元/人	108.3	108.4	0.1	0.1
蔬菜和食用菌	公斤/人	95.3	123.5	28.1	29.5
金额	元/人	525.1	570.1	45.0	8.6
肉类	公斤/人	35.6	42.4	6.8	19.2
金额	元/人	1362.7	1368.7	6.0	0.4
禽类	公斤/人	6.7	8.5	1.7	26.0
金额	元/人	156.1	176.4	20.3	13.0
水产品	公斤/人	7.5	9.1	1.6	21.7
金额	元/人	180.0	207.1	27.2	15.1
蛋类	公斤/人	14.5	16.0	1.5	10.2
金额	元/人	140.2	147.0	6.8	4.8
奶类	公斤/人	25.0	29.3	4.3	17.1
金额	元/人	336.2	413.8	77.6	23.1
干鲜瓜果类	公斤/人	67.7	93.0	25.3	37.3
金额	元/人	643.4	766.3	123.0	19.1
糖果糕点类	公斤/人	1.6	6.6	5.0	317.8
金额	元/人	168.7	212.8	44.1	26.1
其他食品	元/人	200.6	224.8	24.2	12.1
饮料	元/人	140.3	186.5	46.2	32.9
烟酒	元/人	720.2	851.0	130.9	18.2
烟草	元/人	485.3	598.0	112.7	23.2
酒类	元/人	234.8	253.0	18.1	7.7
饮食服务	元/人	1829.8	2436.5	606.7	33.2

3-1-34 续表

指 标	单位	2022	2023	2023年比2022年增加	
				绝对数	%
衣着	元/人	2000.1	2345.0	344.9	17.2
衣类	元/人	1605.4	1870.5	265.1	16.5
鞋类	元/人	394.7	474.5	79.8	20.2
居住	元/人	2567.9	3016.1	448.2	17.5
租赁房房租	元/人	151.6	305.6	154.0	101.6
住房维修及管理	元/人	1093.3	1350.8	257.5	23.5
水电燃料及其他	元/人	1322.9	1359.7	36.7	2.8
生活用品及服务	元/人	1555.4	1839.1	283.7	18.2
家具及室内装饰品	元/人	273.7	259.6	-14.2	-5.2
家用器具	元/人	324.3	383.2	58.9	18.1
耐用消费品	元/人	274.9	319.2	44.3	16.1
家用纺织品	元/人	136.9	155.0	18.1	13.2
家庭日用杂品	元/人	314.1	417.1	103.0	32.8
个人用品	元/人	412.4	518.9	106.5	25.8
家庭服务	元/人	93.9	105.4	11.5	12.2
交通通信	元/人	3952.9	5017.4	1064.5	26.9
交通	元/人	3186.6	4092.5	905.9	28.4
通信	元/人	766.3	925.0	158.7	20.7
教育文化娱乐	元/人	2533.8	3204.4	670.6	26.5
教育	元/人	1831.4	2095.3	263.9	14.4
文化娱乐	元/人	702.4	1109.1	406.7	57.9
医疗保健	元/人	2337.5	2941.1	603.6	25.8
医疗器具及药品	元/人	798.4	1034.3	235.9	29.5
医疗服务	元/人	1539.1	1906.8	367.7	23.9
其他用品及服务	元/人	745.1	1094.4	349.3	46.9
其他用品	元/人	386.1	533.3	147.2	38.1
其他服务	元/人	359.0	561.1	202.0	56.3

3-1-35　城镇居民家庭食品消费量

指　　标	单位	2022	2023	2023年比2022年增加	
				绝对数	%
食品消费量					
粮食消费量	公斤/人	121.7	145.8	24.1	19.8
谷物消费量	公斤/人	108.2	129.3	21.1	19.5
小麦	公斤/人	66.6	78.6	12.0	18.0
稻谷	公斤/人	33.0	29.7	-3.2	-9.8
玉米	公斤/人	2.9	13.7	10.8	374.3
其他谷物	公斤/人	5.7	7.3	1.5	26.8
薯类消费量	公斤/人	4.6	5.0	0.4	8.3
红薯	公斤/人	0.7	0.9	0.1	16.1
马铃薯	公斤/人	3.2	3.2	0.1	2.1
其他薯类	公斤/人	0.7	0.9	0.2	29.4
豆类消费量	公斤/人	8.9	11.5	2.6	29.1
大豆	公斤/人	0.4	0.5	0.1	35.5
其他豆类	公斤/人	8.5	11.0	2.5	28.8
油脂类消费量	公斤/人	6.5	7.3	0.8	12.7
植物油	公斤/人	6.4	7.2	0.8	12.3
动物油	公斤/人	0.1	0.2	0.0	30.5
蔬菜及菜制品消费量	公斤/人	98.4	126.9	28.6	29.1
鲜菜	公斤/人	94.5	121.5	27.0	28.5
干菜及菜制品	公斤/人	2.0	2.8	0.8	38.6
鲜菌	公斤/人	1.7	2.5	0.8	48.1
干菌及菌制品	公斤/人	0.2	0.2	0.0	18.7
肉类	公斤/人	36.7	43.2	6.5	17.6
猪肉	公斤/人	21.1	25.1	4.0	19.1
牛肉	公斤/人	4.8	4.9	0.1	1.6
羊肉	公斤/人	6.6	7.2	0.6	8.5
禽类	公斤/人	6.9	8.7	1.8	26.3
鸡	公斤/人	4.8	5.4	0.7	14.2
水产品	公斤/人	7.5	9.2	1.7	22.2
鱼类	公斤/人	5.2	5.7	0.5	8.8
蛋类及蛋制品	公斤/人	14.7	16.3	1.6	10.9
鲜蛋	公斤/人	14.5	15.9	1.5	10.1
奶和奶制品	公斤/人	25.0	29.4	4.4	17.6
鲜奶	公斤/人	18.6	21.3	2.6	14.1

3-1-36 农村居民家庭基本情况

指　　标	单位	2022	2023	2023年比2022年增加	
				绝对数	%
住户经营情况					
生产经营户	%	90.0	82.2	-7.8	-8.6
#农业生产经营户	%	83.4	75.7	-7.7	-9.3
非生产经营户	%	10.0	17.8	7.8	77.8
户主文化程度					
未上过学	%	1.7	3.5	1.8	102.6
小学	%	27.5	33.1	5.6	20.3
初中	%	53.0	46.2	-6.8	-12.9
高中	%	12.4	12.6	0.1	1.2
大学专科	%	4.3	4.0	-0.3	-7.3
大学本科	%	0.9	0.6	-0.3	-32.6
研究生	%	0.1		-0.1	
按家庭规模分的住户类型					
一人户	%	4.3	7.6	3.2	74.8
二人户	%	47.0	45.0	-2.0	-4.3
三人户	%	24.8	23.9	-0.9	-3.6
四人户	%	14.8	15.1	0.3	2.0
五人户	%	5.8	5.4	-0.4	-7.2
六人及以上户	%	3.4	3.2	-0.2	-6.5
住户特征					
纯老人户	%	18.3	18.3	-0.1	-0.5
家中有未成年子女户	%	25.9	27.2	1.3	4.8
年轻夫妻无子女户	%	0.1	0.2	0.1	191.9
无劳动力户	%	1.4	1.5	0.1	7.0

3-1-37 农村居民家庭人口和就业情况

指　　标	单位	2022	2023	2023年比2022年增加	
				绝对数	%
家庭常住成员数	**人/户**	**2.8**	**2.7**	**-0.1**	**-3.4**
常住成员情况					
性别					
男性	%	49.4	50.4	1.0	1.9
女性	%	50.6	49.6	-1.0	-1.9
年龄					
5岁及以下	%	3.2	2.9	-0.3	-9.0
6-15岁	%	9.2	10.2	1.0	11.1
16-19岁	%	4.5	3.9	-0.5	-12.0
20-24岁	%	5.0	3.8	-1.2	-24.2
25-29岁	%	2.9	2.6	-0.4	-13.0
30-34岁	%	3.9	4.2	0.3	8.2
35-40岁	%	7.0	8.0	1.1	15.5
41-50岁	%	18.4	17.3	-1.0	-5.6
51-60岁	%	24.7	24.4	-0.3	-1.4
61-65岁	%	9.3	8.3	-1.0	-10.6
66岁及以上	%	12.1	14.4	2.3	19.4
在校学生	%	17.6	16.8	-0.8	-4.7
受教育程度					
未上过学	%	5.0	5.6	0.6	12.3
小学	%	30.3	33.1	2.8	9.3
初中	%	42.7	39.1	-3.6	-8.4
高中	%	11.6	12.1	0.5	4.5
大学专科	%	5.6	5.9	0.3	4.5
大学本科	%	4.3	3.9	-0.4	-9.6
研究生	%	0.5	0.3	-0.2	-44.9

3-1-37 续表 1

指　　标	单位	2022	2023	2022年比2021年增加	
				绝对数	%
劳动力人数	**人/户**	**2.1**	**2.1**	**0.0**	**0.3**
整劳动力人数	人/户	0.8	0.8	0.0	2.4
半劳动力人数	人/户	1.4	1.3	0.0	-0.8
从业人数	**人/户**	**1.8**	**1.7**	**-0.1**	**-3.1**
性别					
男性	%	50.2	50.6	0.4	0.8
女性	%	49.8	49.4	-0.4	-0.8
受教育程度					
未上过学	%	4.4	5.2	0.8	18.0
小学	%	28.8	32.1	3.3	11.4
初中	%	49.9	44.2	-5.7	-11.5
高中	%	10.2	11.6	1.5	14.4
大学专科	%	4.8	5.2	0.4	8.2
大学本科	%	1.9	1.6	-0.2	-13.2
研究生	%	0.0	0.1	0.0	94.0
离退休人员	%				
行政事业单位离退休	%	0.5	0.7	0.2	35.8
其他单位离退休	%	2.0	2.2	0.2	7.9
就业类型					
雇主	%	0.1	0.3	0.3	352.1
公职人员	%	0.5	0.2	-0.2	-49.8
事业单位人员	%	0.5	1.2	0.7	129.6
国有企业雇员	%	0.2	0.5	0.3	161.2
其他雇员	%	13.8	19.9	6.0	43.4
农业自营	%	81.2	73.4	-7.9	-9.7
非农自营	%	3.6	4.4	0.8	21.8

3-1-37 续表 2

指　　标	单位	2022	2023	2023年比2022年增加	
				绝对数	%
从事主要行业					
第一产业	%	82.5	76.3	-6.3	-7.6
第二产业	%	5.5	7.3	1.8	33.0
采矿业	%	0.2	1.6	1.5	954.9
制造业	%	2.1	2.0	-0.1	-5.0
电力、热力、燃气及水生产供应业	%	0.5	0.7	0.2	29.2
建筑业	%	2.7	3.0	0.3	10.7
第三产业	%	12.0	16.4	4.4	37.1
批发和零售业	%	2.1	3.6	1.4	68.1
交通运输、仓储和邮政业	%	1.2	2.1	0.9	77.5
住宿和餐饮业	%	1.4	1.7	0.2	16.8
信息传输、软件业和信息技术服务业	%	0.4	0.1	-0.3	-69.9
金融业	%	0.2	0.2	0.0	0.5
房地产业	%	0.0	0.1	0.0	100.9
租赁和商务服务业	%	0.1	0.0	0.0	-49.8
科学研究和技术服务业	%				
水利、环境和公共设施管理业	%	0.3	0.1	-0.2	-66.5
居民服务、修理和其他服务业	%	2.4	4.4	2.0	80.2
教育	%	0.5	0.9	0.4	84.2
卫生和社会工作	%	0.9	0.7	-0.2	-21.4
文化、体育和娱乐业	%	0.0	0.3	0.2	603.3
公共管理、社会保障和社会组织	%	2.4	2.4	0.0	-1.2
国际组织	%				
从事主要职业					
国家机关、党群组织、企事业单位负责人	%	0.2	0.3	0.2	100.9
专业技术人员	%	2.3	3.0	0.7	29.6
办事人员和有关人员	%	4.9	4.2	-0.7	-13.8
商业、服务业人员	%	7.6	11.6	4.0	53.3
农、林、牧、渔、水利业生产人员	%	82.7	76.4	-6.3	-7.6
生产、运输设备操作人员及有关人员	%	2.3	2.6	0.3	13.9
军人					
不便分类的其他从业人员	%	0.1	1.8	1.8	2944.4

3-1-38 农村居民家庭住房情况

指 标	单位	2022	2023	2023年比2022年增加	
				绝对数	%
现住房建筑面积	**平方米／人**	**32.7**	**33.2**	**0.4**	**1.3**
居住空间样式					
单栋楼房	%	1.9	1.8	0.0	-2.7
单栋平房	%	94.6	90.1	-4.5	-4.7
四居室及以上单元房	%		0.2	0.2	
三居室单元房	%	0.3	1.1	0.8	289.3
二居室单元房	%	2.2	3.1	0.9	39.9
一居室单元房	%	0.1	0.6	0.5	337.9
筒子楼或连片平房	%	1.0	2.9	1.9	198.9
其他	%		0.3	0.3	
主要建筑材料					
钢筋混凝土	%	4.8	9.5	4.7	98.9
砖混材料	%	40.3	53.0	12.7	31.4
砖瓦砖木	%	52.6	34.8	-17.9	-33.9
竹草土坯	%	2.3	2.3	0.1	3.2
其他	%		0.4	0.4	
住房建筑面积					
10平方米以内	%				
10-20平方米	%	0.2	1.7	1.5	743.4
20-30平方米	%	1.8	1.1	-0.7	-40.1
30-60平方米	%	21.7	21.0	-0.7	-3.3
60-90平方米	%	33.9	31.9	-2.0	-5.9
90-120平方米	%	29.8	31.4	1.6	5.4
120-200平方米	%	11.3	11.7	0.4	3.2
200平方米以上	%	1.3	1.2	-0.1	-7.8
自有住房建筑年份					
当年新建	%		0.2	0.2	
1-5年	%	5.5	7.3	1.9	34.0
6-10年	%	20.7	23.1	2.4	11.8
11-20年	%	27.4	24.8	-2.6	-9.6
21-50年	%	45.5	43.8	-1.7	-3.7
50年以上	%	1.0	0.8	-0.2	-15.8
购(建)房总金额	万元／户	5.5	7.4	1.9	34.1
自有现住房市场价月租金	元／人	89.5	112.4	22.8	25.5
租赁住房实际月租金	元／人	2.1	3.2	1.1	54.9
租赁公房实际月租金	元／人				
租赁私房实际月租金	元／人	2.1	3.2	1.1	54.9

3-1-39 农村居民家庭基本生活情况

指 标	单位	2022	2023	2023年比2022年增加	
				绝对数	%
宅外道路路面情况					
水泥或柏油路面	%	82.9	80.2	-2.7	-3.3
沙石或石板等硬质路面	%	12.6	15.6	2.9	23.4
其他	%	4.5	4.2	-0.3	-5.7
取水位置					
住宅内管道取水	%	69.3	75.8	6.5	9.4
住宅内其他方式取水	%	5.0	6.0	1.0	20.0
院内管道取水	%	6.7	6.6	0.0	-0.7
院内其他方式取水	%	15.0	8.1	-6.9	-46.0
其他位置取水	%	3.9	3.4	-0.6	-14.6
饮用水情况					
经过净化处理的自来水	%	56.8	59.7	3.0	5.2
受保护的井水和泉水	%	39.5	38.3	-1.3	-3.2
不受保护的井水和泉水	%	3.7	1.6	-2.1	-56.7
江河湖泊水	%				
收集雨水	%				
桶装水	%		0.3	0.3	
其他水源	%		0.1	0.1	
获取饮用水的主要困难					
单次取水往返时间超过半小时	%	0.2	0.1	-0.1	-67.6
间断或定时供水	%	5.8	6.2	0.4	6.6
当年连续缺水时间超过16天	%	0.3		-0.3	-100.0
无上述困难	%	93.7	93.8	0.1	0.1
厕所使用情况					
本住户独用	%	93.1	89.8	-3.3	-3.5
几户合用	%	0.9	1.8	0.9	102.1
公用厕所	%	6.0	8.4	2.4	39.8

3-1-39 续表

指　　标	单位	2022	2023	2023年比2022年增加	
				绝对数	%
洗澡设施情况					
统一供热水	%	0.4	1.0	0.6	143.3
家庭自装热水器	%	35.1	37.4	2.3	6.5
其他	%	2.8	1.8	-0.9	-34.3
无洗澡设施	%	61.7	59.8	-1.9	-3.1
取暖设备状况					
由市政或小区集中供暖	%	2.9	5.8	2.9	101.6
自行供暖	%	95.7	93.2	-2.5	-2.6
无取暖设备	%	1.4	0.9	-0.4	-31.9
炊用能源状况					
柴草	%	29.9	29.3	-0.5	-1.8
煤炭	%	22.5	21.1	-1.4	-6.3
罐装液化石油气	%	18.7	16.6	-2.0	-10.9
管道液化石油气	%		0.1	0.1	
管道煤气	%	0.2	0.1	-0.1	-35.1
管道天然气	%	1.9	4.6	2.7	145.1
电	%	26.1	26.0	0.0	-0.1
燃料用油	%				
沼气	%				
其他	%	0.7	0.8	0.1	16.8
无炊用行为	%	0.1	1.3	1.2	873.2

3-1-40 农村居民家庭耐用消费品拥有情况

指　　标	单位	2022	2023	2023年比2022年增加	
				绝对数	%
耐用消费品拥有情况					
家用汽车	辆/百户	31.1	45.2	14.1	45.2
摩托车	辆/百户	47.3	36.4	-10.9	-23.1
助力车	辆/百户	70.4	89.3	18.9	26.8
洗衣机	台/百户	96.5	97.3	0.8	0.9
电冰箱(柜)	台/百户	107.3	122.4	15.2	14.1
微波炉	台/百户	7.1	8.7	1.6	23.2
彩色电视机	台/百户	104.3	99.8	-4.5	-4.3
空调	台/百户	5.1	6.8	1.7	33.4
热水器	台/百户	33.4	32.1	-1.3	-3.9
排油烟机	台/百户	21.7	21.9	0.2	1.1
移动电话	部/百户	237.9	239.4	1.5	0.6
计算机	台/百户	19.2	16.6	-2.5	-13.3
照相机	台/百户	1.2	1.0	-0.2	-14.0

3-1-41　农村居民家庭可支配收入及构成

指　　标	单位	2022	2023	2023年比2022年增加	
				绝对数	%
可支配收入	**元/人**	**19641**	**21221**	**1580**	**8.0**
工资性收入	元/人	3795	4086	291	7.7
经营净收入	元/人	10718	11607	889	8.3
第一产业经营收入	元/人	9691	10418	726	7.5
农业	元/人	6052	6645	593	9.8
牧业	元/人	3578	3692	114	3.2
第二产业经营收入	元/人	64	75	11	17.9
第三产业经营收入	元/人	963	1114	151	15.7
财产性净收入	元/人	500	580	79	15.8
转移净收入	元/人	4628	4948	320	6.9
转移性收入	元/人	5355	5824	469	8.8
转移性支出	元/人	728	876	149	20.4
可支配收入构成	%	100.0	100.0		
工资性收入	元/人	19.3	19.3	-0.1	-0.3
经营净收入	元/人	54.6	54.7	0.1	0.2
第一产业经营收入	元/人	49.3	49.1	-0.2	-0.5
农业	元/人	30.8	31.3	0.5	1.6
牧业	元/人	18.2	17.4	-0.8	-4.5
第二产业经营收入	元/人	0.3	0.4	0.0	9.1
第三产业经营收入	元/人	4.9	5.3	0.3	7.1
财产性净收入	元/人	2.5	2.7	0.2	7.2
转移净收入	元/人	23.6	23.3	-0.2	-1.0
转移性收入	元/人	27.3	27.4	0.2	0.7
转移性支出	元/人	3.7	4.1	0.4	11.5

3-1-42 农村居民家庭现金可支配收入及构成

指　　标	单位	2022	2023	2023年比2022年增加	
				绝对数	%
可支配收入	**元/人**	**17548**	**19424**	**1876**	**10.7**
工资性收入	元/人	3780	4020	240	6.4
经营净收入	元/人	8837	10182	1344	15.2
第一产业经营收入	元/人	7717	8735	1018	13.2
农业	元/人	2727	2481	-246	-9.0
牧业	元/人	5006	6240	1234	24.6
第二产业经营收入	元/人	71	83	12	16.8
第三产业经营收入	元/人	1050	1365	315	30.0
财产性净收入	元/人	500	580	79	15.8
转移净收入	元/人	4430	4642	212	4.8
转移性收入	元/人	5158	5517	360	7.0
转移性支出	元/人	728	875	148	20.3
可支配收入构成	%	100.0	100.0		
工资性收入	元/人	21.5	20.7	-0.8	-3.9
经营净收入	元/人	50.4	52.4	2.1	4.1
第一产业经营收入	元/人	44.0	45.0	1.0	2.3
农业	元/人	15.5	12.8	-2.8	-17.8
牧业	元/人	28.5	32.1	3.6	12.6
第二产业经营收入	元/人	0.4	0.4	0.0	5.5
第三产业经营收入	元/人	6.0	7.0	1.0	17.4
财产性净收入	元/人	2.9	3.0	0.1	4.6
转移净收入	元/人	25.2	23.9	-1.3	-5.3
转移性收入	元/人	29.4	28.4	-1.0	-3.4
转移性支出	元/人	4.1	4.5	0.4	8.7

3-1-43　农村居民家庭生活消费支出

指　　标	单位	2022	2023	2023年比2022年增加	
				绝对数	%
消费支出	**元/人**	**15444**	**18650**	**3207**	**20.8**
食品烟酒	元/人	4796	5423	627	13.1
食品	元/人	3473	3740	267	7.7
烟酒	元/人	824	934	110	13.3
饮料	元/人	82	107	25	30.0
饮食服务	元/人	417	643	226	54.2
衣着	元/人	829	978	148	17.9
衣类	元/人	635	756	121	19.0
鞋类	元/人	194	222	28	14.3
居住	元/人	2998	3157	160	5.3
租赁房房租	元/人	64	79	16	24.4
住房维修及管理	元/人	682	765	83	12.1
水电燃料及其他	元/人	1154	1332	178	15.4
自有住房折算租金	元/人	1097	981	-116	-10.6
生活用品及服务	元/人	698	897	199	28.5
家具及室内装饰品	元/人	111	112	1	0.8
家用器具	元/人	169	215	47	27.6
家用纺织品	元/人	51	63	13	25.0
家庭日用杂品	元/人	221	326	105	47.5
个人用品	元/人	127	152	25	19.3
家庭服务	元/人	20	29	9	47.8
交通通信	元/人	2241	3394	1153	51.5
交通	元/人	1654	2746	1093	66.1
通信	元/人	587	648	61	10.3
教育文化娱乐	元/人	1447	1672	226	15.6
教育	元/人	1173	1299	126	10.7
文化娱乐	元/人	274	374	100	36.4
医疗保健	元/人	2140	2720	580	27.1
医疗器具及药品	元/人	606	816	210	34.7
医疗服务	元/人	1535	1904	370	24.1
其他用品及服务	元/人	295	408	114	38.6
其他用品	元/人	159	179	20	12.7
其他服务	元/人	136	229	93	68.9
#消费支出中服务性消费支出（不含自有住房折算租金）	元/人	4083	5252	1169	28.6

3-1-44 农村居民家庭生活消费支出构成

指 标	单位	2022	2023	2023年比2022年增加	
				绝对数	%
消费支出构成					
食品烟酒	%	31.1	29.1	-2.0	-6.4
食品	%	22.5	20.1	-2.4	-10.8
烟酒	%	5.3	5.0	-0.3	-6.2
饮料	%	0.5	0.6	0.0	7.6
饮食服务	%	2.7	3.4	0.7	27.7
衣着	%	5.4	5.2	-0.1	-2.4
衣类	%	4.1	4.1	-0.1	-1.5
鞋类	%	1.3	1.2	-0.1	-5.4
居住	%	19.4	16.9	-2.5	-12.8
租赁房房租	%	0.4	0.4	0.0	3.0
住房维修及管理	%	4.4	4.1	-0.3	-7.2
水电燃料及其他	%	7.5	7.1	-0.3	-4.4
自有住房折算租金	%	7.1	5.3	-1.8	-26.0
生活用品及服务	%	4.5	4.8	0.3	6.4
家具及室内装饰品	%	0.7	0.6	-0.1	-16.5
家用器具	%	1.1	1.2	0.1	5.7
家用纺织品	%	0.3	0.3	0.0	3.5
家庭日用杂品	%	1.4	1.7	0.3	22.1
个人用品	%	0.8	0.8	0.0	-1.2
家庭服务	%	0.1	0.2	0.0	22.4
交通通信	%	14.5	18.2	3.7	25.4
交通	%	10.7	14.7	4.0	37.5
通信	%	3.8	3.5	-0.3	-8.6
教育文化娱乐	%	9.4	9.0	-0.4	-4.3
教育	%	7.6	7.0	-0.6	-8.3
文化娱乐	%	1.8	2.0	0.2	12.9
医疗保健	%	13.9	14.6	0.7	5.2
医疗器具及药品	%	3.9	4.4	0.5	11.6
医疗服务	%	9.9	10.2	0.3	2.7
其他用品及服务	%	1.9	2.2	0.3	14.7
其他用品	%	1.0	1.0	-0.1	-6.7
其他服务	%	0.9	1.2	0.3	39.8
#消费支出中服务性消费支出（不含自有住房折算租金）	%	26.4	28.2	1.7	6.5

3-1-45 农村居民现金生活消费支出

指　标	单位	2022	2023	2023年比2022年增加	
				绝对数	%
消费支出	**元/人**	**13270**	**16389**	**3119**	**23.5**
食品烟酒	元/人	3999	4553	555	13.9
食品	元/人	2686	2915	229	8.5
烟酒	元/人	824	933	109	13.2
饮料	元/人	82	106	25	29.9
饮食服务	元/人	407	599	192	47.3
衣着	元/人	829	977	148	17.8
衣类	元/人	635	755	120	18.9
鞋类	元/人	194	222	28	14.2
居住	元/人	1813	2077	265	14.6
租赁房房租	元/人	64	79	16	24.4
住房维修及管理	元/人	682	765	83	12.1
水电燃料及其他	元/人	1067	1233	167	15.6
生活用品及服务	元/人	697	895	198	28.4
家具及室内装饰品	元/人	111	112	1	1.2
家用器具	元/人	169	215	47	27.6
家用纺织品	元/人	51	63	13	25.0
家庭日用杂品	元/人	221	324	103	46.8
个人用品	元/人	127	152	24	19.2
家庭服务	元/人	20	29	9	47.8
交通通信	元/人	2241	3393	1152	51.4
交通	元/人	1654	2745	1092	66.0
通信	元/人	587	647	61	10.3
教育文化娱乐	元/人	1447	1672	225	15.6
教育	元/人	1173	1299	126	10.7
文化娱乐	元/人	274	374	100	36.4
医疗保健	元/人	1959	2414	455	23.2
医疗器具及药品	元/人	603	815	212	35.2
医疗服务	元/人	1356	1599	243	17.9
其他用品及服务	元/人	286	407	122	42.6
其他用品	元/人	157	179	22	13.9
其他服务	元/人	128	228	100	77.8

3-1-46 农村居民现金生活消费支出构成

指　　标	单位	2022	2023	2023年比2022年增加	
				绝对数	%
消费支出构成					
食品烟酒	%	30.1	27.8	-2.4	-7.8
食品	%	20.2	17.8	-2.5	-12.1
烟酒	%	6.2	5.7	-0.5	-8.3
饮料	%	0.6	0.6	0.0	5.2
饮食服务	%	3.1	3.7	0.6	19.2
衣着	%	6.2	6.0	-0.3	-4.6
衣类	%	4.8	4.6	-0.2	-3.7
鞋类	%	1.5	1.4	-0.1	-7.5
居住	%	13.7	12.7	-1.0	-7.2
租赁房房租	%	0.5	0.5	0.0	0.7
住房维修及管理	%	5.1	4.7	-0.5	-9.2
水电燃料及其他	%	8.0	7.5	-0.5	-6.4
生活用品及服务	%	5.3	5.5	0.2	3.9
家具及室内装饰品	%	0.8	0.7	-0.2	-18.1
家用器具	%	1.3	1.3	0.0	3.3
家用纺织品	%	0.4	0.4	0.0	1.2
家庭日用杂品	%	1.7	2.0	0.3	18.9
个人用品	%	1.0	0.9	0.0	-3.5
家庭服务	%	0.1	0.2	0.0	19.7
交通通信	%	16.9	20.7	3.8	22.6
交通	%	12.5	16.7	4.3	34.4
通信	%	4.4	4.0	-0.5	-10.7
教育文化娱乐	%	10.9	10.2	-0.7	-6.4
教育	%	8.8	7.9	-0.9	-10.3
文化娱乐	%	2.1	2.3	0.2	10.4
医疗保健	%	14.8	14.7	0.0	-0.2
医疗器具及药品	%	4.5	5.0	0.4	9.5
医疗服务	%	10.2	9.8	-0.5	-4.5
其他用品及服务	%	2.2	2.5	0.3	15.5
其他用品	%	1.2	1.1	-0.1	-7.8
其他服务	%	1.0	1.4	0.4	44.0

3-1-47 农村居民家庭购买生活消费品及服务

指　标	单位	2022	2023	2023年比2022年增加	
				绝对数	%
购买生活消费品及服务	**元/人**	**13360.5**	**16267.7**	**2907.2**	**21.8**
食品烟酒	元/人	3998.9	4470.9	472.0	11.8
食品	元/人	2686.1	2855.9	169.8	6.3
谷物	元/人	555.9	630.3	74.5	13.4
薯类	公斤/人	17.4	14.3	-3.1	-17.7
金额	元/人	53.7	47.9	-5.8	-10.8
豆类	公斤/人	10.0	10.8	0.7	7.3
金额	元/人	52.8	55.0	2.2	4.1
食用油	公斤/人	7.0	6.9	-0.1	-1.2
金额	元/人	99.9	93.6	-6.3	-6.3
蔬菜和食用菌	公斤/人	60.4	81.3	21.0	34.7
金额	元/人	261.2	284.9	23.7	9.1
肉类	公斤/人	23.3	24.6	1.3	5.5
金额	元/人	687.1	637.8	-49.3	-7.2
禽类	公斤/人	4.0	4.7	0.8	19.2
金额	元/人	73.7	84.6	10.8	14.7
水产品	公斤/人	5.3	5.6	0.3	5.7
金额	元/人	82.6	89.0	6.3	7.7
蛋类	公斤/人	9.4	10.6	1.2	12.9
金额	元/人	88.0	92.5	4.5	5.1
奶类	公斤/人	14.6	17.7	3.1	21.6
金额	元/人	180.6	205.6	25.0	13.8
干鲜瓜果类	公斤/人	42.9	60.7	17.8	41.4
金额	元/人	297.7	356.1	58.4	19.6
糖果糕点类	公斤/人	2.2	4.6	2.4	107.0
金额	元/人	93.0	110.1	17.1	18.4
其他食品	元/人	160.0	168.5	8.5	5.3
饮料	元/人	82.0	106.5	24.5	29.9
烟酒	元/人	824.2	919.7	95.5	11.6
烟草	元/人	588.3	693.0	104.7	17.8
酒类	元/人	235.9	226.7	-9.3	-3.9
饮食服务	元/人	406.5	588.8	182.3	44.8

3-1-47 续表

指　标	单位	2022	2023	2023年比2022年增加	
				绝对数	%
衣着	元/人	829.3	964.5	135.2	16.3
衣类	元/人	635.2	742.8	107.6	16.9
鞋类	元/人	194.1	221.8	27.7	14.2
居住	元/人	1812.7	2055.7	243.0	13.4
租赁房房租	元/人	63.9	79.5	15.6	24.4
住房维修及管理	元/人	682.0	763.8	81.8	12.0
水电燃料及其他	元/人	1066.8	1212.4	145.6	13.7
生活用品及服务	元/人	697.4	882.8	185.4	26.6
家具及室内装饰品	元/人	110.5	111.9	1.3	1.2
家用器具	元/人	168.6	211.6	43.1	25.5
耐用消费品	元/人	134.3	164.7	30.3	22.6
家用纺织品	元/人	50.7	63.3	12.7	25.0
家庭日用杂品	元/人	220.7	315.1	94.5	42.8
个人用品	元/人	127.3	151.8	24.5	19.2
家庭服务	元/人	19.7	29.1	9.4	47.8
交通通信	元/人	2152.2	3208.2	1056.0	49.1
交通	元/人	1565.2	2570.6	1005.4	64.2
通信	元/人	586.9	637.6	50.6	8.6
教育文化娱乐	元/人	1446.8	1662.4	215.6	14.9
教育	元/人	1172.7	1294.4	121.7	10.4
文化娱乐	元/人	274.1	368.0	93.9	34.3
医疗保健	元/人	2137.6	2623.8	486.2	22.7
医疗器具及药品	元/人	602.6	790.6	188.0	31.2
医疗服务	元/人	1535.0	1833.3	298.2	19.4
其他用品及服务	元/人	285.6	399.4	113.8	39.8
其他用品	元/人	157.3	178.8	21.4	13.6
其他服务	元/人	128.3	220.6	92.3	72.0

3-1-48 农村居民家庭食品消费量

指 标	单位	2022	2023	2023年比2022年增加	
				绝对数	%
食品消费量					
粮食消费量	公斤/人	202.6	197.0	-5.6	-2.8
谷物消费量	公斤/人	184.0	180.1	-3.9	-2.1
小麦	公斤/人	100.6	98.2	-2.4	-2.4
稻谷	公斤/人	62.3	60.1	-2.2	-3.6
玉米	公斤/人	8.3	10.1	1.8	21.5
其他谷物	公斤/人	12.7	11.7	-1.0	-7.6
薯类消费量	公斤/人	7.3	5.2	-2.1	-29.2
红薯	公斤/人	0.4	0.4	0.0	9.8
马铃薯	公斤/人	6.5	4.2	-2.3	-35.3
其他薯类	公斤/人	0.5	0.5	0.0	4.8
豆类消费量	公斤/人	11.3	11.8	0.5	4.0
大豆	公斤/人	1.7	1.5	-0.2	-13.0
其他豆类	公斤/人	9.6	10.3	0.7	7.0
油脂类消费量	公斤/人	7.7	7.2	-0.5	-6.8
植物油	公斤/人	7.2	6.7	-0.5	-6.9
动物油	公斤/人	0.6	0.5	-0.1	-21.3
蔬菜及菜制品消费量	公斤/人	83.6	109.0	25.4	30.4
鲜菜	公斤/人	81.5	106.1	24.6	30.2
干菜及菜制品	公斤/人	1.2	1.6	0.4	37.4
鲜菌	公斤/人	0.8	1.1	0.3	40.9
干菌及菌制品	公斤/人	0.1	0.1	0.0	-6.2
肉类	公斤/人	42.1	43.4	1.3	3.2
猪肉	公斤/人	30.8	29.9	-0.9	-3.1
牛肉	公斤/人	2.7	3.1	0.4	14.5
羊肉	公斤/人	6.5	7.4	0.9	14.5
禽类	公斤/人	6.8	7.3	0.5	8.0
鸡	公斤/人	5.5	5.7	0.2	4.4
水产品	公斤/人	5.3	5.6	0.3	6.3
鱼类	公斤/人	4.4	4.4	0.0	-1.0
蛋类及蛋制品	公斤/人	13.4	15.9	2.5	19.0
鲜蛋	公斤/人	13.4	15.8	2.4	18.2
奶和奶制品	公斤/人	14.6	17.8	3.2	21.6
鲜奶	公斤/人	11.9	14.3	2.4	20.2

3-1-49　农牧户固定资产投资情况

指　　标	单　位	2022	2023	2023年比2022年增长(%)
本年新增固定资产原值	万元	1294688	1312650	1.4
本年固定资产投资完成额	万元	1294688	1312650	1.4
按投资来源分				
国内贷款	万元	65363	64989	-0.6
自筹资金	万元	1225685	1243831	1.5
其他资金	万元	3640	3830	5.2
本年施工房屋面积	万平方米	273	238	-13.0
#住宅	万平方米	143	109	-24.0
当年新开工	万平方米	170	107	-36.9
本年竣工房屋面积	万平方米	259	265	2.3
#住宅	万平方米	140	141	0.8
本年施工房屋投资完成额	万元	169972	158007	-7.0
#住宅	万元	130922	110853	-15.3
本年竣工房屋投资完成额	万元	173645	173138	-0.3
#住宅	万元	135313	117146	-13.4

3-1-50　2013-2023年各盟市全体居民生活收入情况

单位：元/人

地　　区	2013	2014	2015	2016	2017	2018
全　　区	**18693**	**20559**	**22310**	**24127**	**26212**	**28376**
呼和浩特市	23832	26106	28263	30527	33115	35683
包头市	28069	30704	33184	35759	38749	41755
呼伦贝尔市	18744	20674	22461	24280	26332	28428
兴安盟	11591	12945	14230	15468	16822	18577
通辽市	14005	15489	16989	18415	19996	21740
赤峰市	13548	14948	16302	17737	19321	21016
锡林郭勒盟	19612	21652	23574	25554	27777	30082
乌兰察布市	13435	14791	16042	17373	18885	20501
鄂尔多斯市	25880	28339	30511	32860	35648	38521
巴彦淖尔市	16474	17957	19435	21010	22783	24742
乌海市	27769	30660	33023	35566	38625	41551
阿拉善盟	23827	26223	28323	30569	33229	35854

3-1-50 续表

地　区	2019	2020	2021	2022	2023
全　区	**30555**	**31497**	**34108**	**35921**	**38130**
呼和浩特市	38306	39230	42277	44696	46911
包头市	44748	45879	49353	52021	54375
呼伦贝尔市	30570	31515	33740	34861	36523
兴安盟	20364	21342	23298	25229	27147
通辽市	23656	24508	26657	28735	30504
赤峰市	22826	23663	25748	27406	28828
锡林郭勒盟	32460	33495	36173	38423	40502
乌兰察布市	22338	23085	24976	26451	28154
鄂尔多斯市	41368	42374	45638	48303	50765
巴彦淖尔市	26833	27826	30253	32155	34188
乌海市	44369	45133	48280	50283	52318
阿拉善盟	38483	39518	42517	44875	46647

3-1-51 2013-2023年各盟市城镇居民生活收入情况

单位：元/人

地　区	2013	2014	2015	2016	2017	2018
全　区	**26004**	**28350**	**30594**	**32975**	**35670**	**38305**
呼和浩特市	32003	34723	37362	40220	43518	46565
包头市	32694	35506	38098	40955	44231	47407
呼伦贝尔市	22616	24787	26844	28885	31195	33401
兴安盟	18800	20605	22397	24279	26367	28355
通辽市	21349	23377	25364	27444	29667	31936
赤峰市	21148	23199	25195	27336	29660	31931
锡林郭勒盟	25666	28053	30409	32903	35634	38299
乌兰察布市	20895	22796	24597	26565	28798	30999
鄂尔多斯市	32243	34983	37432	40221	43559	46834
巴彦淖尔市	20675	22618	24314	26259	28308	30497
乌海市	28802	31481	33968	36515	39400	42301
阿拉善盟	27399	29919	32253	34737	37585	40407

3-1-51 续表

地 区	2019	2020	2021	2022	2023
全 区	**40782**	**41353**	**44377**	**46295**	**48676**
呼和浩特市	49397	49789	53026	54616	57085
包头市	50427	50981	54448	56245	58663
呼伦贝尔市	35482	36168	38447	39562	41338
兴安盟	30408	31662	34227	36315	38639
通辽市	34127	34782	37475	39536	41592
赤峰市	31931	34770	37468	39416	41308
锡林郭勒盟	40778	41391	44413	46456	48825
乌兰察布市	33042	33534	35915	37352	39518
鄂尔多斯市	49768	50306	53676	55984	58615
巴彦淖尔市	32634	33657	36350	38458	40804
乌海市	45010	45497	48637	50436	52353
阿拉善盟	42983	44009	47266	49629	51416

3-1-52 2013-2023年各盟市农村居民生活收入情况

单位：元/人

地 区	2013	2014	2015	2016	2017	2018
全 区	**8985**	**9976**	**10776**	**11609**	**12584**	**13803**
呼和浩特市	11398	12538	13491	14517	15710	17190
包头市	11547	12713	13667	14692	15901	17435
呼伦贝尔市	9642	10751	11632	12540	13581	14895
兴安盟	6382	7275	7894	8533	9242	10424
通辽市	8924	9932	10757	11585	12566	13797
赤峰市	7284	8114	8812	9517	10352	11373
锡林郭勒盟	10050	11306	12222	13188	14309	15706
乌兰察布市	6964	7800	8427	9085	9848	10764
鄂尔多斯市	12107	13439	14420	15480	16729	18289
巴彦淖尔市	11045	12481	13479	14476	15704	17221
乌海市	11878	13422	14402	15475	16821	18418
阿拉善盟	12869	14477	15563	16746	18186	19854

3-1-52 续表

地 区	2019	2020	2021	2022	2023
全 区	**15283**	**16567**	**18337**	**19641**	**21221**
呼和浩特市	18974	20489	22435	23938	25518
包头市	19174	20710	22791	24250	25802
呼伦贝尔市	16420	17796	19558	20908	22434
兴安盟	11630	12681	14127	15399	16738
通辽市	15323	16671	18405	20006	21667
赤峰市	12620	13740	15279	16547	17871
锡林郭勒盟	17391	18864	20769	22326	23867
乌兰察布市	11971	13009	14427	15581	16984
鄂尔多斯市	20075	21576	23583	25234	27151
巴彦淖尔市	19064	20684	22785	24403	26404
乌海市	20296	21812	23797	25224	26813
阿拉善盟	21753	23144	25204	26666	28292

3-1-53 各盟市全体居民基本情况(2023年)

地 区	户均常住人口(人)	户均常住从业人口(人)	常住从业人员从事主要行业			人均居住建筑面积(平方米)
			第一产业	第二产业	第三产业	
全 区	**2.7**	**1.5**	**32.9**	**14.6**	**52.5**	**35.2**
呼和浩特市	2.0	1.4	19.4	15.9	64.7	33.2
包头市	2.4	2.0	25.1	21.1	53.8	38.9
呼伦贝尔市	2.7	1.3	39.1	7.0	53.9	30.8
兴安盟	3.0	1.6	49.7	6.0	44.3	33.2
通辽市	2.9	1.6	52.9	8.4	38.7	33.7
赤峰市	2.8	2.1	48.6	12.7	38.7	33.0
锡林郭勒盟	2.7	1.7	52.6	5.2	42.2	35.4
乌兰察布市	2.3	1.8	42.4	11.2	46.4	33.6
鄂尔多斯市	2.8	1.9	20.6	23.2	56.1	47.8
巴彦淖尔市	2.5	1.5	48.7	7.5	43.9	39.0
乌海市	2.5	1.3	20.6	27.5	51.9	40.0
阿拉善盟	2.7	1.4	21.4	9.8	68.9	40.3

3-1-54 各盟市全体居民耐用消费品拥有情况(2023年)

单位：辆、台/百户

地　　区	家用汽车	摩托车	助力车	洗衣机	电冰箱(柜)	微波炉	彩色电视机
全　　区	**58.2**	**17.5**	**66.4**	**98.5**	**116.5**	**30.5**	**98.4**
呼和浩特市	57.1	6.7	52.3	101.8	110.0	48.2	99.5
包头市	61.0	14.0	47.0	100.0	104.0	41.0	97.0
呼伦贝尔市	45.0	27.0	36.0	98.0	105.0	28.0	99.0
兴安盟	59.5	25.8	70.6	101.8	118.5	26.7	102.7
通辽市	54.9	19.9	82.2	100.7	103.7	29.8	114.5
赤峰市	55.3	26.8	76.8	98.6	110.1	30.9	100.1
锡林郭勒盟	81.4	45.1	41.3	98.9	130.2	27.6	99.1
乌兰察布市	38.1	8.8	61.5	95.8	105.9	23.2	92.9
鄂尔多斯市	93.0	13.1	47.3	100.4	129.4	41.8	97.7
巴彦淖尔市	56.0	18.0	114.0	100.0	120.0	24.0	98.0
乌海市	58.5	2.5	74.5	99.9	112.0	29.7	96.7
阿拉善盟	94.9	30.0	52.2	100.8	121.8	45.4	96.6

3-1-54 续表

单位：台、部/百户

地　　区	空调	热水器	排油烟机	移动电话	计算机
全　　区	**18.5**	**67.1**	**62.4**	**229.7**	**36.2**
呼和浩特市	16.6	76.8	84.8	234.7	50.5
包头市	37.0	78.0	86.0	219.0	59.0
呼伦贝尔市	7.0	64.0	72.0	216.0	32.0
兴安盟	24.6	68.9	65.6	258.1	37.6
通辽市	33.3	78.5	58.4	274.6	57.7
赤峰市	18.9	58.8	55.4	244.2	37.7
锡林郭勒盟	9.3	62.0	61.6	235.6	30.6
乌兰察布市	1.5	52.3	58.7	206.6	28.1
鄂尔多斯市	14.5	80.2	67.8	219.5	39.0
巴彦淖尔市	16.0	76.0	74.0	224.0	34.0
乌海市	70.3	94.4	89.5	220.3	39.8
阿拉善盟	26.4	85.2	83.0	231.4	55.3

3-1-55 各盟市全体居民主要食品消费量(2023年)

单位：公斤/人

地区	粮食			肉类				鸡	鱼	蛋类及蛋制品	奶和奶制品
		谷物	薯类		猪肉	牛肉	羊肉				
全区	**165.4**	**148.8**	**5.0**	**43.3**	**26.9**	**4.2**	**7.3**	**5.6**	**5.2**	**16.2**	**24.9**
呼和浩特市	119.2	110.8	7.6	39.6	24.3	3.3	6.8	6.4	5.8	13.9	23.7
包头市	169.5	146.3	7.8	54.7	33.6	4.8	9.5	6.9	7.4	19.5	33.5
呼伦贝尔市	165.0	147.0	4.6	44.1	28.2	6.9	4.7	4.2	7.9	18.4	22.4
兴安盟	189.2	166.1	5.0	41.7	30.9	2.1	3.2	6.4	6.7	23.5	19.3
通辽市	157.5	144.5	4.2	42.3	29.5	4.3	4.1	5.9	7.7	17.2	21.7
赤峰市	164.6	150.1	3.2	43.7	31.3	3.3	5.1	5.4	5.4	19.3	17.5
锡林郭勒盟	186.5	170.6	5.2	52.8	19.3	13.5	13.8	5.2	4.9	18.8	40.2
乌兰察布市	202.7	178.2	11.1	47.9	30.0	2.9	10.1	6.6	3.6	17.0	32.3
鄂尔多斯市	155.8	135.4	6.6	47.0	26.6	4.6	11.5	7.9	4.0	12.9	28.1
巴彦淖尔市	252.5	234.2	6.0	54.8	34.3	3.5	12.9	8.8	6.5	16.3	21.1
乌海市	157.9	134.6	7.4	54.5	34.3	5.0	9.3	6.3	5.7	17.8	24.8
阿拉善盟	219.8	213.1	2.9	36.1	11.4	3.5	17.1	5.0	2.0	8.4	17.5

3-1-56 各盟市全体居民收入情况(2023年)

单位：元/人

地区	可支配收入					
		工资性收入	经营净收入			
				第一产业净收入		
					农业净收入	牧业净收入
全区	**38130**	**19896**	**10171**	**4751**	**3066**	**1655**
呼和浩特市	46911	24414	10545	1252	1093	155
包头市	54375	34196	7666	1179	760	414
呼伦贝尔市	36523	17621	9710	6924	5910	909
兴安盟	27147	11699	9816	7536	6528	961
通辽市	30504	12114	10895	8497	6847	1580
赤峰市	28828	14563	8980	5307	3322	1985
锡林郭勒盟	40502	20132	11689	4959	312	4647
乌兰察布市	28154	13157	7128	4150	2386	1764
鄂尔多斯市	50765	29300	11726	4706	2830	1876
巴彦淖尔市	34188	13058	14544	9094	6902	2256
乌海市	52318	38036	5977	529	234	295
阿拉善盟	46647	26516	10773	3562	2475	1039

3-1-56 续表

单位：元/人

地　区	第二产业净收入	第三产业净收入	财产净收入	转移净收入
全　区	**561**	**4859**	**1847**	**6216**
呼和浩特市	1012	8281	3986	7966
包头市	1092	5395	5481	7032
呼伦贝尔市	47	2740	1140	8051
兴安盟	118	2162	689	4943
通辽市	61	2337	1159	6336
赤峰市	594	3079	964	4321
锡林郭勒盟	529	6201	1598	7083
乌兰察布市	240	2738	793	7075
鄂尔多斯市	1210	5810	5801	3938
巴彦淖尔市	2043	3407	1227	5359
乌海市	615	4833	1818	6487
阿拉善盟	220	6991	2361	6997

3-1-57 各盟市全体居民生活消费情况(2023年)

单位：元/人

地　区	消费支出	食品烟酒	衣着	居住	生活用品及服务	交通通信	
							交通
全　区	**27025**	**7446**	**1862**	**5058**	**1500**	**4717**	**3881**
呼和浩特市	32407	8337	1796	7763	1338	5573	4728
包头市	35630	10233	3489	6577	2685	3479	2759
呼伦贝尔市	24935	5508	1708	3792	1349	3701	2945
兴安盟	20103	5647	1511	3830	970	3421	2585
通辽市	21268	5557	1704	3406	1287	3515	2381
赤峰市	20766	5524	1688	3528	1324	3383	2185
锡林郭勒盟	32915	9211	2534	5482	2247	5980	4978
乌兰察布市	18570	5470	1419	3327	904	2487	1962
鄂尔多斯市	36572	9019	3235	6527	2136	7622	6457
巴彦淖尔市	24214	7022	1868	4591	1482	3016	2532
乌海市	34854	10009	4074	4698	2517	5499	4431
阿拉善盟	33624	8988	2337	5808	1926	6992	6082

3-1-57 续表

单位：元/人

地　　区	通信	教育文化娱乐服务	教育	文化娱乐	医疗保健	其他商品及服务
全　　区	**837**	**2656**	**1814**	**842**	**2935**	**851**
呼和浩特市	845	3641	2438	1203	3064	895
包头市	720	4112	2547	1565	3879	1176
呼伦贝尔市	756	2149	1559	591	3438	671
兴安盟	836	2281	1708	573	2086	357
通辽市	1134	3230	2340	890	2079	490
赤峰市	1199	2624	1931	693	2207	488
锡林郭勒盟	1002	3293	2111	1182	3242	925
乌兰察布市	525	1959	1380	579	2620	384
鄂尔多斯市	1165	4259	2860	1399	2674	1100
巴彦淖尔市	484	2448	1690	758	3073	714
乌海市	1068	4509	2292	2217	2449	1099
阿拉善盟	910	4042	3044	998	2557	974

3-1-58 各盟市城镇居民基本情况(2023年)

地　　区	户均常住人口(人)	户均常住从业人口(人)	常住从业人员从事主要行业			人均居住建筑面积(平方米)
			第一产业	第二产业	第三产业	
全　　区	**2.6**	**1.3**	**6.6**	**19.0**	**74.5**	**36.2**
呼和浩特市	2.0	1.4	5.2	16.7	78.1	33.3
包头市	2.5	1.9	3.7	26.9	69.5	39.4
呼伦贝尔市	2.6	1.1	16.1	10.7	73.2	35.2
兴安盟	2.8	1.4	16.4	10.9	72.7	33.5
通辽市	2.7	1.3	15.2	14.4	70.5	34.1
赤峰市	2.9	2.1	16.5	18.2	65.3	33.4
锡林郭勒盟	2.6	1.4	8.7	9.6	81.7	39.2
乌兰察布市	2.5	1.8	5.4	17.6	77.1	37.1
鄂尔多斯市	2.9	2.0	5.5	24.6	69.9	42.6
巴彦淖尔市	2.5	1.3	13.8	11.0	75.2	39.9
乌海市	2.5	1.2		32.0	68.0	38.7
阿拉善盟	2.7	1.4	7.2	12.1	80.8	40.1

3-1-59 各盟市城镇居民耐用消费品拥有情况(2023年)

单位：辆、台/百户

地　区	家用汽车	摩托车	助力车	洗衣机	电冰箱(柜)	微波炉	彩色电视机
全　区	**66.2**	**5.9**	**52.3**	**99.3**	**112.9**	**43.9**	**97.5**
呼和浩特市	62.3	2.7	36.0	101.3	110.0	61.4	99.3
包头市	67.0	5.0	37.0	101.0	105.0	51.0	97.0
呼伦贝尔市	50.0	13.0	33.0	101.0	110.0	35.0	100.0
兴安盟	65.0	12.0	54.5	101.0	118.0	37.3	102.0
通辽市	59.3	6.4	76.3	101.4	106.1	47.9	116.5
赤峰市	63.2	12.4	73.4	100.4	111.1	46.1	99.1
锡林郭勒盟	72.5	9.4	39.8	100.5	131.1	40.8	98.3
乌兰察布市	55.8	3.2	52.4	97.9	108.5	38.7	91.3
鄂尔多斯市	103.2	5.2	42.7	101.1	126.5	49.9	98.0
巴彦淖尔市	61.0	7.0	103.0	99.0	115.0	35.0	94.0
乌海市	58.5	1.9	72.9	99.9	112.1	30.2	96.5
阿拉善盟	92.2	9.1	47.3	99.7	117.4	50.7	96.2

3-1-59 续表

单位：台、部/百户

地　区	空调	热水器	排油烟机	移动电话	计算机
全　区	**25.8**	**88.6**	**87.3**	**223.8**	**48.2**
呼和浩特市	21.6	89.3	95.2	230.2	57.4
包头市	44.0	92.0	93.0	220.0	70.0
呼伦贝尔市	4.0	71.0	73.0	227.0	47.0
兴安盟	35.0	86.9	90.8	243.1	48.9
通辽市	53.5	94.7	86.4	270.1	76.5
赤峰市	29.0	79.9	83.4	240.5	48.9
锡林郭勒盟	14.2	96.0	93.4	220.6	43.2
乌兰察布市	2.5	87.0	89.0	213.4	46.4
鄂尔多斯市	16.0	88.7	81.1	223.2	47.5
巴彦淖尔市	24.0	90.0	87.0	224.0	46.0
乌海市	72.0	95.0	91.5	219.7	40.2
阿拉善盟	26.4	91.0	90.8	225.6	57.6

3-1-60 各盟市城镇居民主要食品消费量(2023年)

单位：公斤/人

地区	粮食			肉类				鸡	鱼	蛋类及蛋制品	奶和奶制品
		谷物	薯类		猪肉	牛肉	羊肉				
全　区	**145.8**	**129.3**	**7.3**	**43.2**	**25.1**	**4.9**	**7.2**	**5.4**	**5.7**	**16.3**	**29.4**
呼和浩特市	114.0	99.0	5.0	38.0	22.0	4.0	7.0	6.0	5.8	14.0	26.0
包头市	147.4	126.1	6.9	53.8	32.8	5.0	8.9	6.3	7.6	19.2	33.6
呼伦贝尔市	156.7	141.4	4.6	45.7	27.2	8.3	4.7	4.6	9.8	21.1	27.2
兴安盟	170.9	146.9	5.4	43.2	30.0	2.8	3.5	6.2	7.8	21.7	23.7
通辽市	144.5	130.3	4.8	41.1	25.5	5.0	4.1	5.9	8.9	17.8	27.7
赤峰市	131.8	118.6	3.1	39.7	26.3	3.5	4.6	5.4	5.3	18.1	19.5
锡林郭勒盟	179.0	161.4	6.0	52.5	21.1	11.1	13.2	5.6	5.4	20.2	42.9
乌兰察布市	166.0	145.0	8.2	49.2	26.9	3.7	10.4	6.1	4.3	18.0	36.6
鄂尔多斯市	135.6	116.5	5.8	41.4	23.0	4.2	9.3	7.5	4.1	12.3	29.3
巴彦淖尔市	162.7	145.2	5.1	46.0	28.2	3.5	9.0	6.8	6.4	15.3	23.6
乌海市	155.2	132.1	7.2	54.3	34.1	4.9	9.2	6.3	5.7	17.9	24.8
阿拉善盟	100.3	93.2	3.0	30.9	11.4	3.3	12.2	5.0	2.0	8.4	17.2

3-1-61 各盟市城镇居民收入情况(2023年)

单位：元/人

地区	可支配收入					
		工资性收入	经营净收入			
				第一产业净收入		
					农业净收入	牧业净收入
全　区	**48676**	**29756**	**9276**	**1217**	**834**	**384**
呼和浩特市	57085	31602	9890	225	198	27
包头市	58663	36885	6775	76	4	71
呼伦贝尔市	41338	25934	4649	1093	912	165
兴安盟	38639	23459	6614	1984	1686	238
通辽市	41592	22918	8363	3940	3549	350
赤峰市	41308	24662	9139	2770	1207	1563
锡林郭勒盟	48825	28411	10140	482	17	465
乌兰察布市	39518	23745	6815	642	599	43
鄂尔多斯市	58615	37845	10227	1087	418	669
巴彦淖尔市	40804	23300	9064	2800	1323	1541
乌海市	52353	38369	5578			
阿拉善盟	51416	32159	10235	1538	1530	-43

3-1-61 续表

单位：元/人

地 区	第二产业净收入	第三产业净收入	财产净收入	转移净收入
全 区	**863**	**7195**	**2637**	**7006**
呼和浩特市	1061	8604	5306	10287
包头市	1183	5516	5515	9488
呼伦贝尔市	40	3517	1152	9604
兴安盟	189	4441	1449	7117
通辽市	72	4351	1646	8665
赤峰市	1168	5200	1768	5739
锡林郭勒盟	706	8952	2025	8249
乌兰察布市	445	5728	1182	7776
鄂尔多斯市	1655	7485	6352	4191
巴彦淖尔市	2490	3774	1588	6852
乌海市	621	4957	1897	6509
阿拉善盟	276	8421	2621	6401

3-1-62 各盟市城镇居民生活消费情况(2023年)

单位：元/人

地 区	消费支出	食品烟酒	衣着	居住	生活用品及服务	交通通信	交通
全 区	**32249**	**8707**	**2414**	**6243**	**1875**	**5543**	**4588**
呼和浩特市	38123	9464	2314	9124	1777	6745	5787
包头市	38390	10373	3735	7061	2933	4353	3320
呼伦贝尔市	26190	8931	1882	4044	1420	3685	2892
兴安盟	25699	7178	2274	4483	1531	4306	3272
通辽市	26651	6409	2515	4277	1807	3992	2396
赤峰市	25657	6635	2412	5152	1745	3649	2303
锡林郭勒盟	36927	10284	2958	6342	2716	6228	5042
乌兰察布市	23842	6934	2257	3870	1283	3522	2868
鄂尔多斯市	40487	9948	3985	7324	2419	8292	7044
巴彦淖尔市	27143	7708	2239	4995	1802	3304	2743
乌海市	34917	10013	4086	4710	2523	5507	4438
阿拉善盟	36400	9669	2651	6531	2104	7172	6198

3-1-62 续表

单位：元/人

地　区	通信	教育文化娱乐服务	教育	文化娱乐	医疗保健	其他商品及服务
全　区	**955**	**3270**	**2136**	**1133**	**3069**	**1127**
呼和浩特市	958	4036	2667	1369	3422	1241
包头市	1033	4698	2834	1864	3886	1351
呼伦贝尔市	793	2168	1515	653	3284	775
兴安盟	1034	3025	2117	908	2336	566
通辽市	1596	4457	3199	1258	2511	683
赤峰市	1345	3002	2127	875	2411	651
锡林郭勒盟	1186	3686	2196	1490	3527	1186
乌兰察布市	654	2791	1927	864	2712	473
鄂尔多斯市	1248	4631	2972	1659	2573	1315
巴彦淖尔市	561	2995	2021	974	3263	837
乌海市	1069	4519	2299	2220	2457	1102
阿拉善盟	974	4453	3261	1192	2684	1136

3-1-63 各盟市农村居民基本情况(2023年)

地　区	户均常住人口(人)	户均常住从业人口(人)	常住从业人员从事主要行业			人均居住建筑面积(平方米)
			第一产业	第二产业	第三产业	
全　区	**2.7**	**1.7**	**76.3**	**7.3**	**16.4**	**33.2**
呼和浩特市	1.9	1.5	56.0	13.8	30.2	32.9
包头市	2.4	2.0	65.9	10.1	23.9	37.4
呼伦贝尔市	3.0	1.6	84.1	1.0	14.9	28.7
兴安盟	3.3	1.9	83.7	1.0	15.2	33.0
通辽市	3.1	1.8	84.1	3.5	12.4	33.2
赤峰市	2.8	1.9	78.6	7.6	13.8	32.5
锡林郭勒盟	2.9	2.0	90.6	1.3	8.1	30.6
乌兰察布市	2.1	1.8	83.0	4.2	12.8	28.4
鄂尔多斯市	2.4	1.9	61.5	19.6	18.9	50.3
巴彦淖尔市	2.4	1.7	90.1	3.3	6.6	37.5
乌海市	2.5	1.5	51.7	20.8	27.5	42.5
阿拉善盟	3.0	1.8	74.6	1.1	24.3	41.5

3-1-64 各盟市农村居民耐用消费品拥有情况(2023年)

单位：辆、台/百户

地 区	家用汽车	摩托车	助力车	洗衣机	电冰箱(柜)	微波炉	彩色电视机
全 区	**45.2**	**36.4**	**89.3**	**97.3**	**122.4**	**8.7**	**99.8**
呼和浩特市	44.3	19.2	98.8	100.6	112.5	12.1	102.8
包头市	48.0	33.0	71.0	97.0	102.0	19.0	97.0
呼伦贝尔市	59.0	64.0	41.0	92.0	109.0	11.0	98.0
兴安盟	52.0	44.5	72.6	102.1	126.9	12.1	103.9
通辽市	50.5	33.5	88.2	100.0	101.3	11.1	112.5
赤峰市	46.4	43.2	80.7	96.7	108.8	13.5	101.2
锡林郭勒盟	92.3	89.3	43.1	96.8	129.2	11.2	100.1
乌兰察布市	16.5	15.7	72.7	93.3	102.6	4.2	94.9
鄂尔多斯市	64.2	35.1	60.5	98.6	137.7	19.0	96.8
巴彦淖尔市	47.0	35.0	131.0	101.0	128.0	7.0	103.0
乌海市	58.9	19.2	115.5	100.5	109.4	15.8	101.8
阿拉善盟	108.6	136.0	77.1	106.4	143.6	19.1	98.4

3-1-64 续表

单位：元/人

地 区	空调	热水器	排油烟机	移动电话	计算机
全 区	**6.8**	**32.1**	**21.9**	**239.4**	**16.6**
呼和浩特市	4.5	41.8	59.2	235.4	23.2
包头市	8.0	42.0	56.0	215.0	11.0
呼伦贝尔市	4.0	27.0	20.0	226.0	23.0
兴安盟	10.4	44.4	31.2	278.6	22.2
通辽市	13.1	62.4	30.4	279.1	38.9
赤峰市	7.4	34.8	23.3	248.4	24.9
锡林郭勒盟	3.1	19.9	22.2	254.1	14.9
乌兰察布市	0.3	9.8	21.7	198.2	5.6
鄂尔多斯市	10.4	56.4	30.5	209.2	15.2
巴彦淖尔市	3.0	54.0	52.0	225.0	17.0
乌海市	26.8	77.2	37.9	236.1	29.9
阿拉善盟	26.7	55.9	43.2	260.5	43.5

3-1-65　各盟市农村居民主要食品消费量(2023年)

单位：公斤/人

地　区	粮食			肉类				鸡	鱼	蛋类及蛋制品	奶和奶制品
		谷物	薯类		猪肉	牛肉	羊肉				
全　区	**197.0**	**180.1**	**5.2**	**43.4**	**29.9**	**3.1**	**7.4**	**5.7**	**4.4**	**15.9**	**17.8**
呼和浩特市	173.6	148.6	12.5	46.9	34.4	1.4	6.6	7.2	5.6	13.8	21.8
包头市	311.2	276.3	13.5	60.1	38.6	3.7	13.2	10.8	6.1	21.7	32.5
呼伦贝尔市	168.7	147.2	4.3	41.4	30.2	3.7	2.9	4.7	5.1	16.2	13.1
兴安盟	210.4	188.3	4.6	40.0	31.8	1.2	2.8	6.7	5.5	25.5	14.3
通辽市	170.6	158.8	3.6	43.6	33.6	3.5	4.2	5.8	6.4	16.6	15.7
赤峰市	203.5	187.7	3.3	48.5	36.7	3.0	5.7	5.4	5.6	20.8	15.1
锡林郭勒盟	206.5	195.3	3.3	53.9	14.8	19.8	15.3	3.8	3.8	14.9	33.2
乌兰察布市	256.1	227.0	15.2	46.0	31.7	1.8	9.7	7.5	2.7	15.7	26.1
鄂尔多斯市	224.7	200.1	9.6	66.3	38.6	6.0	19.0	9.5	3.7	14.9	24.2
巴彦淖尔市	401.1	381.4	7.5	69.5	44.4	3.4	19.3	12.1	6.7	17.9	17.1
乌海市	226.0	198.4	11.8	59.7	37.5	6.7	12.6	6.3	5.0	14.8	23.0
阿拉善盟	768.3	763.1	2.4	59.6	11.6	4.4	39.2	4.9	1.9	8.4	18.7

3-1-66　各盟市农村居民收入情况(2023年)

单位：元/人

地　区	可支配收入				
		工资性收入	经营净收入		
				第一产业净收入	
					农业净收入	牧业净收入
全　区	**21221**	**4086**	**11607**	**10418**	**6645**	**3692**
呼和浩特市	25518	9380	11927	8395	7317	1078
包头市	25802	8130	12692	9947	6787	3126
呼伦贝尔市	22434	2610	14005	13001	10390	1929
兴安盟	16738	2567	11010	10109	8347	1658
通辽市	21667	3228	13349	12566	9825	2643
赤峰市	17871	5696	8840	7535	5180	2356
锡林郭勒盟	23867	3586	14785	13429	858	12571
乌兰察布市	16984	3412	7480	6951	4177	2774
鄂尔多斯市	27151	5543	14837	13265	8042	4927
巴彦淖尔市	26404	3338	18958	18107	15495	2548
乌海市	26813	12035	7875	4038	1328	2698
阿拉善盟	28292	4797	12846	11349	6111	5201

3-1-66 续表

单位：元/人

地　　区	第二产业净收入	第三产业净收入	财产净收入	转移净收入
全　　区	**75**	**1114**	**580**	**4948**
呼和浩特市	327	3205	1076	3135
包头市	6	2739	1006	3974
呼伦贝尔市	4	999	878	4942
兴安盟		901	485	2676
通辽市	52	731	651	4439
赤峰市	89	1216	258	3077
锡林郭勒盟	203	1153	744	4752
乌兰察布市	15	514	313	5779
鄂尔多斯市	335	1237	3716	3055
巴彦淖尔市	11	840	404	3704
乌海市	354	3483	884	6019
阿拉善盟	7	1490	1360	9289

3-1-67 各盟市农村居民生活消费情况(2023年)

单位：元/人

地　　区	消费支出	食品烟酒	衣着	居住	生活用品及服务	交通通信	交通
全　　区	**18650**	**5423**	**978**	**3157**	**897**	**3394**	**2746**
呼和浩特市	21281	6452	833	4866	729	3495	2629
包头市	18457	5334	1088	3656	779	3414	2699
呼伦贝尔市	20951	5825	1212	3031	1126	3622	2986
兴安盟	15546	4392	929	2475	669	3018	2384
通辽市	17165	5121	997	2809	785	3242	2350
赤峰市	16502	4555	1056	2112	957	3152	2081
锡林郭勒盟	23165	6604	1505	3393	1106	5021	4391
乌兰察布市	13821	4435	805	2404	530	1619	1083
鄂尔多斯市	23954	5773	1276	4578	1077	5194	4369
巴彦淖尔市	21243	6245	1253	4461	1047	2938	2514
乌海市	21614	6394	1324	3895	1408	3402	2576
阿拉善盟	23504	6505	1193	3176	1277	6337	5661

3-1-67 续表

单位：元/人

地　区	通信	教育文化娱乐服务	教育	文化娱乐	医疗保健	其他商品及服务
全　区	**648**	**1672**	**1299**	**374**	**2720**	**408**
呼和浩特市	866	2173	1603	570	2395	338
包头市	715	1939	1553	386	1926	321
呼伦贝尔市	636	2503	1940	563	3248	385
兴安盟	604	1888	1510	378	1935	240
通辽市	892	2179	1599	580	1712	320
赤峰市	1071	2294	1759	534	2030	347
锡林郭勒盟	630	2542	1833	709	2549	445
乌兰察布市	537	1213	923	291	2512	302
鄂尔多斯市	825	2998	2462	536	2657	401
巴彦淖尔市	424	2028	1490	538	2760	511
乌海市	826	2585	2015	570	1705	901
阿拉善盟	676	2540	2066	474	2093	383

3-1-68　各旗县(区)全体居民人均可支配收入(2023年)

单位：元

地　　区	2022	2023	2023年比2022年增长(%)
新城区	54238	56733	4.6
回民区	53035	55532	4.7
玉泉区	49639	52064	4.9
赛罕区	50601	53030	4.8
土默特左旗	28607	30241	5.7
托克托县	30684	32380	5.5
和林格尔县	27495	29170	6.1
清水河县	24110	25631	6.3
武川县	22658	24101	6.4
高新区	59526	61907	4.0
东河区	50372	52337	3.9
昆都仑区	59551	62052	4.2
青山区	59541	62041	4.2
石拐区	45422	47784	5.2
白云鄂博矿区	59473	61852	4.0
九原区	51897	54439	4.9
土默特右旗	33102	34890	5.4
固阳县	26494	27952	5.5
达尔罕茂明安联合旗	38722	40774	5.3
海拉尔区	44407	46494	4.7
阿荣旗	28868	30687	6.3
莫力达瓦达斡尔族自治旗	18509	19860	7.3
鄂伦春自治旗	26846	28698	6.9
鄂温克族自治旗	36689	38817	5.8
陈巴尔虎旗	36047	38354	6.4
新巴尔虎左旗	30966	32855	6.1
新巴尔虎右旗	32656	34746	6.4
满洲里市	43023	44744	4.0
牙克石市	39869	41583	4.3
扎兰屯市	32300	34400	6.5
额尔古纳市	35531	37734	6.2
根河市	32356	34265	5.9
乌兰浩特市	39475	42159	6.8
阿尔山市	33835	36406	7.6
科尔沁右翼前旗	19084	20725	8.6
科尔沁右翼中旗	21322	22921	7.5
扎赉特旗	21162	22791	7.7
突泉县	20835	22502	8.0
科尔沁区	37071	39036	5.3
科尔沁左翼中旗	22426	23913	6.6
科尔沁左翼后旗	23159	24641	6.4
开鲁县	27049	28699	6.1
库伦旗	22416	23908	6.7
奈曼旗	22125	23519	6.3
扎鲁特旗	26057	27647	6.1
霍林郭勒市	52146	54680	4.9
科尔沁经济技术开发区	38467	40428	5.1
红山区	43827	45799	4.5
元宝山区	39447	41340	4.8
松山区	31426	32966	4.9
阿鲁科尔沁旗	21283	22624	6.3
巴林左旗	21462	22792	6.2
巴林右旗	25825	27401	6.1

3-1-68 续表

单位：元

地　区	2022	2023	2023年比2022年增长(%)
林西县	26068	27606	5.9
克什克腾旗	25663	26972	5.1
翁牛特旗	21629	22797	5.4
喀喇沁旗	23730	24964	5.2
宁城县	21633	22822	5.5
敖汉旗	20777	21982	5.8
二连浩特市	51338	53494	4.2
锡林浩特市	49693	51733	4.1
阿巴嘎旗	40995	42881	4.6
苏尼特左旗	35509	37763	6.3
苏尼特右旗	35843	37852	5.6
东乌珠穆沁旗	44471	46795	5.2
西乌珠穆沁旗	43485	46120	6.1
太仆寺旗	26671	28208	5.8
镶黄旗	38329	40579	5.9
正镶白旗	29033	30935	6.6
正蓝旗	36473	38824	6.4
多伦县	31115	32818	5.5
乌拉盖经济开发区	45761	47613	4.0
集宁区	38517	40892	6.2
卓资县	24558	25821	5.1
化德县	25916	27434	5.9
商都县	22461	23968	6.7
兴和县	19993	21377	6.9
凉城县	23973	25431	6.1
察哈尔右翼前旗	21207	22572	6.4
察哈尔右翼中旗	19220	20433	6.3
察哈尔右翼后旗	24836	26291	5.9
四子王旗	22416	23877	6.5
丰镇市	29170	30849	5.8
东胜区	57117	60202	5.4
达拉特旗	39261	41460	5.6
准格尔旗	47443	49721	4.8
鄂托克前旗	42513	44937	5.7
鄂托克旗	44178	46254	4.7
杭锦旗	38952	40978	5.2
乌审旗	41589	43794	5.3
伊金霍洛旗	48721	51011	4.7
康巴什区	55975	59054	5.5
临河区	36050	38358	6.4
五原县	34936	37137	6.3
磴口县	28636	30325	5.9
乌拉特前旗	28893	30540	5.7
乌拉特中旗	29393	31304	6.5
乌拉特后旗	29050	30823	6.1
杭锦后旗	34168	36150	5.8
海勃湾区	52078	54136	4.0
海南区	45551	47327	3.9
乌达区	48665	50466	3.7
阿拉善左旗	44425	46133	3.8
阿拉善右旗	45870	47892	4.4
额济纳旗	46388	48627	4.8

3-1-69　各旗县(区)城镇居民人均可支配收入(2023年)

单位：元

地　区	2022	2023	2023年比2022年增长(%)
新城区			
回民区			
玉泉区	53171		
赛罕区	59022	61640	4.4
土默特左旗	41459	43389	4.7
托克托县	44127	46162	4.6
和林格尔县	43696	45996	5.3
清水河县	33203	35018	5.5
武川县	31625	33323	5.4
高新区	59526	61967	4.1
东河区	51211	53106	3.7
昆都仑区	59551	62112	4.3
青山区	59541	62101	4.3
石拐区	49493	51868	4.8
白云鄂博矿区	59473	61852	4.0
九原区	58356	61040	4.6
土默特右旗	43816	46007	5.0
固阳县	38136	39623	3.9
达尔罕茂明安联合旗	48274	50109	3.8
海拉尔区	44765	46735	4.4
阿荣旗	37751	40205	6.5
莫力达瓦达斡尔族自治旗	28653	30573	6.7
鄂伦春自治旗	31063	33020	6.3
鄂温克族自治旗	36812	38873	5.6
陈巴尔虎旗	37809	40153	6.2
新巴尔虎左旗	32766	34929	6.6
新巴尔虎右旗	35938	38166	6.2
满洲里市	43023	44744	4.0
牙克石市	39869	41583	4.3
扎兰屯市	41778	44577	6.7
额尔古纳市	35918	38217	6.4
根河市	32356	34265	5.9
乌兰浩特市	39505	42191	6.8
阿尔山市	35575	37816	6.3
科尔沁右翼前旗	34466	36913	7.1
科尔沁右翼中旗	32587	34575	6.1
扎赉特旗	34469	36675	6.4
突泉县	33899	36238	6.9
科尔沁区	41797	43708	4.6
科尔沁左翼中旗	33571	35602	6.1
科尔沁左翼后旗	33922	35923	5.9
开鲁县	36825	38832	5.5
库伦旗	32554	34442	5.8
奈曼旗	33879	35675	5.3
扎鲁特旗	35820	37719	5.3
霍林郭勒市	52146	54680	4.9
科尔沁经济技术开发区	43359	45211	4.3
红山区	43942	45876	4.4
元宝山区	43371	45366	4.6
松山区	41714	43592	4.5
阿鲁科尔沁旗	33062	35013	5.9
巴林左旗	35462	37448	5.6
巴林右旗	34015	36056	6.0

3-1-69 续表

单位：元

地 区	2022	2023	2023年比2022年增长(%)
林西县	35471	37493	5.7
克什克腾旗	35148	36835	4.8
翁牛特旗	34373	36126	5.1
喀喇沁旗	35167	36890	4.9
宁城县	38486	40526	5.3
敖汉旗	35562	37518	5.5
二连浩特市	51339	53495	4.2
锡林浩特市	50770	52852	4.1
阿巴嘎旗	45602	47654	4.5
苏尼特左旗	46950	49579	5.6
苏尼特右旗	44607	47061	5.5
东乌珠穆沁旗	47037	49483	5.2
西乌珠穆沁旗	48094	50980	6.0
太仆寺旗	41526	43643	5.1
镶黄旗	46846	49376	5.4
正镶白旗	43706	46416	6.2
正蓝旗	44759	47489	6.1
多伦县	42240	44479	5.3
乌拉盖经济开发区	48926	50883	4.0
集宁区	39303	41716	6.1
卓资县	36050	37899	5.1
化德县	36509	38623	5.8
商都县	35076	37423	6.7
兴和县	34018	36343	6.8
凉城县	35433	37291	5.2
察哈尔右翼前旗	35647	37708	5.8
察哈尔右翼中旗	35030	37219	6.2
察哈尔右翼后旗	36293	38315	5.6
四子王旗	34811	37049	6.4
丰镇市	35770	37689	5.4
东胜区	58224	61019	4.8
达拉特旗	50469	53043	5.1
准格尔旗	57624	60102	4.3
鄂托克前旗	53783	56472	5.0
鄂托克旗	54894	57255	4.3
杭锦旗	50076	52429	4.7
乌审旗	53305	55917	4.9
伊金霍洛旗	58276	60840	4.4
康巴什区	58271	60952	4.6
临河区	39880	42393	6.3
五原县	37611	39905	6.1
磴口县	37185	39342	5.8
乌拉特前旗	37057	39132	5.6
乌拉特中旗	39125	41551	6.2
乌拉特后旗	38826	41156	6.0
杭锦后旗	37982	40147	5.7
海勃湾区	52102	54157	3.9
海南区	48447	50288	3.8
乌达区	48665	50466	3.7
阿拉善左旗	49322	51072	3.5
阿拉善右旗	50492	52578	4.1
额济纳旗	50450	52628	4.3

3-1-70 各旗县(区)农村居民人均可支配收入(2023年)

单位：元

地　　区	2022	2023	2023年比2022年增长(%)
新城区			
回民区			
玉泉区	28769	-	
赛罕区	27034	28782	6.5
土默特左旗	23701	25285	6.7
托克托县	23095	24612	6.6
和林格尔县	18863	20224	7.2
清水河县	13605	14705	8.1
武川县	13348	14456	8.3
高新区			
东河区	30460	32440	6.5
昆都仑区			
青山区			
石拐区	22247	23648	6.3
白云鄂博矿区			
九原区	29128	30876	6.0
土默特右旗	24003	25395	5.8
固阳县	19462	20786	6.8
达尔罕茂明安联合旗	22062	23629	7.1
海拉尔区	36506	38514	5.5
阿荣旗	24826	26067	5.0
莫力达瓦达斡尔族自治旗	14857	15971	7.5
鄂伦春自治旗	13763	14809	7.6
鄂温克族自治旗	31051	33349	7.4
陈巴尔虎旗	29186	31171	6.8
新巴尔虎左旗	29290	30930	5.6
新巴尔虎右旗	29015	30901	6.5
满洲里市			
牙克石市			
扎兰屯市	23543	24720	5.0
额尔古纳市	34127	36072	5.7
根河市			
乌兰浩特市	22379	24259	8.4
阿尔山市	15273	16617	8.8
科尔沁右翼前旗	15632	17017	8.9
科尔沁右翼中旗	14302	15503	8.4
扎赉特旗	15465	16749	8.3
突泉县	14788	16075	8.7
科尔沁区	25521	27588	8.1
科尔沁左翼中旗	17224	18712	8.6
科尔沁左翼后旗	17997	19581	8.8
开鲁县	22713	24757	9.0
库伦旗	16325	17909	9.7
奈曼旗	16653	18235	9.5
扎鲁特旗	22044	24028	9.0
霍林郭勒市			
科尔沁经济技术开发区	26671	28778	7.9
红山区	27624	29502	6.8
元宝山区	27606	29456	6.7
松山区	21453	23019	7.3
阿鲁科尔沁旗	14124	15297	8.3
巴林左旗	15023	16285	8.4
巴林右旗	15461	16713	8.1

3-1-70 续表

单位：元

地　　区	2022	2023	2023年比2022年增长(%)
林西县	14192	15412	8.6
克什克腾旗	16333	17509	7.2
翁牛特旗	15136	16317	7.8
喀喇沁旗	16222	17439	7.5
宁城县	16054	17275	7.6
敖汉旗	16456	17608	7.0
二连浩特市	34401	36397	5.8
锡林浩特市	34724	36425	4.9
阿巴嘎旗	35778	37567	5.0
苏尼特左旗	21968	23571	7.3
苏尼特右旗	16996	18084	6.4
东乌珠穆沁旗	40393	42534	5.3
西乌珠穆沁旗	35602	37774	6.1
太仆寺旗	16530	17604	6.5
镶黄旗	20717	22147	6.9
正镶白旗	16430	17596	7.1
正蓝旗	25060	26814	7.0
多伦县	18605	19777	6.3
乌拉盖经济开发区	36068	37799	4.8
集宁区	22632	24739	9.3
卓资县	15560	16965	9.0
化德县	13920	15052	8.1
商都县	14873	16138	8.5
兴和县	14209	15517	9.2
凉城县	17230	18800	9.1
察哈尔右翼前旗	16140	17478	8.3
察哈尔右翼中旗	12952	13989	8.0
察哈尔右翼后旗	16528	18021	9.0
四子王旗	15657	17014	8.7
丰镇市	18324	19820	8.2
东胜区			
达拉特旗	24618	26562	7.9
准格尔旗	24624	26594	8.0
鄂托克前旗	26076	28136	7.9
鄂托克旗	25574	27467	7.4
杭锦旗	25223	27064	7.3
乌审旗	25601	27419	7.1
伊金霍洛旗	25086	27042	7.8
康巴什区			
临河区	25783	27846	8.0
五原县	25680	27657	7.7
磴口县	24621	26640	8.2
乌拉特前旗	24269	26162	7.8
乌拉特中旗	23614	25598	8.4
乌拉特后旗	21205	23008	8.5
杭锦后旗	25367	27422	8.1
海勃湾区	27102	28715	6.0
海南区	24034	25572	6.4
乌达区			
阿拉善左旗	25673	27280	6.3
阿拉善右旗	29250	30981	5.9
额济纳旗	30980	32783	5.8

主要统计指标解释

住户成员 指居住在一个住宅内，所有与本住户分享生活开支或收入的人员。还包括：①由本住户供养的在外学生（包括大中专学生和研究生）；②未分家的农村外出从业人员和随迁家属，无论其外出时间长短；③轮流居住的老人；④因探亲访友、旅游、住医院、培训或出差等原因临时外出的人员。

常住成员 指住户成员中，经常在家居住、或者调查期内居住时间超过一半的人员，以及本住户供养的学生。常住成员是住户收支的调查对象。

总收入 是调查期内全部收入的总和，其中未扣除为获得收入所发生的支出（生产费用）。包括工资性收入、经营性收入、财产性收入、转移性收入、非收入所得、借贷性所得。

可支配收入 指调查户在调查期内获得的、可用于最终消费支出和储蓄的总和，即调查户可以用来自由支配的收入。可支配收入既包括现金，也包括实物收入。按照收入的来源，可支配收入包含：工资性收入、经营净收入、财产净收入、转移净收入。

工资性收入 指就业人员通过各种途径得到的全部劳动报酬和各种福利，包括受雇于单位或个人、从事各种自由职业、兼职和零星劳动得到的全部劳动报酬和福利。

经营净收入 指住户或住户成员从事生产经营活动所获得的净收入，是全部经营收入中扣除经营费用、生产性固定资产折旧和生产税净额（生产税减去生产补贴）之后得到的净收入。计算公式具体为：经营净收入=经营收入-经营费用-生产性固定资产折旧-生产税净额（生产税-生产补贴）

财产净收入 指住户或住户成员将其所拥有的金融资产和自然资源交由其他机构单位、住户或个人支配而获得的回报并扣除相关的费用之后得到的净收入。财产净收入包括利息净收入、红利收入、储蓄性保险净收益和转让承包土地经营权租金净收入等。

转移净收入 指国家、单位、社会团体对住户的各种经常性转移支付和住户之间的经常性收入转移，并扣除相关的支出和费用之后得到的净收入。包括政府、非行政事业单位、社会团体对居民转移的养老金或退休金、社会救济和补助、政策性生活补贴、救灾款、经常性捐赠和赔偿以及报销医疗费等；住户之间的赡养收入、经常性捐赠和赔偿以及农村地区（村委会）在外（含国外）工作的本住户非常住成员寄回带回的收入等。

总支出 指住户用于生产、生活和再分配的全部支出。包括消费支出、生产经营费用支出、财产性支出、转移性支出、购置资产及非经常性转移支出、借贷性支出。

消费支出 指住户用于满足家庭日常生活消费需要的全部支出，包括用于消费品的支出和用于服务性消费的支出。根据用途不同，消费支出可划分为食品烟酒、衣着、居住、生活用品及服务、交通通信、教育文化娱乐、医疗保健、其他用品及服务八大类。根据来源不同，消费支出可划分为现金消费支出、实物消费支出（含自产自用、来自单位、来自政府和其他社会组织）。

生产经营费用支出 指住户以家庭为基本生产经营单位从事生产经营活动而消费的商品和服务、自产自用产品。

生产性固定资产 在家庭或个人从事的生产经营活动中，所拥有的使用期限在两年以上、单位价值在 1000 元以上的房屋建筑物、机器设备、器具工具、役畜、产品畜等资产应作为固定资产统计。

固定资产原价 按照当初固定资产的购进价或建购价来记录。自繁自养的幼畜成龄转作役畜、产品畜、种畜，按市场同类牲畜的平均价格计价。

生产性固定资产折旧 指住户在家庭经营生产活动中，因使用固定资产，而转移到新产品中的那部分固定资产价值。在住户调查中，生产性固定资产的使用年限定为 15 年。

财产性支出 指家庭购买或维护财产所支付的利息等有关费用。

转移性支出 指调查户对国家、单位、住户或个人的经常性或义务性转移支付。包括缴纳的税款、各项社会保障支出、赡养支出、经常性捐赠和赔偿支出以及其他经常转移支出等。

第四部分

价格调查篇

第四部分

价格调查篇

① 流通和消费价格

4-1-1 流通和消费价格总指数

上年=100

年份	居民消费价格总指数	城市	农村	商品零售价格总指数	城市	农村
1951		110.9		112.7	110.9	117.2
1952		110.8		109.4	111.0	107.2
1953		104.7		103.2	104.6	101.6
1954		102.4		102.4	104.0	101.1
1955		104.1		103.9	103.2	103.3
1956		104.1		103.0	103.7	102.8
1957		97.8		99.3	97.1	100.2
1958		98.8		98.5	98.9	98.1
1959		101.5		99.6	100.2	99.0
1960		100.2		102.0	101.0	103.1
1961		109.7		106.7	110.0	102.6
1962		104.9		108.2	108.2	105.8
1963		97.8		99.1	97.9	102.6
1964		96.6		95.9	95.2	97.5
1965		98.6		99.6	98.6	100.4
1966		100.7		100.2	100.8	99.4
1967		101.3		100.5	101.5	99.3
1968		100.4		100.5	100.6	99.9
1969		100.9		100.4	101.0	99.5
1970		100.4		100.1	100.5	99.3
1971		100.9		99.9	101.0	98.6
1972		101.2		100.2	101.3	98.8
1973		101.6		101.4	101.7	100.6
1974		101.7		101.2	101.8	100.1
1975		101.4		100.7	101.5	99.5
1976		101.7		101.1	101.9	100.0
1977		101.1		101.0	101.4	100.1
1978		101.5		101.0	101.6	100.0
1979		102.3		101.9	102.3	101.5
1980		106.1		105.5	106.5	104.0
1981		101.9		101.8	101.6	102.1
1982		101.7		101.7	101.9	101.6
1983		101.2		101.0	101.2	101.0
1984	104.0	104.9	102.2	104.4	105.0	103.5
1985	109.3	108.9	110.0	108.5	108.5	108.4
1986	105.2	105.5	104.5	105.0	105.5	104.1
1987	107.8	108.5	106.0	108.1	108.8	106.3

4-1-1 续表

上年=100

年份	居民消费价格总指数	城市	农村	商品零售价格总指数	城市	农村
1988	116.3	117.0	115.0	116.3	117.1	115.1
1989	115.3	114.2	118.3	115.9	114.4	118.8
1990	102.3	101.8	103.4	102.9	101.3	105.6
1991	104.6	106.0	102.5	104.5	106.1	102.9
1992	107.4	108.7	103.9	106.8	108.7	103.4
1993	114.1	114.7	112.5	112.5	113.2	110.8
1994	122.9	124.3	121.3	119.3	119.6	118.8
1995	117.5	117.1	118.0	116.8	115.4	118.9
1996	107.6	107.5	107.7	105.8	105.9	105.6
1997	104.5	104.6	104.3	102.3	102.4	101.9
1998	99.3	99.3	99.2	98.1	98.1	98.2
1999	99.8	100.3	99.1	97.7	97.9	97.4
2000	101.3	101.3	101.2	98.8	98.7	98.9
2001	100.6	100.6	100.5	100.0	100.0	99.9
2002	100.2	99.3	101.9	99.4	99.5	99.2
2003	102.2	101.5	103.5	99.6	99.6	99.6
2004	102.9	102.5	103.9	102.7	102.4	103.1
2005	102.4	102.0	103.3	101.5	101.5	101.4
2006	101.5	101.3	102.0	101.9	101.4	101.5
2007	104.6	104.3	105.2	103.6	103.4	104.0
2008	105.7	105.4	106.3	104.7	104.1	106.1
2009	99.7	99.7	99.8	99.5	99.4	99.6
2010	103.2	103.0	103.5	103.0	102.9	103.3
2011	105.6	105.5	105.7	104.9	105.0	104.7
2012	103.1	103.3	102.5	102.5	102.5	102.4
2013	103.2	103.4	102.8	102.6	102.6	102.7
2014	101.6	101.7	101.2	100.7	100.5	101.1
2015	101.1	101.1	101.1	100.5	100.6	100.2
2016	101.2	101.2	101.1	100.6	100.6	100.4
2017	101.7	101.7	101.6	101.2	101.3	101.0
2018	101.8	101.8	101.9	101.6	101.6	101.8
2019	102.4	102.3	102.8	101.5	101.4	102.1
2020	101.9	101.6	102.7	100.5	100.4	101.0
2021	100.9	100.8	101.1	103.8	104.0	102.7
2022	101.8	101.7	102.0	103.8	103.8	104.3
2023	100.6	100.6	100.6			

注：2023年起，国家统计局不再开展商品零售价格调查，故《内蒙古调查年鉴》将从该年度停止编印商品零售价格相关数据指标。

4-1-2 居民消费价格分类指数(2011-2015年)

上年=100

项目名称	2011	2012	2013	2014	2015
居民消费价格总指数	**105.6**	**103.1**	**103.2**	**101.6**	**101.1**
非食品价格指数	**102.3**	**101.9**	**101.8**	**100.9**	**101.0**
服务项目价格指数	**102.9**	**102.3**	**102.9**	**101.8**	**101.5**
工业品价格指数	**101.8**	**101.6**	**101.0**	**100.3**	**100.7**
扣除食品和能源价格指数	**101.8**	**101.7**	**101.9**	**101.1**	**101.4**
扣除鲜菜鲜果总指数	**105.2**	**102.8**	**103.0**	**101.5**	**101.1**
消费品价格指数	**106.6**	**103.4**	**103.3**	**101.4**	**101.0**
食品	**113.7**	**105.8**	**106.3**	**102.9**	**101.4**
粮食	111.4	105.7	105.7	104.2	101.9
淀粉	140.4	90.5	101.6	103.7	101.5
干豆类及豆制品	106.1	102.8	107.4	103.0	101.1
油脂	113.0	105.3	101.5	98.3	98.3
肉禽及其制品	126.8	105.3	109.6	99.5	101.1
蛋	117.6	98.1	105.1	108.7	90.9
水产品	111.4	107.7	104.6	103.9	102.0
菜	103.7	112.3	108.8	92.9	104.9
#鲜菜	103.6	114.5	107.9	92.3	105.5
调味品	106.3	104.1	104.2	101.1	102.0
糖	112.1	105.2	102.4	100.8	99.6
茶及饮料	102.7	104.2	102.0	101.3	101.0
茶	102.0	101.5	100.5	100.6	100.8
饮料	103.2	105.7	102.9	101.7	101.1
干鲜瓜果	125.3	106.0	106.9	113.1	99.5
#鲜瓜果	127.3	104.6	107.2	115.4	98.7
糕点饼干面包	105.8	105.0	102.2	101.9	101.5
液体乳及乳制品	106.3	103.7	106.7	112.6	98.7
在外用膳食品	109.5	106.4	105.3	104.4	102.6
其他食品	103.7	103.1	100.9	98.9	100.4
烟酒	**102.9**	**102.8**	**101.5**	**100.4**	**103.7**
烟草	100.6	100.3	100.3	100.6	106.7
酒	105.6	105.8	102.7	100.3	100.5
衣着	**102.3**	**103.8**	**103.7**	**102.1**	**102.8**
服装	102.6	103.6	103.8	101.6	102.7
衣着材料	107.8	105.3	105.0	102.3	102.5
鞋袜帽	101.2	103.9	103.4	103.5	103.1
衣着加工服务	104.3	108.9	105.2	103.5	104.2
家庭设备用品及维修服务	**100.1**	**101.4**	**100.8**	**100.6**	**100.9**
耐用消费品	98.8	100.9	99.9	99.9	100.4
家具	99.1	100.5	100.5	100.8	101.9
家庭设备	98.7	101.1	99.5	99.4	99.6
室内装饰品	100.3	101.4	101.1	101.0	101.5
床上用品	102.6	100.4	101.6	99.5	100.8
家庭日用杂品	100.5	101.5	101.1	100.7	101.0
家庭服务及加工维修服务	104.7	105.9	104.6	106.5	103.3

4-1-2 续表

上年=100

项目名称	2011	2012	2013	2014	2015
医疗保健和个人用品	**102.3**	**102.1**	**101.4**	**100.8**	**102.3**
医疗保健	101.0	101.4	101.9	101.0	101.9
医疗器具及用品	99.5	99.6	101.4	100.4	101.1
中药材及中成药	105.4	104.9	102.2	103.0	101.7
西药	98.3	100.4	101.6	101.1	100.9
保健器具及用品	101.4	101.0	100.2	100.8	102.1
医疗保健服务	100.8	100.7	102.1	100.3	102.5
个人用品及服务	104.9	103.4	100.7	100.4	103.0
化妆美容用品	100.8	101.6	100.3	100.2	100.8
清洁化妆用品	101.5	102.0	102.4	100.7	100.1
个人饰品	108.6	99.1	95.5	96.1	98.2
个人服务	105.6	110.1	105.1	104.1	109.4
交通通信	**100.6**	**99.7**	**99.5**	**99.4**	**98.0**
交通	102.0	101.1	99.4	99.9	97.3
交通工具	99.1	99.1	96.7	99.0	99.6
车用燃料及零配件	109.9	102.3	99.1	98.0	86.1
车辆使用及维修费	101.6	104.5	105.0	103.7	101.1
市区公共交通费	103.8	102.4	100.4	100.1	100.8
城市间交通费	101.3	102.5	103.5	102.0	99.2
通信	98.0	97.2	99.5	98.5	99.2
通信工具	92.8	94.3	97.9	93.1	97.1
通信服务	99.9	98.1	100.0	100.3	99.8
娱乐教育文化用品及服务	**100.8**	**100.8**	**101.9**	**101.2**	**101.4**
文娱用耐用消费品及服务	95.7	96.6	98.5	98.0	99.8
教育	101.3	101.1	102.5	101.5	102.6
教材及参考书	101.6	101.3	100.6	100.9	101.0
教育服务	101.3	101.1	102.7	101.5	102.7
文化娱乐类	101.4	101.7	101.1	100.0	100.7
文化娱乐用品	99.9	100.2	99.3	99.3	100.5
书报杂志	102.9	100.5	100.6	100.1	102.6
文娱费	101.8	102.8	102.1	100.3	100.3
旅游	103.7	102.5	104.2	104.5	100.5
居住	**104.7**	**102.4**	**102.3**	**101.0**	**99.7**
建房及装修材料	102.1	100.6	100.4	100.2	98.6
住房租金	105.5	104.5	101.5	102.1	99.9
自有住房	105.4	103.3	103.7	102.2	100.5
水、电、燃料	104.7	101.5	100.7	99.0	98.6

4-1-3 居民消费价格分类指数(2016-2020年)

上年=100

项目名称	2016	2017	2018	2019	2020
居民消费价格总指数	**101.2**	**101.7**	**101.8**	**102.4**	**101.9**
非食品烟酒价格指数	**100.8**	**102.5**	**101.7**	**101.1**	**100.3**
服务价格指数	**101.1**	**103.4**	**102.0**	**101.4**	**100.9**
工业品价格指数	**100.4**	**101.6**	**101.5**	**100.9**	**99.5**
扣除食品和能源价格指数	**101.0**	**102.3**	**101.5**	**101.3**	**100.9**
扣除鲜菜鲜果价格指数	**101.0**	**101.9**	**101.6**	**102.3**	**102.0**
消费品价格指数	**101.2**	**100.7**	**101.7**	**103.0**	**102.5**
食品烟酒	**102.2**	**99.8**	**102.0**	**105.4**	**105.7**
食品	102.6	99.3	102.3	107.1	107.0
粮食	100.8	101.3	100.8	101.7	100.8
薯类	116.5	98.8	104.4	100.1	98.7
豆类	101.1	100.9	100.3	100.6	101.4
食用油	103.4	100.9	97.2	100.8	110.9
菜	110.1	93.8	106.6	101.1	107.1
鲜菜	110.7	93.1	107.1	101.2	107.6
畜肉类	104.4	96.1	100.6	123.5	127.4
猪肉	115.4	87.8	89.0	146.0	149.3
牛肉	98.1	100.6	106.4	111.6	113.7
羊肉	93.4	105.8	115.1	112.8	107.3
禽肉类	100.9	99.4	103.4	113.2	101.9
水产品	102.3	105.9	103.6	99.6	99.9
蛋类	97.7	95.2	111.7	106.5	89.5
鸡蛋	97.2	94.8	112.6	106.8	88.1
奶类	100.4	100.6	100.2	100.2	100.1
干鲜瓜果类	98.1	104.5	104.1	107.4	92.4
鲜瓜果	97.5	105.5	105.4	110.1	90.4
糖果糕点类	100.3	102.1	100.9	99.8	99.6
调味品	100.9	100.7	101.0	100.7	100.1
其他食品类	98.3	100.5	101.1	100.7	100.6
茶及饮料	100.0	101.2	100.8	100.6	99.6
茶叶	99.9	100.5	99.5	100.1	96.8
烟酒	101.7	100.2	100.8	101.2	100.2
烟草	102.9	99.8	100.4	101.3	100.0
酒类	100.3	100.7	101.3	101.1	100.4
在外餐饮	101.2	101.5	101.7	101.6	104.0
衣着	**101.4**	**101.3**	**101.7**	**101.8**	**100.1**
服装	101.2	101.6	102.0	102.0	100.1
服装材料	101.1	100.7	102.2	100.5	100.1
其他衣着及配件	102.0	101.4	101.1	100.5	100.0
衣着加工服务费	103.1	101.1	102.3	103.9	101.2
鞋类	101.9	100.6	100.9	101.2	100.1

注：《流通和消费价格统计报表制度》(2016-2020)对部分调查指标进行了修改完善，指标名称相应调整。

4-1-3 续表

上年=100

项目名称	2016	2017	2018	2019	2020
居住	**100.0**	**101.7**	**102.3**	**101.8**	**100.2**
租赁房房租	99.3	104.2	105.2	103.0	99.6
住房保养维修及管理	100.1	100.7	100.9	101.6	101.0
水电燃料	100.7	99.8	100.8	101.4	99.8
自有住房	99.7	102.8	103.2	101.9	100.2
生活用品及服务	**100.1**	**100.7**	**101.1**	**100.8**	**99.9**
家具及室内装饰品	99.8	101.1	100.9	100.1	100.0
家用器具	99.2	100.3	101.4	101.0	98.9
家用纺织品	99.8	100.1	101.0	100.4	100.1
家庭日用杂品	100.0	100.4	100.7	101.1	100.2
个人护理用品	100.6	100.9	100.6	100.5	100.0
家庭服务	103.9	103.7	104.7	102.5	100.9
交通通信	**98.9**	**101.4**	**101.4**	**98.8**	**96.4**
交通	98.5	101.8	102.0	98.5	95.4
交通工具	98.8	98.4	96.0	97.4	99.0
交通工具用燃料	95.3	110.3	113.0	94.3	86.2
汽油	94.9	110.9	113.7	93.9	85.4
柴油	94.9	113.8	114.0	93.9	85.0
通信	99.8	100.5	100.1	99.4	98.6
通信工具	99.5	101.4	100.0	98.0	94.8
通信服务	99.8	100.1	100.1	100.0	100.0
邮递服务	99.9	100.0	100.0	100.0	100.0
教育文化娱乐	**100.7**	**101.0**	**100.8**	**101.2**	**100.5**
教育	101.1	100.9	100.7	100.8	100.7
教育用品	100.3	100.1	100.4	103.1	100.0
教育服务	101.2	101.0	100.7	100.4	100.8
文化娱乐	100.0	101.1	101.1	101.9	100.2
文娱耐用消费品	99.2	100.0	99.9	99.9	98.8
其他文娱用品	100.1	100.2	101.9	102.8	100.1
文化娱乐服务	100.8	100.7	100.0	100.1	99.3
旅游	99.8	102.9	102.4	104.2	101.8
医疗保健	**104.4**	**110.0**	**102.7**	**101.7**	**103.6**
药品及医疗器具	102.2	105.6	102.6	103.4	102.4
中药	102.6	107.1	101.8	103.9	102.1
西药	102.7	106.1	103.7	104.6	102.8
医疗服务	106.0	113.3	102.9	100.5	104.5
其他用品及服务	**101.8**	**101.2**	**100.6**	**102.5**	**103.0**
其他用品类	102.5	100.7	99.6	102.9	107.3
首饰手表	103.6	100.8	99.1	103.9	110.6
其他服务类	101.1	101.5	101.4	102.2	99.5

4-1-4 居民消费价格分类指数(2021-2023年)

上年=100

项目名称	2021			2022			2023		
	全 区	城 市	农 村	全 区	城 市	农 村	全 区	城 市	农 村
居民消费价格指数	**100.9**	**100.8**	**101.1**	**101.8**	**101.7**	**102.0**	**100.6**	**100.6**	**100.6**
食品烟酒	**100.5**	**100.6**	**100.0**	**102.0**	**101.9**	**102.1**	**100.6**	**100.5**	**101.1**
食品	99.9	99.9	99.8	102.1	102.0	102.4	100.1	99.9	100.8
粮食	101.2	100.9	101.8	102.7	102.6	102.9	102.2	102.6	101.6
大米	100.7	100.2	101.5	101.0	101.7	100.1	103.8	105.1	101.8
面粉	100.6	101.1	99.9	103.6	101.1	106.9	101.6	101.0	102.4
薯类	101.6	98.0	110.3	113.7	113.1	114.9	107.8	108.4	106.5
豆类	105.4	106.0	104.2	103.4	103.0	104.1	100.1	99.6	101.1
干豆	102.7	101.6	105.0	104.9	103.8	107.1	99.9	98.8	102.0
豆制品	106.7	108.3	103.8	102.6	102.6	102.6	100.2	99.9	100.6
食用油	103.1	102.3	105.5	103.4	102.5	105.5	101.4	99.7	105.8
食用植物油	103.9	102.9	106.5	104.3	103.1	107.5	101.5	99.8	105.8
食用动物油	81.6	73.9	89.5	68.9	70.3	67.7	100.1	91.7	107.4
菜及食用菌	107.8	106.5	112.4	101.0	100.6	102.3	97.0	97.0	97.2
鲜菜	108.5	107.0	113.2	100.8	100.3	102.1	96.5	96.4	96.9
畜肉类	91.0	91.9	87.9	96.2	96.5	95.5	94.1	94.4	93.0
猪肉	69.7	69.8	69.6	93.4	93.7	92.5	86.3	85.8	87.5
牛肉	104.2	104.8	101.6	99.8	99.3	101.8	95.2	94.8	96.7
羊肉	107.6	108.1	104.9	95.5	95.6	95.1	96.4	97.0	93.1
禽肉类	97.0	97.7	94.7	101.4	102.0	99.8	103.2	103.0	103.6
鸡	95.0	96.6	90.5	101.3	102.4	97.9	103.5	103.3	104.4
鸭	96.5	97.2	94.1	99.5	99.1	100.8	103.3	102.8	104.9
水产品	113.4	111.9	118.6	97.3	97.1	98.4	100.3	100.3	100.5
淡水鱼	127.4	126.8	128.8	92.0	91.1	94.6	96.9	96.7	97.4
海水鱼	100.7	97.2	108.4	102.4	102.0	103.3	107.1	108.4	104.4
虾蟹类	106.2	105.6	111.8	102.5	103.0	97.9	99.5	99.1	103.4
蛋类	114.5	115.2	112.4	105.8	106.1	104.9	99.4	99.4	99.2
鸡蛋	115.8	116.5	113.6	106.2	106.4	105.3	99.2	99.2	99.0
奶类	101.4	101.6	100.6	104.2	105.3	100.4	101.0	101.3	99.7
鲜奶	101.6	102.1	100.1	103.9	105.2	99.9	100.5	101.0	98.8
酸奶	98.6	98.5	99.1	115.9	118.0	101.3	104.4	104.8	100.9
奶粉	101.6	101.6	102.0	99.6	99.3	101.2	100.7	100.6	101.0

4-1-4 续表 1

上年=100

项目名称	2021			2022			2023		
	全 区	城 市	农 村	全 区	城 市	农 村	全 区	城 市	农 村
其他奶制品	102.9	103.5	101.2	100.4	100.4	100.5	99.3	98.9	100.5
干鲜瓜果类	101.5	101.8	100.3	111.0	110.1	114.2	105.7	104.1	111.8
鲜果	102.7	102.8	102.4	113.2	112.0	118.1	106.3	104.3	114.0
坚果	96.4	97.5	92.8	103.1	102.7	104.7	102.8	102.4	104.1
瓜果制品	98.3	98.9	96.5	99.9	102.6	90.8	104.4	105.6	100.1
糖果糕点类	100.0	99.4	101.7	101.3	100.7	102.9	102.0	102.1	101.7
调味品	100.5	101.1	99.3	104.3	105.1	102.7	102.0	102.0	102.0
其他食品类	100.7	101.1	99.9	101.1	100.5	102.2	102.7	103.1	101.8
茶及饮料	99.5	100.1	97.8	101.0	101.2	100.6	101.7	101.5	102.2
茶叶	97.4	96.9	99.2	100.9	101.4	99.6	101.6	100.8	104.4
烟酒	101.3	101.6	100.7	101.8	102.1	101.5	101.6	101.6	101.5
卷烟	100.5	100.7	100.2	102.0	102.3	101.5	101.1	101.1	101.1
酒类	102.7	103.2	101.8	101.5	101.6	101.3	102.4	102.4	102.2
在外餐饮	102.3	102.5	100.9	101.6	101.7	101.2	101.7	101.7	102.4
衣着	**99.2**	**99.2**	**99.2**	**100.3**	**100.3**	**100.5**	**101.2**	**101.1**	**101.7**
服装	99.3	99.3	99.6	100.3	100.3	100.5	101.3	101.3	101.2
男式服装	99.7	99.9	98.9	100.0	99.9	100.7	101.2	101.0	102.3
女式服装	99.1	98.9	100.4	100.5	100.6	100.3	101.3	101.4	100.6
儿童服装	99.1	99.3	98.7	100.4	100.4	100.6	101.7	101.9	101.2
衣着材料及配件	99.5	99.1	101.0	99.2	98.8	100.9	101.0	101.0	100.7
衣着服务费	101.6	101.4	103.9	103.4	103.6	100.7	101.6	101.7	101.0
鞋类	98.7	98.9	97.8	100.3	100.3	100.4	100.7	100.0	103.4
鞋	98.6	98.9	97.7	100.3	100.3	100.3	100.6	99.9	103.5
鞋类服务	100.9	101.4	99.7	102.1	100.0	106.8	105.7	107.6	101.9
居住	**100.5**	**99.9**	**102.3**	**100.5**	**99.9**	**102.5**	**100.1**	**100.1**	**100.1**
租赁房房租	99.7	99.4	101.3	100.1	100.1	99.9	100.5	100.6	99.9
公房房租	100.0	100.0	100.0	100.0	100.0	100.0	100.1	100.1	100.0
私房房租	99.7	99.3	101.4	100.1	100.1	99.9	100.5	100.6	99.9
住房保养维修及管理	100.9	100.9	101.0	101.6	101.9	100.9	100.2	100.3	99.8
住房装潢材料	102.3	102.5	101.6	103.7	104.1	102.3	99.8	99.6	100.3
住房维修管理费用	100.2	99.9	100.8	100.5	100.5	100.4	100.4	100.8	99.5
水电燃料	103.4	102.9	104.7	103.5	101.6	108.2	100.3	100.3	100.4
水	100.0	100.1	99.7	100.0	100.0	100.1	100.2	100.1	100.6
电	100.0	100.0	100.0	100.0	100.0	100.0	100.0	100.0	100.0

4-1-4 续表 2

上年=100

项目名称	2021			2022			2023		
	全 区	城 市	农 村	全 区	城 市	农 村	全 区	城 市	农 村
燃气	102.5	102.8	100.8	106.3	106.8	103.5	102.8	103.1	101.1
自有住房	99.4	98.8	101.7	99.2	98.8	100.3	99.9	99.9	100.1
生活用品及服务	**99.8**	**99.8**	**99.8**	**101.1**	**101.1**	**100.7**	**100.5**	**100.5**	**100.4**
家具及室内装饰品	100.9	101.0	100.2	101.2	101.5	100.3	102.1	102.3	101.3
家具	100.9	101.1	100.0	101.2	101.4	100.3	102.3	102.6	101.1
室内装饰品	100.6	100.4	101.4	101.2	101.6	100.2	101.0	100.7	101.8
家用器具	100.2	100.3	99.6	100.8	101.0	100.1	98.9	98.8	99.5
大型家用器具	99.5	99.7	98.8	100.6	100.8	99.8	99.0	98.9	99.6
小家电	102.7	102.8	102.5	101.6	101.7	101.2	98.5	98.3	99.2
家用纺织品	99.7	99.5	100.7	100.0	99.8	100.7	99.7	99.7	100.0
床上用品	100.1	100.0	100.7	99.9	99.8	100.7	99.5	99.5	99.5
窗帘门帘	99.7	99.5	100.7	99.7	99.7	99.9	100.1	99.7	101.7
其他家用纺织品	97.1	96.5	101.1	100.6	100.3	102.7	100.5	100.6	99.7
家庭日用杂品	99.9	99.7	100.2	100.0	99.8	100.4	100.0	100.0	100.2
洗涤卫生用品	100.7	100.7	100.8	99.8	99.7	100.2	100.3	100.3	100.4
厨具餐具茶具	97.3	97.1	98.0	101.7	101.5	102.4	100.1	99.9	100.8
其他家庭日用杂品	100.3	100.1	101.1	98.7	98.7	98.8	99.3	99.3	99.2
个人护理用品	98.4	98.5	97.9	102.9	102.9	103.0	100.7	100.7	101.1
化妆品	97.9	97.9	97.5	103.0	103.0	103.1	100.8	100.8	100.9
其他护理用品类	99.8	99.9	98.6	102.6	102.6	102.8	100.6	100.5	101.5
家庭服务	101.4	101.5	100.6	100.6	100.7	100.0	103.3	103.5	100.8
家政服务	103.9	103.9	104.2	101.2	101.2	102.5	105.7	105.7	105.2
家庭维修服务	99.8	99.7	100.7	100.2	100.2	99.8	102.2	102.5	100.4
交通通信	**104.0**	**104.2**	**103.3**	**105.8**	**106.2**	**104.6**	**98.0**	**97.9**	**98.1**
交通	105.3	105.6	104.4	107.6	107.8	106.7	97.6	97.7	97.6
交通工具	99.5	99.3	99.9	99.5	98.9	101.0	97.9	97.9	97.9
交通工具用燃料	117.1	117.2	116.8	121.1	121.2	120.9	94.5	94.5	94.7
汽油	117.7	117.7	117.6	121.4	121.4	121.4	94.4	94.4	94.4
柴油	119.5	119.5	119.5	123.4	123.3	123.4	94.0	94.0	94.0
交通工具使用和维修	100.9	101.1	100.5	101.0	101.0	101.1	99.1	98.4	101.0
交通费	100.0	99.9	100.1	102.0	102.5	100.2	105.4	106.6	100.7
通信	100.3	100.3	100.3	100.6	101.3	98.6	99.0	98.7	99.6
通信工具	99.8	99.5	100.7	97.1	97.4	96.0	96.8	96.0	99.1
通信服务	100.6	100.8	100.1	102.5	103.5	99.9	100.1	100.2	99.9
邮递服务	99.6	99.7	99.4	99.9	100.0	99.9	98.1	97.4	101.0
教育文化娱乐	**101.0**	**101.0**	**100.9**	**101.2**	**101.4**	**100.5**	**101.5**	**101.6**	**101.1**
教育	101.4	101.6	101.2	100.5	100.5	100.5	101.5	101.8	101.0

4-1-4 续表 3

上年=100

项目名称	2021			2022			2023		
	全 区	城 市	农 村	全 区	城 市	农 村	全 区	城 市	农 村
教育用品	101.2	101.9	100.6	101.7	101.0	102.4	102.1	103.7	100.5
教育服务	101.4	101.6	101.2	100.4	100.5	100.2	101.4	101.6	101.1
文化娱乐	100.1	100.1	100.0	102.4	102.7	100.6	101.4	101.4	101.3
文娱耐用消费品	99.4	99.3	100.1	99.6	99.5	100.3	99.4	99.0	100.8
其他文娱用品	99.4	99.2	100.1	100.8	100.8	100.8	100.8	100.9	100.4
文化娱乐服务	100.5	100.5	100.4	100.0	100.0	99.7	100.5	100.4	101.1
旅游	101.0	101.1	98.4	108.1	108.3	103.8	104.0	103.9	108.6
旅行社收费	101.1	101.3	97.3	110.5	110.7	105.4	103.5	103.2	110.5
其他旅游	100.4	100.4	101.3	100.1	100.1	100.0	106.1	106.2	104.0
医疗保健	**100.3**	**100.2**	**100.5**	**100.3**	**100.2**	**100.5**	**103.3**	**103.7**	**102.5**
药品及医疗器具	100.0	99.7	100.8	100.7	100.5	101.5	103.3	103.3	103.2
中药	101.0	100.6	101.9	102.7	103.0	102.0	108.7	108.6	108.7
西药	100.5	100.5	100.6	100.4	99.9	101.4	101.9	102.1	101.5
滋补保健品	101.9	102.3	100.1	100.0	99.8	100.8	101.1	101.0	101.3
医疗卫生器具	90.5	89.4	98.5	98.1	97.7	100.5	99.6	99.8	98.1
保健器具	99.7	99.7	99.7	99.6	99.6	99.6	99.8	100.1	99.1
医疗服务	100.5	100.5	100.4	100.1	100.1	100.0	103.4	104.0	102.1
综合医疗类	101.2	101.6	100.1	100.2	100.3	100.1	116.4	116.9	115.1
诊断类	100.2	99.9	100.9	100.0	100.0	100.0	96.9	96.4	97.9
治疗类	100.1	100.1	100.1	100.0	100.0	100.0	100.5	101.5	98.5
康复类	100.3	100.4	100.0	100.0	99.9	100.0	98.3	100.0	91.5
中医医疗服务类	100.0	100.6	98.8	100.2	100.3	100.0	101.5	100.5	103.6
其他医疗保健服务	100.1	100.2	100.0	100.3	100.4	100.0	102.5	103.3	100.8
其他用品及服务	**99.4**	**99.2**	**100.1**	**101.8**	**101.8**	**101.8**	**103.5**	**103.7**	**102.4**
其他用品	99.8	99.4	101.7	102.5	102.6	101.9	105.0	105.3	103.8
首饰手表	100.8	100.1	105.5	102.6	102.9	100.6	108.9	109.0	108.1
母婴用品	98.5	98.3	98.9	104.5	104.1	106.0	100.7	100.5	101.6
其他杂项用品	98.7	98.4	99.5	100.1	100.2	100.1	99.4	99.1	100.3
其他服务	98.9	99.0	98.3	101.1	101.0	101.7	101.9	102.1	100.6
在外住宿	103.1	102.8	104.9	99.8	99.2	103.9	105.6	106.2	101.5
美容美发洗浴	101.6	101.6	101.6	100.9	101.0	100.1	102.5	102.7	100.6
养老服务	102.9	103.2	100.0	99.8	99.9	98.8	100.3	100.4	98.8
金融及保险服务	94.5	94.5	94.7	102.1	102.1	102.3	100.3	100.2	100.6
中介法律及其他服务	100.1	100.0	100.9	100.0	100.0	100.0	100.1	100.2	100.0

4-1-5 居民消费价格分月指数(2023年)

上年同月=100

项目名称	年平均	1月	2月	3月	4月	5月	6月	7月	8月	9月	10月	11月	12月
居民消费价格指数	**100.6**	**101.7**	**100.9**	**100.5**	**100.1**	**100.5**	**100.4**	**100.3**	**100.9**	**100.9**	**100.4**	**100.0**	**100.3**
服务价格指数	**101.3**	**100.8**	**100.3**	**100.4**	**100.5**	**101.4**	**101.3**	**101.9**	**102.1**	**102.3**	**101.9**	**101.5**	**101.4**
消费品价格指数	**100.2**	**102.1**	**101.2**	**100.5**	**99.8**	**100.1**	**99.9**	**99.4**	**100.3**	**100.2**	**99.7**	**99.2**	**99.7**
非食品价格指数	**100.7**	**101.0**	**100.5**	**100.1**	**99.9**	**100.3**	**99.8**	**100.4**	**101.1**	**101.4**	**101.4**	**101.0**	**101.1**
食品烟酒	**100.6**	**103.3**	**102.2**	**102.1**	**101.0**	**101.5**	**102.6**	**100.4**	**100.8**	**99.7**	**98.1**	**97.5**	**98.5**
食品	100.1	104.5	102.6	102.4	100.8	101.4	103.0	99.6	100.2	98.6	96.2	95.5	97.0
粮食	102.2	103.5	103.8	103.5	102.1	101.4	101.9	101.6	101.6	101.8	101.7	101.8	102.0
薯类	107.8	122.9	116.9	115.9	111.4	116.5	115.4	116.3	109.7	106.1	93.4	85.7	85.6
豆类	100.1	101.0	101.8	100.7	99.9	100.2	100.3	100.3	99.6	98.9	99.5	99.4	99.4
食用油	101.4	103.9	105.0	104.2	103.1	102.1	101.6	101.3	101.3	100.0	99.2	98.3	97.7
菜及食用菌	97.0	102.9	96.1	86.6	85.2	99.5	114.4	102.6	103.7	96.6	90.0	93.6	100.4
畜肉类	94.1	101.7	99.8	102.4	102.6	100.2	97.7	88.7	91.6	90.4	86.8	84.3	87.4
禽肉类	103.2	104.6	105.3	105.4	105.1	104.1	103.7	102.7	102.2	102.4	101.9	100.6	100.2
水产品	100.3	99.5	97.6	97.8	96.7	99.6	101.8	101.9	102.3	101.8	101.8	100.9	102.3
蛋类	99.4	105.9	105.1	105.3	101.8	98.3	100.9	100.1	104.4	102.2	92.8	87.6	91.8
奶类	101.0	104.8	104.6	103.7	102.2	99.9	100.0	100.1	99.8	99.0	99.1	99.4	99.4
干鲜瓜果类	105.7	112.1	108.9	112.5	105.6	103.3	106.3	106.6	105.3	103.6	102.8	101.7	99.4
糖果糕点类	102.0	101.5	101.4	102.0	101.6	101.9	101.6	102.6	102.6	102.1	101.9	102.6	102.1
调味品	102.0	104.3	104.3	104.1	102.7	101.6	102.0	101.9	101.4	101.0	100.1	100.4	100.6
其他食品类	102.7	101.6	102.2	103.0	103.5	102.3	102.5	102.8	102.7	103.2	102.8	102.8	102.6
茶及饮料	101.7	101.5	101.4	101.4	101.9	101.6	102.1	102.2	101.7	101.2	101.3	101.9	101.8
烟酒	101.6	101.5	101.3	101.5	101.6	101.6	101.7	101.6	101.6	101.7	101.9	101.6	101.2
卷烟	101.1	101.0	101.0	101.0	101.2	101.3	101.1	101.1	100.9	101.2	101.5	101.4	100.9
酒类	102.4	102.3	101.8	102.4	102.3	102.3	102.8	102.6	102.9	102.7	102.6	102.1	101.8
在外餐饮	101.7	100.6	101.5	101.5	101.4	101.9	101.9	102.0	102.4	102.0	101.9	102.0	102.0
衣着	**101.2**	**100.3**	**99.9**	**100.4**	**100.8**	**101.4**	**101.7**	**101.2**	**101.4**	**101.6**	**101.7**	**102.0**	**102.1**
服装	101.3	100.4	100.0	100.4	100.7	101.2	101.6	101.5	101.7	101.9	102.0	102.3	102.3

4-1-5 续表 1

上年同月=100

项目名称	年平均	1月	2月	3月	4月	5月	6月	7月	8月	9月	10月	11月	12月
男式服装	101.2	100.8	100.4	100.5	101.2	101.9	102.0	101.7	101.5	101.0	101.2	101.0	101.0
女式服装	101.3	100.0	99.7	100.3	100.5	101.0	101.5	101.3	101.6	102.0	102.3	102.7	102.9
儿童服装	101.7	100.4	99.9	100.5	100.6	100.8	101.5	101.6	102.4	103.4	103.0	103.5	103.1
衣着材料及配件	101.0	100.1	100.1	100.2	100.1	100.6	100.7	101.3	101.7	101.7	101.7	102.0	101.6
衣着服务费	101.6	100.9	101.2	101.4	101.4	101.7	101.6	101.8	101.8	102.1	102.0	102.0	101.7
鞋类	100.7	100.3	99.5	100.2	101.0	102.0	101.7	100.1	100.1	100.5	100.4	100.9	101.5
鞋	100.6	100.2	99.5	100.1	101.0	101.9	101.7	100.0	100.0	100.4	100.3	100.8	101.4
鞋类服务	105.7	103.2	101.1	101.1	101.2	108.2	108.2	108.2	107.5	107.5	107.5	107.5	107.5
居住	**100.1**	**99.5**	**99.9**	**99.7**	**99.7**	**100.1**	**100.0**	**100.0**	**100.1**	**100.6**	**100.4**	**100.6**	**100.5**
租赁房房租	100.5	99.3	100.1	100.3	99.8	100.4	100.3	100.4	100.7	101.3	101.1	101.1	101.1
住房保养维修及管理	100.2	100.6	100.6	100.6	100.6	100.3	100.3	100.2	100.2	99.9	99.6	99.6	99.4
住房装潢材料	99.8	100.3	100.2	100.1	100.1	99.7	99.6	99.5	99.4	100.0	99.5	99.4	99.5
住房维修管理	100.4	100.8	100.8	100.9	100.9	100.7	100.7	100.5	100.6	99.8	99.7	99.6	99.4
水电燃料	100.3	100.4	100.4	100.2	100.4	100.4	100.4	100.4	100.4	100.3	100.3	100.3	100.2
自有住房	99.9	98.9	99.4	99.3	99.3	99.9	99.8	99.8	100.0	100.8	100.6	100.9	100.8
生活用品及服务	**100.5**	**102.0**	**101.6**	**100.7**	**100.3**	**100.2**	**99.9**	**100.1**	**100.2**	**100.4**	**99.9**	**100.2**	**100.7**
家具及室内装饰品	102.1	100.9	101.0	101.9	101.7	101.7	101.9	101.8	102.6	103.1	102.8	103.5	102.9
家具	102.3	100.9	101.0	102.5	102.2	102.3	102.2	102.1	102.8	102.9	103.0	103.0	103.1
室内装饰品	101.0	100.5	101.0	98.4	98.5	98.2	100.0	99.5	101.5	104.2	101.8	106.2	102.1
家用器具	98.9	99.7	98.9	98.8	98.3	98.2	98.0	97.8	98.2	98.7	99.7	100.1	100.7
大型家用器具	99.0	99.7	98.8	98.9	98.5	98.3	98.1	98.0	98.4	99.0	100.1	100.1	100.7
小家电	98.5	99.6	99.4	98.6	97.8	97.9	98.0	97.2	97.2	97.4	98.0	100.2	100.7
家用纺织品	99.7	99.5	99.4	99.3	99.6	99.6	99.7	99.9	99.9	99.9	100.0	99.9	99.9
家庭日用杂品	100.0	102.3	102.0	101.1	99.1	99.6	98.9	99.6	99.8	99.9	98.1	99.3	100.6
个人护理用品	100.7	105.9	104.7	101.4	101.6	100.8	100.3	100.6	99.6	99.5	98.6	97.8	98.5
家庭服务	103.3	100.2	101.2	101.1	103.2	103.5	103.5	103.9	104.1	103.8	104.4	105.1	105.3
交通通信	**98.0**	**102.5**	**100.1**	**98.0**	**96.6**	**95.8**	**93.5**	**95.8**	**98.9**	**99.4**	**99.8**	**97.7**	**97.8**
交通	97.6	103.5	100.2	97.6	95.8	94.8	91.8	95.0	99.0	99.7	100.2	97.4	97.5
通信	99.0	99.5	99.6	99.1	99.2	99.1	99.1	98.7	98.6	98.5	98.4	98.7	98.9

4-1-5 续表 2

上年同月=100

项目名称	年平均	1月	2月	3月	4月	5月	6月	7月	8月	9月	10月	11月	12月
教育文化娱乐	**101.5**	**101.8**	**100.8**	**100.8**	**101.1**	**101.1**	**101.1**	**101.8**	**101.6**	**102.2**	**102.0**	**101.5**	**101.7**
教育	101.5	100.8	101.0	101.0	101.1	101.1	101.1	101.1	101.1	102.4	102.4	102.4	102.4
教育用品	102.1	101.5	103.0	102.0	102.1	102.0	102.4	102.1	101.5	102.0	102.0	102.1	102.1
教育服务	101.4	100.7	100.8	100.9	101.0	101.0	101.0	101.0	101.1	102.4	102.4	102.4	102.5
文化娱乐	101.4	103.5	100.6	100.5	101.2	101.1	101.0	103.0	102.4	101.8	101.2	99.8	100.3
文娱耐用消费品	99.4	100.6	100.4	100.4	99.9	100.1	100.2	99.6	99.2	97.7	97.7	98.1	98.5
其他文娱用品	100.8	101.1	101.1	100.8	100.6	100.7	100.0	100.5	101.1	101.2	100.8	100.2	101.0
文化娱乐服务	100.5	101.7	100.3	100.3	100.5	100.3	100.1	100.6	100.6	100.9	100.0	100.6	100.2
旅游	104.0	109.4	100.7	100.4	103.1	102.7	103.0	109.5	107.3	105.8	105.1	100.0	101.3
医疗保健	**103.3**	**100.5**	**100.8**	**100.9**	**100.9**	**104.4**	**104.3**	**104.4**	**104.4**	**104.9**	**105.0**	**105.0**	**104.7**
药品及医疗器具	103.3	101.3	101.9	102.2	102.4	103.3	103.1	103.3	103.5	104.5	104.8	104.8	104.1
中药	108.7	104.5	105.4	106.2	106.3	107.4	106.9	107.2	107.8	112.4	114.3	113.9	111.4
西药	101.9	100.5	101.0	101.3	101.4	102.2	102.1	102.6	102.5	102.4	102.0	102.3	102.3
滋补保健品	101.1	101.4	101.9	101.3	101.8	102.1	101.8	101.0	101.2	100.9	100.5	99.6	99.4
医疗卫生器具	99.6	97.5	97.6	97.0	97.6	100.1	100.2	100.1	100.8	101.3	101.3	101.3	100.6
保健器具	99.8	99.7	100.0	100.0	99.9	99.9	100.0	99.5	99.6	99.8	99.8	99.8	99.9
医疗服务	103.4	100.1	100.1	100.1	100.1	105.0	105.0	105.0	105.0	105.1	105.1	105.1	105.1
综合医疗类	116.4	100.2	100.2	100.2	100.2	124.3	124.6	124.5	124.4	124.5	124.5	124.6	124.6
诊断类	96.9	100.0	100.0	100.0	100.0	95.3	95.3	95.3	95.3	95.3	95.3	95.3	95.3
治疗类	100.5	100.0	100.0	100.0	100.0	100.6	100.6	100.6	100.6	100.8	100.8	100.8	100.8
康复类	98.3	100.0	100.0	100.0	100.0	97.4	97.4	97.4	97.4	97.4	97.4	97.4	97.4
中医医疗服务类	101.5	100.4	100.4	100.4	100.4	102.3	102.3	101.9	101.9	101.9	101.9	101.9	101.9
其他医疗保健服务	102.5	100.4	100.4	100.4	100.7	103.8	103.8	103.4	103.4	103.4	103.4	103.4	103.4
其他用品及服务	**103.5**	**102.8**	**102.0**	**101.8**	**102.9**	**102.9**	**102.6**	**104.5**	**105.2**	**104.9**	**104.4**	**104.1**	**104.0**
其他用品	105.0	105.3	103.6	103.0	104.3	103.7	103.0	105.8	105.5	107.2	106.3	106.2	106.5
其他服务	101.9	100.2	100.2	100.6	101.3	101.9	102.2	103.0	104.9	102.5	102.3	101.7	101.4

4-1-6 各盟市所在地

地区	居民消费价格总指数	食品烟酒	食品	粮食	鲜菜	畜肉类	禽肉类	蛋类
全区平均	**100.6**	**100.6**	**100.1**	**102.2**	**96.5**	**94.1**	**103.2**	**99.4**
呼和浩特市	100.5	99.8	99.1	101.6	96.8	94.3	100.5	99.3
包头市	101.0	101.4	100.6	105.1	95.5	94.7	105.2	96.6
乌海市	100.4	101.9	101.4	101.2	94.6	97.2	104.7	108.0
赤峰市	99.6	100.0	99.5	103.4	97.1	95.4	102.0	102.0
科尔沁区	100.6	99.7	98.9	101.8	92.3	90.8	105.2	98.2
东胜区	100.9	99.8	99.6	101.1	93.6	95.0	100.6	98.7
海拉尔区	101.4	100.5	100.3	98.2	101.2	95.3	104.4	101.2
临河区	100.7	99.3	99.2	98.8	101.9	93.0	103.3	107.5
集宁区	99.0	100.4	100.0	103.4	95.1	95.1	104.6	99.1
乌兰浩特市	100.6	100.8	100.6	101.8	102.1	90.9	102.5	99.5
锡林浩特市	99.4	99.1	98.7	102.4	95.5	92.9	101.4	100.0
阿拉善左旗	99.7	100.7	100.3	101.5	97.3	93.7	101.2	99.1

居民消费价格指数(2023年)

上年同期=100

茶及饮料	烟酒	衣着	居住	生活用品及服务	交通通信	教育文化娱乐	医疗保健	其他用品及服务
101.7	**101.6**	**101.2**	**100.1**	**100.5**	**98.0**	**101.5**	**103.3**	**103.5**
101.1	100.2	102.7	100.2	101.5	97.3	102.1	102.4	104.8
100.9	102.1	100.0	99.9	99.7	100.1	101.0	104.7	102.8
101.6	107.7	103.1	95.6	100.7	96.5	101.5	105.6	105.6
102.4	103.1	98.0	100.4	100.2	96.3	100.8	102.7	102.2
100.1	100.5	101.3	100.1	100.5	98.6	102.8	104.4	102.8
102.6	100.9	100.2	104.2	99.8	95.7	102.4	105.2	104.8
107.9	101.0	101.6	101.4	100.3	99.4	102.7	107.3	104.8
97.8	102.0	108.5	99.3	104.0	96.3	101.2	103.3	101.3
103.1	102.2	101.9	95.7	99.4	96.2	101.3	100.6	103.8
100.8	101.8	101.5	100.0	99.8	97.7	103.2	102.6	104.4
100.9	100.6	98.6	100.2	99.8	96.9	101.0	101.7	103.9
103.8	100.8	99.7	98.6	99.7	97.1	102.9	100.1	103.1

主要统计指标解释

居民消费价格指数　是度量消费商品及服务项目价格水平随着时间而变动的相对数,反映居民家庭购买的消费品及服务价格水平的变动情况。它是宏观经济分析和决策、价格总水平监测和调控以及国民经济核算的重要指标。其按年度计算的变动率通常被用来作为反映通货膨胀(或紧缩)程度的指标。

城市居民消费价格指数　是度量城市居民消费商品及服务项目价格水平随着时间而变动的相对数，反映城市居民家庭购买的消费品及服务价格水平的变动情况。它可以观察和分析消费品的零售价格和服务项目价格变动对职工货币工资的影响，作为研究职工生活和确立工资政策的依据。

农村居民消费价格指数　是度量农村居民消费商品及服务项目价格水平随着时间而变动的相对数，反映农村居民家庭购买的消费品及服务价格水平的变动情况。它可以观察和分析消费品的零售价格和服务项目价格变动对农村居民生活消费支出的影响，直接反映农民生活水平的实际变化情况，作为研究农村居民生活问题的依据。

商品的零售价格　是商品在流通过程中最后一个环节的价格，是工业、商业、餐饮业和其他零售企业向城乡居民、机关团体出售生活消费品和办公用品的价格。商品零售价格调查的任务是系统地调查、搜集和整理市场商品零售价格资料，编制商品零售价格指数，以此反映市场商品零售价格的变动趋势和变动程度。其目的在于掌握商品价格的变动趋势，为国家宏观调控和国民经济核算提供参考依据。同时，还可以在此基础上编制其他派生价格指数。

食品烟酒　指居民为摄取身体所需要的营养和满足某种嗜好而购买消费的食品、茶及饮料、烟酒及在外餐饮等。

衣着　指与居民穿着有关的支出，包括服装、鞋类及相关服务的支出。

居住　指与居住有关的支出，包括租赁房房租、住房保养维修及管理、水电燃料和自有住房等。

生活用品及服务　指家庭及个人用于各类生活用品及家庭服务的支出。包括家具及室内装饰品、家用器具、家用纺织品、家庭日用杂品、个人护理用品和家庭服务。

交通通信　指用于交通和通信工具及相关的各种服务费、维修费等支出。

教育文化娱乐　指用于教育和文化娱乐方面的支出。

医疗保健　指用于医疗和保健的药品、用品和服务的总费用。包括药品及医疗器具、医疗服务等。

其他用品及服务　指无法直接计入上述各类支出的其他用品与服务支出。

第四部分

价格调查篇

② 工业生产者价格

4-2-1 工业生产者出厂价格分类指数

上年=100

年份	全部工业品	生产资料	采掘	原材料	加工	生活资料	食品	衣着	一般日用品	耐用消费品
1987	107.9	108.8	124.0	105.6	104.0	106.0	106.3	106.1	109.8	100.4
1988	110.7	107.5	105.3	108.7	107.4	117.5	114.5	125.2	113.5	106.8
1989	121.5	122.3	136.4	115.7	121.0	119.8	119.8	119.1	129.6	113.5
1990	105.2	106.0	104.9	109.0	103.6	103.5	106.8	99.7	101.4	99.7
1991	108.7	111.5	117.9	116.0	102.8	102.7	107.1	100.6	99.6	82.7
1992	109.8	110.5	104.6	117.3	104.7	108.2	108.7	113.6	104.6	86.0
1993	136.1	139.9	124.2	153.3	131.0	128.1	127.4	128.2	122.9	138.2
1994	112.1	110.8	114.6	105.4	115.9	115.1	122.2	106.0	115.3	98.3
1995	109.1	105.2	109.9	102.2	109.0	121.3	126.4	114.7	110.2	105.1
1996	101.9	101.4	104.7	100.3	101.1	103.4	103.8	104.5	107.9	92.2
1997	101.5	102.2	109.2	101.2	97.0	99.5	100.2	102.3	103.9	78.4
1998	96.0	95.2	94.8	94.7	96.5	98.0	98.3	96.9	103.9	83.6
1999	100.4	102.4	106.2	102.1	98.3	94.5	96.3	87.9	102.5	100.0
2000	102.8	103.7	112.3	101.4	103.2	99.9	99.1	101.7	99.5	96.5
2001	101.1	100.9	100.1	101.4	99.9	102.0	102.4	100.5	98.7	99.4
2002	99.3	99.3	101.7	98.9	98.4	99.3	99.9	99.3	100.0	93.3
2003	103.2	104.5	103.9	105.4	103.4	99.7	100.2	98.5	101.3	97.6
2004	105.1	106.3	108.7	107.0	104.8	101.5	102.4	99.3	101.3	96.8
2005	105.1	106.5	120.1	104.8	102.1	100.9	100.9	100.9	102.7	96.6
2006	103.0	103.8	111.7	103.0	99.5	100.7	101.4	101.2	102.0	90.9
2007	105.7	105.9	107.6	105.1	105.5	104.8	106.0	102.1	104.8	98.6
2008	112.5	112.7	117.1	109.9	113.1	111.7	115.3	102.9	107.3	95.1
2009	96.2	95.3	98.4	94.5	93.8	100.6	101.7	100.0	103.8	92.0
2010	106.7	107.5	110.5	107.1	105.3	103.1	104.1	103.3	101.4	92.5
2011	107.8	108.1	113.0	107.3	105.0	106.4	108.1	98.6	100.9	101.5
2012	100.2	99.6	99.5	100.9	98.1	103.3	103.4	105.1	100.0	102.5
2013	97.0	95.8	92.4	97.1	97.1	102.5	102.8	10.7	101.6	98.4
2014	97.3	96.3	94.8	97.1	96.7	102.1	102.6	100.1	100.5	99.1
2015	94.0	93.0	90.0	94.9	93.3	98.8	98.8	97.5	100.0	99.4
2016	98.9	98.6	97.3	98.8	99.5	100.3	98.6	111.0	100.9	99.8
2017	110.6	112.9	116.0	110.7	112.8	100.9	99.6	110.5	100.2	99.9
2018	103.2	103.8	105.3	101.8	104.9	100.2	100.9	95.9	100.2	96.8
2019	102.1	101.5	107.5	99.2	99.1	104.5	103.3	118.0	101.8	90.1
2020	99.7	99.0	103.2	97.8	96.7	102.4	102.3	101.6	105.9	91.9
2021	128.5	130.7	162.6	121.7	118.7	106.7	105.7	97.5	114.0	116.1
2022	108.6	109.0	111.0	110.4	102.0	104.4	104.2	101.6	110.0	90.2
2023	92.1	91.5	90.8	92.2	90.7	98.6	98.4	105.2	97.9	97.3

4-2-2 按部门分工业生产者出厂价格指数

上年=100

年 份	冶金工业	电力工业	煤炭及炼焦工业	石油工业	化学工业	机械工业	建筑材料工业	森林工业
1998	94.3	103.4	94.8	93.7	90.2	98.2	105.4	99.8
1999	97.8	89.0	99.3	139.2	96.9	101.2	103.1	131.4
2000	99.9	102.5	98.2	140.9	100.7	98.3	99.6	100.2
2001	95.8	98.8	102.7	80.0	99.1	98.8	98.7	123.8
2002	97.6	100.8	102.1	95.0	102.0	97.7	97.9	106.7
2003	108.8	102.6	103.4	115.0	99.9	98.2	99.2	98.5
2004	109.6	101.4	107.9	112.9	107.6	98.6	105.1	100.7
2005	104.3	101.9	118.7	120.5	108.3	98.0	103.5	102.0
2006	103.0	101.9	107.8	120.2	99.8	97.1	103.1	102.3
2007	109.0	102.3	105.6	105.2	104.4	100.5	107.7	102.4
2008	112.6	103.1	118.4	120.6	125.1	98.9	110.0	102.4
2009	85.0	103.5	104.6	90.3	95.7	96.0	105.4	100.1
2010	110.5	102.0	109.2	118.7	106.4	97.4	101.7	101.1
2011	109.0	99.8	112.2	119.9	105.8	102.2	105.1	103.1
2012	96.5	104.8	99.3	100.7	99.7	101.7	98.9	105.6
2013	95.5	99.9	89.8	101.9	96.0	99.4	97.3	98.9
2014	95.6	98.7	92.7	102.7	96.6	100.1	97.0	98.3
2015	88.4	98.9	91	87.8	98.4	99.1	96.4	98.1
2016	98.9	95.6	99.5	93.2	104.0	97.1	100.1	97.2
2017	121.4	98.8	120.0	108.9	110.2	99.7	102.9	102.0
2018	105.1	97.0	105.8	113.1	104.1	99.1	101.6	100.2
2019	98.0	101.2	109.9	99.1	98.6	98.6	100.1	96.7
2020	98.1	99.3	104.8	86.0	96.6	99.1	98.5	98.8
2021	125.4	104.0	163.8	121.9	129.4	111.6	113.1	
2022	101.6	116.9	110.4	126.0	105.3	102.4	114.3	
2023	92.3	96.2	87.8	94.4	89.0	94.9	87.8	

注：2020年工业生产者价格进行新基期轮换后，对2021年部分指标进行常规增减调整，“空格”表示无该项数据，下同。

4-2-2 续表

上年=100

年 份	食品工业	纺织工业	缝纫工业	皮革工业	造纸工业	文教艺术用品工业	其他工业
1998	97.4	87.8	91.3	100.1	75.6	92.8	110.9
1999	95.3	81.4	91.4	73.0	98.4	106.3	98.7
2000	104.6	123.5	104.4		108.4	100.5	102.2
2001	101.2	94.7	101.0		97.6	100.0	109.0
2002	99.8	97.1	99.3	103.2	101.4	100.2	103.6
2003	100.1	99.0	98.4	99.7	98.0	100.2	103.5
2004	103.2	102.1	99.1	102.5	103.0	101.4	101.3
2005	100.6	107.3	100.8	101.2	101.1	101.1	101.6
2006	101.0	101.3	101.2	100.6	101.8	101.4	105.2
2007	106.1	103.0	102.1	101.5	102.6	102.2	103.5
2008	116.4	99.1	102.9	100.2	104.7	101.0	112.4
2009	101.8	97.0	100.0	99.3	99.5	101.0	105.0
2010	103.8	100.5	103.3	103.4	103.8	100.1	105.3
2011	108.2	116.6	98.2	102.8	105.9	100.2	106.0
2012	103.3	99.7	105.5	100.8	99.1	97.9	98.5
2013	102.7	104.2	102.0	98.5	97.6	101.4	96.6
2014	102.2	99.3	100.1	100.0	99.8	100.8	98.5
2015	98.7	95.7	97.4	99.2	98.6	100.2	98.6
2016	98.5	97.8	111.4	99.5	100.8	100.5	99.6
2017	99.5	97.9	110.9	99.9	108.4	103.8	115.4
2018	100.8	106.5	95.7	101.0	102.1	100.6	110.0
2019	103.3	107.6	118.6	101.4	97.1	104.7	96.7
2020	102.7	93.2	101.7	100.7	98.5	105.2	93.1
2021	107.2	102.2	97.5		100.3		108.7
2022	104.5	105.9	101.6		98.2		116.2
2023	98.5	100.2	105.2		95.6		84.5

4-2-3　按行业分工业生产者出厂价格指数

上年=100

年　份	煤炭开采和洗选业	石油和天然气开采业	黑色金属矿采选业	有色金属矿采选业	非 金 属矿采选业	农副食品加 工 业	食　品制造业
1998	87.4	97.8		85.3	112.7		105.0
1999	99.4	181.0		101.9	88.3		90.5
2000	98.2	127.4		101.8	90.3		99.2
2001	103.0	90.7	100.0	90.6	104.3		101.9
2002	102.1	96.9	99.8	97.5	101.0	99.3	99.1
2003	102.6	115.5	103.7	105.4	100.5	101.1	99.2
2004	107.8	116.0	121.2	118.6	101.3	107.4	99.0
2005	120.5	131.9	118.5	129.7	104.3	101.4	100.7
2006	109.6	122.8	102.2	140.7	103.8	101.8	99.5
2007	105.6	101.5	105.1	123.9	105.7	110.3	103.4
2008	117.0	124.0	146.2	94.6	110.8	124.1	113.6
2009	106.0	68.8	82.1	79.6	102.8	101.0	102.7
2010	109.3	135.2	112.7	112.0	103.5	104.4	103.5
2011	112.4	129.1	113.6	112.8	107.5	110.0	107.3
2012	99.9	95.1	96.5	96.8	102.8	102.3	103.6
2013	90.3	90.0	96.6	95.8	100.7	101.6	104.1
2014	93.5	94.1	94.9	97.6	101.2	100.1	105.0
2015	91.9	56.2	80.0	93.0	100.4	97.6	99.7
2016	99.1	88.2	93.1	96.2	98.3	97.5	99.2
2017	119.0	107.9	116.3	118.7	100.3	98.6	100.6
2018	104.7	119.8	107.1	102.5	97.1	98.9	103.4
2019	111.1	96.8	104.2	91.5	102.7	102.8	104.6
2020	105.3	78.1	104.6	95.9	99.8	106.5	98.6
2021	168.4	156.3	122.2	122.5	99.8	107.5	109.9
2022	110.9	151.2	96.0	110.2	106.1	102.2	107.5
2023	89.6	87.7	101.7	99.3	100.0	101.2	95.7

4-2-3 续表 1

上年=100

年 份	酒、饮料和精制茶制造业	烟草制品业	纺织业	纺织服装、鞋、帽制造业	皮革、毛皮、羽毛(绒)及其制品业	木材加工及木、竹、藤、棕、草制品业	家具制造业	造纸及纸制品业
1998	97.0	107.1	89.6		100.1	98.4	85.0	75.6
1999	99.8	110.6	81.4	91.4	73.0	139.4	103.9	98.4
2000	103.1	108.9	121.7	106.1		105.9	101.1	108.4
2001	103.2	105.8	99.0	107.0		74.3	98.8	99.9
2002	100.6	101.7	98.7	101.2	103.2	101.8	99.0	99.8
2003	99.8	100.8	98.6	97.6	99.8	100.8	99.5	98.0
2004	100.2	101.0	100.8	98.8	102.5	98.3	100.4	103.0
2005	100.0	98.6	104.5	100.4	101.1	97.8	102.2	101.2
2006	101.5	100.4	101.4	100.1	100.4	102.6	101.5	101.8
2007	101.0	100.4	102.4	103.9	101.4	102.1	103.3	102.6
2008	103.6	100.0	100.7	102.2	100.2	100.5	116.1	104.7
2009	101.6	98.4	97.7	104.7	98.8	99.1	106.1	99.5
2010	104.1	101.3	101.7	103.6	102.6	101.2	99.8	103.8
2011	103.5	97.6	107.4	103.9	103.6	103.3	101.7	105.9
2012	106.7	101.2	102.7	102.8	99.1	106.0	102.9	99.1
2013	102.5	99.4	103.5	98.8	98.3	99.0	98.2	97.6
2014	100.6	99.5	99.7	100.2	100.5	98.2	98.9	99.8
2015	100.0	100.0	96.3	99.9	96.6	97.9	99.3	98.6
2016	101.6	100.0	106.9	100.3	99.5	96.9	100.3	100.8
2017	98.9	100.0	107.2	96.1	99.9	102.6	95.4	108.4
2018	100.1	100.1	99.8	102.0	101.0	98.4	118.3	102.1
2019	100.3	102.7	116.5	102.0	101.4	95.4	108.1	97.1
2020	100.7	101.0	98.5	99.0	100.7	98.6	100.0	88.3
2021	106.5	100.0	100.5	97.9				100.3
2022	104.2	100.0	102.0	104.7				98.2
2023	102.1	101.2	98.9	108.2				95.6

4-2-3 续表 2

上年=100

年 份	印刷业和记录媒介的复制	石油加工、炼焦及核燃料加工业	化学原料及化学制品制造业	医药制造业	橡胶制品业	非金属矿物制品业	黑色金属冶炼及压延加工业	有色金属冶炼及压延加工业
1998		91.6	86.7	99.2	100.0	105.4	97.5	92.8
1999		110.5	97.9	89.6	94.4	103.1	95.9	114.1
2000		148.0	104.9	88.9	99.5	99.6	100.0	98.4
2001	92.6	75.5	99.6	94.9	100.0	98.6	99.3	91.6
2002	104.4	94.5	101.8	105.8	100.5	97.8	99.2	94.7
2003	100.2	115.9	99.6	101.1	103.4	99.3	110.5	105.8
2004	101.4	112.9	110.2	102.1	118.8	106.2	108.5	109.4
2005	101.1	114.5	108.9	106.7	107.8	104.2	100.5	106.1
2006	101.4	110.8	99.7	96.6	98.3	103.0	94.1	121.3
2007	102.2	111.0	104.9	100.7	103.9	107.1	106.7	110.6
2008	101.0	132.0	130.7	103.8	109.2	110.9	119.1	100.5
2009	101.0	94.4	94.2	99.5	100.4	105.7	85.5	86.1
2010	100.1	113.0	106.9	106.1	101.3	101.3	105.8	117.2
2011	100.2	113.6	107.1	101.0	100.3	105.3	105.3	112.3
2012	97.9	96.0	99.1	100.5	100.1	97.9	95.4	97.2
2013	101.4	89.1	94.2	102.0	100.0	96.2	95.9	94.1
2014	100.8	88.9	94.6	102.6	100.0	96.3	95.4	95.3
2015	100.2	77.5	97.8	100.6	100.0	96.2	87.1	90.8
2016	100.5	98.9	105.5	99.6	99.1	100.4	103.2	95.4
2017	103.8	123.0	113.6	100.0	110.0	105.5	126.7	117.0
2018	100.6	116.7	104.9	103.0	102.3	104.4	107.7	100.9
2019	104.7	93.8	97.5	103.7	95.0	98.6	95.3	100.5
2020	105.2	87.7	93.5	107.0	94.7	97.3	95.7	99.5
2021		137.9	132.1	105.1	103.6	112.7	127.0	124.9
2022		110.4	105.5	102.4	95.8	117.6	94.7	108.9
2023		83.3	87.9	98.7	89.2	83.5	89.1	93.8

4-2-3 续表 3

上年=100

年 份	金 属制品业	通用设备制 造 业	专用设备制 造 业	汽 车制造业	电气机械及器材制造业	计算机、通信和其他电子设备制造业	废弃资源综合利用业	电力、热力的生产和供 应 业	燃气生产和供应业	水的生产和供应业
1998	90.9	97.6	96.1		100.7	63.8		103.4	145.5	118.3
1999			95.8		113.7			89.0	100.0	107.2
2000	102.0		101.1		93.6			102.6	100.0	102.2
2001	98.2		98.3		97.4			98.8	100.0	109.0
2002	98.0	99.7	97.0		96.3	91.3		100.8	100.0	103.6
2003	105.2	100.1	97.6		100.3	97.3		102.5	100.0	107.2
2004	107.2	104.1	100.8		101.7	91.4		101.4	101.9	105.8
2005	102.7	101.2	101.2		104.9	90.6		101.9	101.6	104.2
2006	102.0	100.1	99.6		106.6	87.3		101.9	108.7	110.3
2007	102.6	101.3	100.9		103.2	97.7		102.3	100.1	107.1
2008	118.4	103.4	102.1		101.0	92.9		103.1	111.4	102.4
2009	100.3	97.1	99.8		97.1	89.7		103.5	102.5	102.5
2010	101.9	98.7	99.8		97.2	91.9		102.0	108.2	115.9
2011	104.4	101.6	99.8		100.4	103.7		99.8	121.0	102.9
2012	102.4	101.5	100.4		97.3	100.0		104.8	101.2	103.6
2013	99.0	100.1	100.9		97.2	100.0		99.9	108.0	102.0
2014	98.9	97.1	100.2		98.5	100.0		98.7	107.8	100.2
2015	99.0	98.6	100.0		99.3	100.0		98.9	101.5	100.7
2016	99.7	97.9	98.0		97.8	98.9		95.6	95.5	109.1
2017	94.7	100.1	101.3		99.2	96.6		98.8	104.9	100.1
2018	103.5	100.5	100.7		101.4	87.0		97.0	109.0	102.8
2019	103.3	97.9	99.3		99.1	80.8		101.2	106.3	102.3
2020	100.4	97.3	99.8		99.6	86.9		99.3	95.9	100.4
2021	108.3	100.0	101.0	102.1	101.4	126.3	117.5	104.0	114.2	100.2
2022	101.4	107.3	103.8	99.5	103.2	102.6	89.5	116.9	122.8	100.0
2023	96.9	114.1	102.1	98.6	103.0	82.8	88.0	96.2	101.0	100.0

4-2-4 主要产品工业生产者出厂价格指数

上年=100

年 份	烟煤	褐煤	生铁	火力发电
2002	102.3	102.0	100.8	101.0
2003	103.9	102.2	114.1	105.1
2004	108.8	105.1	114.7	101.4
2005	114.6	116.8	103.0	101.6
2006	108.3	111.7	93.3	101.6
2007	105.8	105.4	109.0	102.5
2008	120.1	106.6	126.1	103.0
2009	112.1	101.5	85.6	104.9
2010	115.8	104.1	111.4	108.6
2011	115.1	110.5	114.7	99.5
2012	99.7	101.3	98.5	106.3
2013	91.6	89.0	95.0	99.9
2014	98.2	87.1	96.5	97.6
2015	91.7	92.1	84.0	98.7
2016	97.5	101.8	90.4	92.5
2017	113.8	124.2	120.9	98.7
2018	97.1	119.3	103.3	101.9
2019	107.5	119.1	99.9	103.7
2020	100.0	116.4	99.6	100.2
2021	184.3	112.4	128.7	112.8
2022	107.3	120.1	94.9	117.9
2023	86.3	99.0	86.2	91.0

4-2-5 工业生产者出厂价格指数

上年=100

项目名称	2017	2018	2019	2020	2021	2022	2023
煤炭开采和洗选业	119.0	104.7	111.1	105.3	168.4	110.9	89.6
烟煤和无烟煤的开采洗选	116.6	97.6	106.4	99.9	182.4	108.3	87.2
褐煤的开采洗选	124.2	119.3	119.1	116.4	112.4	120.1	99.0
石油和天然气开采业	107.9	119.8	96.8	78.1	156.3	151.2	87.7
石油开采	116.6	137.1	93.2	57.0	156.3	151.2	87.7
黑色金属矿采选业	116.3	107.1	104.2	104.6	122.2	96.0	101.7
铁矿采选	116.3	107.1	104.3	104.6	122.8	95.8	101.5
有色金属矿采选业	118.7	102.5	91.5	95.9	122.5	110.2	99.3
常用有色金属矿采选	122.4	101.6	87.2	93.2	124.0	109.5	94.8
贵金属矿采选	105.2	100.9	109.2	118.0	101.1	97.0	115.4
稀有稀土金属矿采选	99.4	113.4	106.1	84.6	115.9	131.0	147.7
非金属矿采选业	100.3	97.1	102.7	99.8	99.8	106.1	100.0
土砂石开采	100.4	95.4	102.8	98.7	99.4	103.5	101.5
采盐	101.3	100.3	97.8	100.1	102.4	111.1	88.4
石棉及其他非金属矿采选	99.2	104.5	105.4	105.6	100.0	124.1	100.9
农副食品加工业	98.6	98.9	102.8	106.5	107.5	102.2	101.2
谷物磨制	101.6	99.5	100.2	100.6	101.1	104.9	103.0
饲料加工	98.3	100.0	102.7	108.9	119.8	105.9	101.4
植物油加工	94.8	98.6	98.2	99.6	109.5	108.5	89.4
制糖	108.4	95.3	101.0	102.5	101.7	107.2	110.0
屠宰及肉类加工	99.3	101.0	106.9	109.7	103.3	99.7	98.9
蔬菜、水果和坚果加工	97.1	100.9	100.1	101.8	100.8	100.2	99.0
其他农副食品加工	96.8	93.0	99.1	106.4	107.2	98.8	107.6

4-2-5 续表 1

上年=100

项目名称	2017	2018	2019	2020	2021	2022	2023
食品制造业	100.6	103.4	104.6	98.6	109.9	107.5	95.7
焙烤食品制造	99.8	100.3	101.8	100.7	102.4	102.9	101.7
方便食品制造	90.9	110.0	118.4	112.2			
液体乳及乳制品制造(新项目名称“乳制品制造”)	102.7	101.9	101.7	100.5	104.9	102.5	91.9
其他食品制造	97.4	102.8	103.3	100.4	105.7	110.9	106.2
酒、饮料和精制茶制造业	98.9	100.1	100.3	100.7	106.5	104.2	102.1
酒的制造	98.7	100.0	100.1	100.8	108.2	104.4	101.2
软饮料制造	99.3	100.3	101.0	100.4	101.2	103.6	104.7
烟草制品业	100.0	100.1	102.7	101.0	100.0	100.0	101.2
卷烟制造	100.0	100.1	102.7	101.0	100.0	100.0	101.2
纺织业	107.2	99.8	116.5	98.5	100.5	102.0	98.9
棉、化纤纺织及印染精加工	100.5	99.1	92.2	92.7			
毛纺织及染整精加工					102.2	105.9	100.2
针织品、编织品及其制品制造	114.3	93.9	122.3	102.2	96.2	92.4	94.5
(新项目名称“针织或钩针编织物及其制品制造”)							
纺织服装、鞋、帽制造业(新项目名称“纺织服装、服饰业”)	96.1	102.0	102.0	99.0	97.9	104.7	108.2
皮革、毛皮、羽毛(绒)及其制品业	99.9	101.0	101.4	100.7			
皮革制品制造	101.0	99.0	98.8	102.6			
毛皮鞣制及制品加工	100.0	93.8	99.6	100.6			
木材加工及木、竹、藤、棕、草制品业	102.6	98.4	95.4	98.6			
锯材、木片加工	100.7	100.1	89.7	88.5			
人造板制造	107.9	93.6	98.8	100.1			
木制品制造	98.4	100.0	99.5	100.0			
竹、藤、棕、草制品制造	99.5	103.9	112.9	143.2			
家具制造业	95.4	118.3	108.1	100.0			
木质家具制造	95.4	118.3	108.1	100.0			

4-2-5 续表 2

上年=100

项目名称	2017	2018	2019	2020	2021	2022	2023
造纸及纸制品业	108.4	102.1	97.1	98.5	100.3	98.2	95.6
纸制品制造	109.5	119.7	97.5	88.3	100.3	98.2	95.6
印刷业和记录媒介的复制	103.8	100.6	104.7	105.2			
印刷	103.8	100.6	104.7	105.2			
石油、煤炭及其他燃料加工业	123.0	116.7	93.8	87.7	137.9	110.4	83.3
精炼石油产品的制造	113.2	113.4	93.8	80.9	120.9	129.9	94.1
炼焦	133.1	120.3	93.5	95.9	146.5	101.7	77.4
化学原料及化学制品制造业	113.6	104.9	97.5	93.5	132.1	105.5	87.9
基础化学原料制造	118.3	104.8	94.8	93.6	142.9	108.1	85.0
肥料制造	106.7	105.8	106.3	94.2	130.3	120.1	100.3
农药制造	126.2	124.9	96.6	95.1	109.1	99.9	67.8
涂料、油墨、颜料及类似产品制造	97.6	108.2	103.5	88.3	118.9	152.2	82.3
合成材料制造	112.1	100.6	94.7	95.2	124.6	91.5	84.2
专用化学产品制造	116.0	104.2	92.1	90.8	133.1	119.5	98.2
日用化学产品制造	94.1	98.0	99.8	107.0			
医药制造业	100.0	103.0	103.7	107.0	105.1	102.4	98.7
化学药品原药制造	103.1	112.5	104.6	122.7	112.4	111.0	100.9
化学药品制剂制造	96.8	95.5	103.7	99.2	100.8	100.0	100.0
中药饮片加工	97.3	98.5	103.3	100.3	92.9	103.8	146.7
中成药制造	104.4	102.7	100.1	104.5	91.3	104.5	96.0
兽用药品制造	99.4	101.1	114.1	97.8	99.4	65.7	89.5
生物、生化制品的制造	100.2	103.6	98.4	101.3	98.3	86.8	82.7
橡胶塑料制品业	110.0	102.3	95.0	94.7	103.6	95.8	89.2
非金属矿物制品业	105.5	104.4	98.6	97.3	112.7	117.6	83.5
水泥、石灰和石膏的制造	110.2	103.1	99.8	98.7	117.8	119.4	79.8
石膏、水泥制品及类似制品制造	101.4	112.1	100.1	95.4	108.1	107.5	94.5
砖瓦、石材及其他建筑材料制造	96.9	98.1	97.6	98.8	110.5	100.0	86.7
耐火材料制品制造	100.9	100.7	97.4	97.2	110.2	119.2	95.1
石墨及其他非金属矿物制品制造	126.3	112.7	92.5	87.5	110.8	119.4	76.6

4-2-5 续表 3

上年=100

项目名称	2017	2018	2019	2020	2021	2022	2023
黑色金属冶炼及压延加工业	126.7	107.7	95.3	95.7	127.0	94.7	89.1
炼铁	120.9	103.3	99.9	99.6	128.7	94.9	86.2
炼钢					137.2	98.6	93.1
钢压延加工	136.3	109.4	94.5	95.1	131.5	90.7	90.3
铁合金冶炼	116.3	107.4	95.8	95.1	119.5	100.0	86.7
有色金属冶炼及压延加工业	117.0	100.9	100.5	99.5	124.9	108.9	93.8
常用有色金属冶炼	128.1	103.4	96.7	100.5	132.1	105.7	94.6
贵金属冶炼	106.0	95.5	116.9	118.4	88.2	103.7	113.2
稀有稀土金属冶炼	100.8	101.8	103.6	97.2	165.2	145.7	68.7
有色金属合金制造	116.3	98.4	101.1	104.1	119.8	109.2	96.6
有色金属压延加工	102.0	97.2	103.0	94.0	105.7	108.7	93.1
金属制品业	94.7	103.5	103.3	100.4	108.3	101.4	96.9
结构性金属制品制造	102.2	105.1	103.9	100.7	103.7	102.3	97.0
集装箱及金属包装容器制造	106.8	100.4	101.1	100.0	171.3	86.3	92.1
金属丝绳及其制品的制造	101.0	97.7	95.5	100.3			
建筑、安全用金属制品制造	108.2	101.7	100.0	100.0			
其他金属制品制造	77.2	101.4	103.1	100.1			
通用设备制造业	100.1	100.5	97.9	97.3	100.0	107.3	114.1
锅炉及原动机制造	101.2	102.2	100.3	100.0	100.0	109.3	118.1
金属加工机械制造	95.3	101.4	100.1	100.0			
物料搬运设备制造	100.0	102.5	80.0	79.3			
泵、阀门、压缩机及类似机械的制造	99.9	99.5	97.9	94.6			
轴承、齿轮、传动和驱动部件的制造	96.6	96.2	100.0	96.4			
通用零部件制造	100.8	100.3	99.6	100.0	100.0	100.9	100.2

4-2-5 续表 4

上年=100

项目名称	2017	2018	2019	2020	2021	2022	2023
专用设备制造业	101.3	100.7	99.3	99.8	101.0	103.8	102.1
采矿、冶金、建筑专用设备制造	100.0	100.5	100.4	100.3	101.1	104.6	102.4
化工、木材、非金属加工专用设备制造	98.5	111.2	100.0	100.0			
农、林、牧、渔专用机械制造	101.5	100.0	97.4	99.0	100.6	100.5	100.5
电气机械及器材制造业	99.2	101.4	99.1	99.6	101.4	103.2	103.0
电机制造	93.7	99.1	98.4	99.4	101.1	101.6	102.1
输配电及控制设备制造	100.0	98.0	101.0	100.0			
电线、电缆、光缆及电工器材制造	104.2	102.7	98.9	99.9	103.6	112.6	108.3
电池制造	103.3	109.4	101.4	100.0			
家用电力器具制造	147.6	103.9	97.0	100.0			
照明器具制造	99.2	97.5	100.0	100.0			
计算机、通信和其他电子设备制造业	96.6	87.0	80.8	86.9	126.3	102.6	82.8
家用视听设备制造	96.5	86.7	80.7	87.5			
其他电子设备制造	100.0	100.0	85.5	61.5			
废弃资源综合利用业					117.5	89.5	88.0
电力、热力的生产和供应业	98.8	97.0	101.2	99.3	104.0	116.9	96.2
电力生产	98.7	101.4	102.5	99.8	104.8	115.1	95.0
电力供应	98.8	90.9	99.6	98.4	103.5	121.1	97.2
热力生产和供应	100.2	99.8	99.0	100.3	100.0	101.2	103.0
燃气生产和供应业	104.9	109.0	106.3	95.9	114.2	122.8	101.0
水的生产和供应业	100.1	102.8	102.3	100.4	100.2	100.0	100.0
自来水的生产和供应	98.0	101.4	102.0	100.0	100.0	100.0	100.0
污水处理及其再生利用	109.8	108.7	104.0	102.1	101.3	100.0	100.0

4-2-6 历年工业生产者购进价格分类指数

上年=100

年 份	全 部 原材料	燃料、动力类	黑色金属 材 料 类	有色金属材料 及电线类	化 工 原料类
1988	118.2	110.2	118.7	126.7	132.9
1989	124.4	118.2	127.9	134.3	132.2
1990	108.3	119.3	106.9	113.7	98.4
1991	111.2	116.5	108.0	107.0	101.2
1992	112.1	121.8	114.2	122.1	104.0
1993	138.8	124.2	168.1	96.2	159.9
1994	116.8	116.8	102.1	96.9	105.2
1995	112.8	102.8	96.7	135.1	127.1
1996	107.1	106.8	102.2	95.1	108.0
1997	100.6	106.7	98.4	95.1	94.2
1998	98.1	100.6	97.8	95.0	96.6
1999	96.8	99.7	96.8	97.5	95.2
2000	106.8	109.5	102.6	106.2	103.0
2001	101.3	101.4	101.5	95.0	100.2
2002	99.9	102.6	100.0	95.6	98.1
2003	102.9	103.5	106.7	106.0	100.0
2004	109.2	106.6	118.0	124.0	108.9
2005	109.9	114.8	107.5	117.0	108.9
2006	105.9	109.8	99.7	117.7	100.8
2007	104.8	105.3	105.3	99.4	105.0
2008	111.7	113.8	115.0	98.0	109.7
2009	99.1	106.5	90.4	71.4	98.3
2010	105.0	104.1	103.6	112.5	103.0
2011	106.1	103.5	107.3	107.2	105.3
2012	102.0	103.4	101.3	96.9	96.6
2013	99.3	97.5	98.4	95.1	99.4
2014	98.4	97.4	98.1	97.2	98.7
2015	95.9	95.8	94.9	96.0	98.0
2016	97.4	99.6	91.5	96.1	101.9
2017	106.3	111.1	105.2	114.4	109.1
2018	102.4	102.9	105.2	103.3	102.6
2019	101.1	98.9	103.5	98.3	92.8
2020	99.5	97.7	100.1	97.7	91.7
2021	128.0	140.7	118.1	121.4	124.2
2022	111.2	117.0	97.0	104.2	116.5
2023	93.0	91.5	96.7	93.6	86.9

4-2-6 续表

上年=100

年份	木材及纸浆类	建筑材料及非金属类	其他工业原材料及半成品类	农副产品类	纺织原料类
1988	116.9	105.0		125.5	111.3
1989	103.9	119.2		127.0	131.1
1990	103.7	126.7		97.7	108.2
1991	150.4	100.3		102.1	110.5
1992	99.5			101.5	100.7
1993	136.9			153.4	95.8
1994	111.3			122.8	171.5
1995	124.5			136.5	107.0
1996	102.1	107.8	102.8	118.7	101.1
1997	95.3	99.6	91.4	99.1	97.6
1998	96.9	101.9	96.4	92.4	94.7
1999	103.1	97.8	97.3	87.0	96.7
2000	108.4	98.3	98.1	104.2	105.1
2001	95.4	99.5	102.3	104.2	95.9
2002	100.9	99.8	100.0	97.4	92.2
2003	98.2	99.9	101.1	103.3	100.4
2004	100.8	102.4	104.4	109.3	102.9
2005	102.5	106.2	102.3	104.8	103.2
2006	102.5	102.1	104.1	101.6	104.2
2007	102.6	102.8	104.7	106.7	102.0
2008	106.2	107.2	110.7	113.8	99.6
2009	102.5	102.9	99.4	98.5	92.8
2010	100.8	102.9	103.6	105.9	102.6
2011	105.3	104.1	107.2	108.3	105.9
2012	102.9	99.8	105.0	102.4	100.3
2013	99.2	99.5	102.3	103.2	98.9
2014	100.3	98.6	98.1	101.4	100.6
2015	100.0	98.3	93.5	99.3	97.3
2016	100.1	96.8	98.1	97.1	96.8
2017	101.6	109.3	100.5	100.1	102.6
2018	101.3	105.4	99.4	101.1	104.3
2019	100.5	99.4	102.9	105.1	103.0
2020	97.6	96.1	102.1	105.6	88.5
2021	109.3	112.1	107.7	114.3	93.9
2022	97.5	125.9	101.5	100.5	102.8
2023	90.2	92.5	97.0	97.0	98.8

4-2-7 工业生产者购进价格指数

上年=100

项目名称	2017	2018	2019	2020	2021	2022	2023
全部原材料	**106.3**	**102.4**	**101.1**	**99.5**	**128.0**	**111.2**	**93.0**
按类别分							
燃料、动力类	111.1	102.9	98.9	97.7	140.7	117.0	91.5
黑色金属材料类	105.2	105.2	103.5	100.1	118.1	97.0	96.7
钢材	105.6	106.3	102.8	99.3	121.0	94.9	90.2
其他	104.5	103.4	104.6	101.4	117.7	97.3	97.7
有色金属材料及电线类	114.4	103.3	98.3	97.7	121.4	104.2	93.6
化工原料类	109.1	102.6	92.8	91.7	124.2	116.5	86.9
木材及纸浆类	101.6	101.3	100.5	97.6	109.3	97.5	90.2
建筑材料及非金属类	109.3	105.4	99.4	96.1	112.1	125.9	92.5
其他工业原材料及半成品类	100.5	99.4	102.9	102.1	107.7	101.5	97.0
农副产品类	100.1	101.1	105.1	105.6	114.3	100.5	97.0
纺织原料类	102.6	104.3	103.0	88.5	93.9	102.8	98.8
按行业分							
农业	99.6	100.1	102.9	106.1	123.3	101.0	101.9
林业	104.0	103.9	107.4	99.6	102.4		
畜牧业	100.9	102.7	108.5	104.6	104.4	97.9	89.8
煤炭开采和洗选业	117.6	103.3	99.9	98.7	160.0	112.1	91.8
石油和天然气开采业	121.1	123.3	94.4	74.0	153.0	144.1	87.6
黑色金属矿采选业	102.9	102.2	105.8	102.3	107.3	95.4	104.2
有色金属矿采选业	117.7	107.6	98.8	97.4	134.4	97.7	95.7
非金属矿采选业	103.8	104.1	96.5	95.7	106.2	108.7	103.7

4-2-7 续表

上年=100

项目名称	2017	2018	2019	2020	2021	2022	2023
农副食品加工业	101.0	95.8	96.5	96.8	112.4	104.3	98.3
食品制造业	98.7	101.6	108.5	106.9	101.9	99.6	94.4
酒、饮料和精制茶制造业					100.6	106.3	103.7
烟草制品业	100.0	100.0	125.4	86.4	92.9	100.4	100.3
纺织业	102.6	104.3	103.0	88.5	93.9	102.8	98.8
木材加工及木、竹、藤、棕、草制品业	100.0	99.8	96.4	96.5	110.7		
造纸及纸制品业	101.3	101.3	100.0	97.2	151.0	98.5	90.2
印刷业和记录媒介的复制	117.6	98.9	85.6	83.7	127.5		
石油、煤炭及其他燃料加工业	122.4	111.8	98.9	90.9	122.7	126.5	83.9
化学原料及化学制品制造业	109.3	102.8	91.7	90.4	101.0	118.7	85.5
医药制造业	99.7	109.7	97.5	101.9	115.6	98.9	92.6
非金属矿物制品业	115.7	106.3	102.8	96.4	132.0	135.6	85.9
黑色金属冶炼及压延加工业	106.1	106.4	102.5	99.2	114.3	96.4	87.2
有色金属冶炼及压延加工业	113.5	102.1	98.3	97.8	123.6	108.4	92.6
金属制品业	123.2	106.5	100.6	99.9	99.9	108.1	95.9
电气机械及器材制造业	107.9	100.8	97.6	101.1	99.9	99.8	99.3
废弃资源和废旧材料回收加工业	105.2	100.2	97.1	97.0	119.5	98.5	93.5
电力、热力的生产和供应业	101.2	97.8	96.9	99.8	114.7	118.6	95.1
燃气生产和供应业	100.5	104.1	104.1	97.6	97.2	111.5	95.5
水的生产和供应业	101.9	103.1	103.6	100.0	100.0	99.7	99.9

4-2-8 工业生产者出厂价格分月指数(2023年)

上年同月=100

项目名称	1月	2月	3月	4月	5月	6月	7月	8月	9月	10月	11月	12月
煤炭开采和洗选业	102.1	96.0	88.9	90.7	92.4	81.8	84.1	86.0	87.9	88.7	88.3	88.7
烟煤和无烟煤开采洗选	102.1	95.4	86.9	88.9	90.4	77.6	80.4	82.5	84.9	85.9	85.1	86.4
褐煤开采洗选	101.7	98.3	96.5	97.7	99.9	98.7	98.8	99.2	99.3	99.6	100.8	97.4
石油和天然气开采业	111.8	105.7	86.1	75.4	80.7	68.4	71.9	82.8	91.7	101.9	97.9	95.1
石油开采	111.8	105.7	86.1	75.4	80.7	68.4	71.9	82.8	91.7	101.9	97.9	95.1
黑色金属矿采选业	112.6	107.5	109.0	106.1	103.3	103.6	94.4	94.3	95.3	97.7	98.7	100.9
铁矿采选	111.6	106.7	108.5	105.6	102.9	104.4	94.0	94.2	95.8	97.6	98.7	100.8
其他黑色金属矿采选	158.6	140.8	130.7	128.6	122.7	77.5	115.0	99.6	75.7	102.2	102.2	102.2
有色金属矿采选业	102.1	102.6	102.0	96.3	93.6	94.1	98.5	103.2	101.7	102.1	99.3	96.6
常用有色金属矿采选	95.2	95.9	95.8	93.4	90.2	89.7	93.7	97.3	95.9	97.3	96.8	97.8
贵金属矿采选	106.8	109.0	106.3	104.0	112.8	114.0	116.2	123.4	122.3	126.9	122.6	122.0
稀有稀土金属矿采选	222.0	212.0	197.8	129.0	122.4	143.9	153.4	178.5	170.2	146.7	109.7	70.1
非金属矿采选业	107.3	109.4	104.5	102.8	103.2	101.1	99.1	95.1	95.0	95.4	95.3	92.6
土砂石开采	107.6	112.0	107.6	105.3	106.0	103.4	100.8	95.8	95.7	96.2	96.1	92.6
采盐	100.9	99.5	87.0	86.9	86.2	86.1	86.1	86.1	85.7	86.1	84.3	85.8
石棉及其他非金属矿采选	111.3	100.1	100.2	100.3	100.2	100.0	100.0	100.0	100.0	100.0	100.0	100.0
农副食品加工业	104.9	105.3	104.7	102.8	102.8	100.2	98.5	99.6	101.6	100.3	96.7	97.3
谷物磨制	105.3	105.6	104.3	104.4	102.4	102.3	102.3	102.1	102.7	102.3	101.9	100.9
饲料加工	109.1	109.5	105.6	100.4	102.0	100.0	100.0	102.0	101.9	98.4	95.2	94.0
植物油加工	107.3	109.8	99.8	93.8	86.4	78.9	79.6	82.8	84.0	87.1	86.3	81.1
制糖业	95.9	96.3	97.1	100.3	108.3	109.4	111.8	113.9	115.2	124.4	124.7	123.8
屠宰及肉类加工	105.5	105.2	106.9	105.9	103.6	98.8	94.3	94.8	97.3	95.0	89.6	92.8
蔬菜、水果和坚果加工	98.1	98.3	97.9	96.5	101.2	102.7	99.5	98.9	98.2	98.2	99.2	99.5
其他农副食品加工	102.1	103.7	104.4	103.9	105.9	105.8	107.6	109.2	115.4	114.2	110.0	108.7
食品制造业	104.3	102.0	99.3	95.3	93.3	91.2	93.9	95.8	96.4	94.6	91.6	91.1
焙烤食品制造	109.7	101.2	101.4	100.5	99.9	108.7	100.0	100.0	100.0	99.7	100.0	100.7
乳制品制造	101.7	99.0	94.9	89.0	87.1	84.7	89.2	92.4	93.7	90.1	90.4	91.6

4-2-8 续表 1

上年同月=100

项目名称	1月	2月	3月	4月	5月	6月	7月	8月	9月	10月	11月	12月
调味品、发酵制品制造	108.0	105.9	105.9	104.9	101.9	98.9	98.5	98.2	98.3	99.6	91.5	88.4
其他食品制造	102.9	106.1	101.9	100.6	102.8	111.6	112.9	113.9	107.4	108.2	103.1	103.0
酒、饮料和精制茶制造业	101.6	104.3	103.4	102.4	103.4	102.7	102.2	100.3	100.8	102.2	100.3	101.5
酒的制造	100.4	102.8	101.5	101.0	102.3	102.2	101.3	99.8	100.4	102.2	99.8	101.3
饮料制造	105.7	109.3	109.3	107.0	107.0	104.1	104.9	102.0	102.0	102.0	102.0	102.0
烟草制品业	101.2	101.2	101.2	101.2	101.2	101.2	101.2	101.2	101.2	101.2	101.2	101.2
卷烟制造	101.2	101.2	101.2	101.2	101.2	101.2	101.2	101.2	101.2	101.2	101.2	101.2
纺织业	93.1	89.6	100.2	97.3	104.1	100.8	101.8	104.3	100.9	99.6	98.2	98.8
棉纺织及印染精加工												
毛纺织及染整精加工	102.6	98.5	97.3	95.9	104.9	98.4	102.1	106.2	100.8	99.1	99.1	98.4
针织或钩针编织物及其制品制造	70.9	68.7	111.7	101.8	101.3	108.4	100.3	98.1	100.4	100.4	95.2	99.8
纺织服装、服饰业	111.6	109.1	111.0	114.2	110.7	107.2	105.3	107.9	106.8	106.1	108.2	102.2
机织服装制造	103.8	103.8	103.8	103.8	103.8	103.8	100.0	100.0	100.0	100.0	100.0	100.0
针织或钩针编织服装制造	115.2	109.8	107.6	112.8	108.8	106.3	104.4	107.6	106.4	105.0	107.7	101.5
服饰制造	97.3	108.3	134.1	127.6	124.8	114.0	113.0	113.5	112.3	115.4	115.1	107.8

4-2-8　续表 2

上年同月=100

项目名称	1月	2月	3月	4月	5月	6月	7月	8月	9月	10月	11月	12月
造纸和纸制品业	97.8	94.9	95.2	96.8	96.0	96.0	95.9	95.5	95.1	94.5	94.6	94.6
造纸												
纸制品制造	97.8	94.9	95.2	96.8	96.0	96.0	95.9	95.5	95.1	94.5	94.6	94.6
印刷和记录媒介复制业												
印刷												
石油加工、炼焦和核燃料加工业	102.7	99.2	90.1	78.5	69.7	68.7	72.0	81.7	84.6	86.3	88.5	84.9
精炼石油产品制造	112.3	103.2	95.4	89.3	89.7	82.8	84.7	93.8	96.6	99.5	96.1	91.2
炼焦	97.0	96.5	86.6	72.6	59.9	61.3	65.2	75.3	78.2	79.2	84.7	81.5
化学原料和化学制品制造业	90.1	89.4	87.1	85.1	82.4	79.8	83.4	88.5	93.1	92.9	92.7	92.1
基础化学原料制造	89.1	87.6	85.1	82.2	80.5	78.1	82.3	85.4	89.3	87.4	86.9	87.1
肥料制造	108.5	111.0	109.2	102.7	95.6	88.5	89.6	99.9	101.0	102.0	102.2	96.9
农药制造	75.3	73.3	69.8	70.1	68.2	62.3	62.5	62.8	65.9	67.9	66.7	65.6
涂料、油墨、颜料及类似产品制造	94.3	94.3	85.7	85.7	85.7	80.2	80.2	77.5	77.5	77.5	72.5	75.0
合成材料制造	81.9	81.8	80.2	78.6	75.9	74.9	79.5	86.6	94.5	95.4	94.9	93.9
专用化学产品制造	100.1	97.8	92.7	95.8	94.1	90.9	94.2	98.4	100.3	102.0	104.7	108.1
炸药、火工及焰火产品制造	103.4	102.9	105.5	106.9	102.2	99.1	96.2	96.1	99.9	96.0	99.8	95.5
日用化学产品制造												
医药制造业	99.3	98.1	98.3	100.0	98.6	98.3	97.5	97.4	98.4	99.8	99.5	99.0
化学药品原料药制造	108.0	108.5	101.3	102.1	99.0	98.6	96.2	99.2	101.1	100.0	98.7	98.8
化学药品制剂制造	100.0	100.0	100.0	100.0	100.0	100.0	100.0	100.0	100.0	100.0	100.0	100.0
中药饮片加工	135.4	125.0	125.0	145.8	145.8	156.2	166.7	166.7	166.7	166.7	133.4	133.4
中成药生产	98.8	91.1	91.4	95.3	100.4	98.6	101.4	89.5	89.6	99.3	100.5	98.5
兽用药品制造	59.1	59.1	100.5	100.5	100.5	100.5	100.5	100.5	100.2	100.0	100.0	95.5
生物药品制造	79.8	79.0	82.3	84.3	80.5	80.2	80.5	80.2	79.4	83.8	92.6	93.5
橡胶和塑料制品业	89.5	89.7	88.7	88.8	84.9	85.1	85.0	87.6	91.5	92.8	95.2	93.0
橡胶制品业	80.4	80.6	80.6	83.8	77.7	76.3	75.9	79.2	88.4	89.8	92.6	93.2
塑料制品业	96.8	97.0	95.0	92.5	90.3	91.9	92.0	94.2	93.8	94.9	97.1	92.9

4-2-8 续表 3

上年同月=100

项目名称	1月	2月	3月	4月	5月	6月	7月	8月	9月	10月	11月	12月
非金属矿物制品业	94.8	94.7	93.5	89.5	85.4	77.3	77.2	79.0	78.1	77.3	78.0	76.1
水泥、石灰和石膏制造	79.8	80.8	80.3	79.5	80.2	78.4	79.8	81.9	77.6	78.5	80.4	80.6
石膏、水泥制品及类似制品制造	89.0	89.4	87.2	84.4	90.2	92.0	92.8	98.0	101.3	106.0	106.2	103.3
砖瓦、石材等建筑材料制造	108.8	104.3	86.1	71.0	79.3	79.5	76.2	78.7	83.9	90.6	108.5	84.0
玻璃制造	103.2	103.3	101.7	106.8	112.7	113.9	114.6	115.0	116.0	118.5	118.0	117.8
玻璃制品制造	146.6	146.6	183.7	250.0	250.0	356.1	328.8	311.0	311.0	311.0	270.4	257.6
玻璃纤维和玻璃纤维增强塑料制品制造	112.1	101.4	104.8	97.5	91.2	100.5	102.4	96.3	99.2	100.4	96.2	94.9
耐火材料制品制造	100.2	97.1	94.8	96.5	95.8	92.4	91.7	91.9	93.6	95.2	98.3	94.7
石墨及其他非金属矿物制品制造	103.9	103.2	101.0	92.4	82.2	64.8	63.4	64.8	65.3	62.5	62.6	59.9
黑色金属冶炼和压延加工业	93.1	93.2	90.3	84.8	81.4	82.1	87.1	91.9	93.1	92.3	91.5	91.4
炼铁	82.2	87.5	84.8	81.1	74.1	77.3	78.1	87.1	95.0	97.9	99.7	100.1
炼钢	107.2	111.1	107.8	95.6	88.2	84.4	85.2	85.3	89.5	87.2	87.2	92.7
钢压延加工	88.9	90.0	89.5	86.1	81.9	81.7	89.9	95.5	94.5	95.7	96.6	98.6
铁合金冶炼	97.1	95.3	89.0	81.2	79.5	81.8	83.3	88.1	91.4	88.2	85.2	81.5
有色金属冶炼和压延加工业	97.2	90.5	85.8	84.1	86.5	88.4	94.4	100.1	100.2	102.1	101.3	100.1
常用有色金属冶炼	96.3	91.0	87.2	85.6	87.3	89.2	97.1	102.5	100.9	101.5	101.0	100.1
贵金属冶炼	108.8	106.7	104.9	109.7	112.0	111.9	114.4	117.4	118.7	120.2	117.6	115.4
稀有稀土金属冶炼	86.0	79.6	67.3	63.9	58.3	55.6	54.7	60.7	71.8	78.5	79.1	77.6
有色金属合金制造	102.3	100.3	99.2	95.6	91.5	90.1	94.5	97.8	96.1	101.2	98.1	93.1
有色金属压延加工	100.4	88.5	83.1	79.5	85.4	89.2	92.8	99.0	99.9	103.9	102.5	100.9
金属制品业	94.5	97.3	97.6	100.5	99.9	99.3	94.8	96.6	96.5	100.4	96.8	88.4
结构性金属制品制造	97.8	99.3	99.3	103.9	102.4	102.7	95.6	97.7	98.6	93.4	88.5	85.0
集装箱及金属包装容器制造	88.3	91.5	92.3	91.9	92.2	88.8	88.9	90.2	95.8	95.3	95.4	96.2

4-2-8 续表 4

上年同月=100

项目名称	1月	2月	3月	4月	5月	6月	7月	8月	9月	10月	11月	12月
通用设备制造业	121.4	121.0	121.0	126.7	126.6	123.7	120.9	120.9	100.0	100.0	100.0	99.0
锅炉及原动设备制造	127.7	127.5	127.5	135.1	135.1	131.3	127.5	127.5	100.0	100.0	100.0	98.7
通用零部件制造	101.3	100.3	100.3	100.3	100.2	100.0	100.0	100.0	100.0	100.0	100.0	100.0
专用设备制造业	103.0	101.4	97.5	99.4	101.4	101.9	104.0	104.1	101.9	101.5	103.7	104.9
采矿、冶金、建筑专用设备制造	103.7	101.8	96.9	99.2	101.8	102.4	105.1	105.2	102.4	101.8	104.6	104.5
农、林、牧、渔专用机械制造	100.0	100.0	100.0	100.0	100.0	100.0	100.0	100.0	100.0	100.0	100.0	106.6
汽车制造业	97.2	94.9	97.0	96.2	96.7	98.1	98.4	100.2	100.9	101.2	101.8	101.5
汽车整车制造	96.4	95.7	100.5	100.5	100.6	99.4	99.4	100.4	101.1	101.1	101.1	101.1
汽车零部件及配件制造	99.4	92.8	88.9	86.4	87.9	95.2	96.2	99.6	100.5	101.5	103.9	102.8
电气机械和器材制造业	103.8	103.9	102.3	101.9	101.7	101.4	99.7	100.2	104.9	111.1	106.4	99.7
电机制造	100.5	100.5	100.5	100.5	100.5	100.5	100.5	100.5	104.8	109.8	105.9	101.3
电线、电缆、光缆及电工器材制造	124.3	124.7	112.8	110.1	108.8	106.5	93.9	97.1	104.9	118.3	109.4	90.0
计算机、通信和其他电子设备制造业	91.1	91.1	90.9	90.4	88.0	80.1	79.3	78.2	78.0	76.7	74.3	76.0
废弃资源综合利用业	84.8	84.4	79.1	78.2	70.4	77.9	97.5	102.8	96.5	94.5	105.4	100.8
电力、热力生产和供应业	97.1	99.0	104.1	98.7	96.4	96.7	96.4	97.5	95.6	93.4	87.5	93.4
电力生产	96.1	98.7	103.4	96.3	95.2	97.2	93.7	96.8	96.2	94.9	82.0	90.4
电力供应	98.1	99.2	105.5	101.8	96.6	94.8	99.1	97.8	94.0	90.4	93.8	96.8
热力生产和供应	100.4	100.4	99.9	99.4	107.2	104.9	105.2	104.9	104.9	104.9	104.0	100.0
燃气生产和供应业	136.5	130.8	112.0	105.6	90.5	91.6	92.2	90.8	91.9	92.6	99.5	92.9
水的生产和供应业	100.0	100.0	100.0	100.0	100.0	100.0	100.0	100.0	100.0	100.0	100.0	100.0
自来水生产和供应	100.0	100.0	100.0	99.9	99.9	99.9	99.9	99.9	99.9	99.9	100.0	100.0
污水处理及其再生利用	100.0	100.0	100.0	100.0	100.0	100.0	100.0	100.0	100.0	100.0	100.0	100.0

4-2-9 工业生产者购进价格分月指数(2023年)

上年同月=100

项目名称	1月	2月	3月	4月	5月	6月	7月	8月	9月	10月	11月	12月
农业	105.3	105.5	104.3	103.3	101.7	100.4	100.7	102.0	103.0	101.0	98.9	97.7
谷物种植	105.0	105.5	104.3	103.0	101.3	100.1	100.1	101.7	102.5	100.7	98.6	96.8
豆类、油料和薯类种植	105.8	104.8	105.4	105.5	102.6	103.5	103.0	102.7	107.6	102.3	96.6	97.6
棉、麻、糖、烟草种植	112.5	112.5	109.0	109.0	109.0	109.0	109.0	109.0	109.0	104.0	104.0	104.0
坚果、含油果、香料和饮料作物种植	77.8	82.4	82.4	82.4	82.4	82.4	97.1	97.1	97.1	104.3	111.4	111.4
中药材种植	110.1	101.8	100.6	102.6	103.2	96.0	97.0	97.0	97.5	98.4	98.2	103.2
林业												
木材和竹材采运												
畜牧业	95.8	93.5	93.6	91.8	90.3	86.5	87.0	89.0	88.1	85.9	88.9	86.1
牲畜饲养	95.8	93.5	93.6	91.8	90.3	86.5	87.0	89.0	88.1	85.9	88.9	86.1
煤炭开采和洗选业	106.7	107.5	102.3	98.2	96.7	80.4	81.1	85.2	85.0	86.9	86.3	88.4
烟煤和无烟煤开采洗选	107.0	107.6	102.2	98.0	96.4	79.8	80.5	84.6	84.5	86.5	86.0	88.1
褐煤开采洗选	96.7	102.7	104.7	108.6	107.7	107.0	110.3	109.7	109.4	103.0	102.5	103.5
其他煤炭采选	97.5	97.5	97.5	102.9	143.4	97.4	94.0	94.0	94.1	94.1	96.8	97.5
石油和天然气开采业	110.0	99.3	82.9	80.2	77.1	69.4	72.4	87.5	93.8	99.5	94.9	98.5
石油开采	109.5	98.5	82.7	80.3	77.4	69.4	72.5	88.3	94.7	100.3	95.2	98.9
天然气开采	121.4	118.2	90.0	82.3	74.8	75.7	76.2	74.7	78.9	87.2	94.8	91.9
黑色金属矿采选业	111.2	108.2	106.4	99.3	92.2	94.3	98.6	102.9	109.9	109.9	110.9	109.1
铁矿采选	103.7	101.2	100.3	95.8	88.6	93.2	101.3	106.0	114.6	113.7	114.6	113.9
锰矿、铬矿采选	129.2	124.8	120.1	105.2	99.5	95.1	92.9	96.9	98.5	100.5	100.8	95.7
有色金属矿采选业	91.6	91.2	91.0	90.5	85.7	88.4	98.2	101.2	107.7	109.1	100.1	98.7
常用有色金属矿采选	91.6	91.2	91.0	90.5	85.7	88.4	98.2	101.2	107.7	109.1	100.1	98.7

4-2-9 续表 1

上年同月=100

项目名称	1月	2月	3月	4月	5月	6月	7月	8月	9月	10月	11月	12月
非金属矿采选业	107.7	108.0	107.1	104.3	102.4	103.5	102.2	105.0	103.4	105.7	98.6	97.6
土砂石开采	107.7	108.0	107.1	104.3	102.4	103.5	102.2	105.0	103.4	105.7	98.6	97.6
农副食品加工业	105.9	107.0	105.5	103.2	100.5	96.1	94.5	100.1	98.2	96.3	88.9	86.6
谷物磨制	103.1	106.4	106.5	106.0	100.5	94.1	94.5	104.2	102.3	101.6	87.6	82.7
植物油加工	122.4	117.0	105.1	97.3	98.3	91.7	95.4	96.0	90.8	88.2	83.1	82.4
制糖业	104.9	104.4	106.8	108.7	111.4	116.4	115.8	116.7	116.6	112.5	112.9	111.7
屠宰及肉类加工	95.1	97.4	102.8	102.1	99.5	97.5	82.7	89.6	88.6	85.6	85.9	88.3
蔬菜、水果和坚果加工	125.2	125.0	124.1	124.1	123.2	126.2	126.7	113.8	122.2	108.8	107.0	103.7
（蔬菜、菌类、水果和坚果加工）												
其他农副食品加工	101.0	101.5	100.6	98.1	98.1	99.4	98.2	99.0	100.0	100.3	100.5	100.0
食品制造业	98.3	93.6	95.3	97.6	93.7	93.7	92.8	96.1	92.8	92.0	93.5	92.9
乳制品制造	98.3	93.6	95.3	97.6	93.7	93.7	92.8	96.1	92.8	92.0	93.5	92.9
其他食品制造												
酒、饮料和精制茶制造业	109.1	109.1	102.3	101.3	100.3	104.1	103.1	103.1	103.1	103.1	103.1	103.1
烟草制品业	99.7	101.6	101.6	101.6	101.0	98.3	98.3	101.8	100.7	100.7	100.7	98.1
烟叶复烤	99.7	101.6	101.6	101.6	101.0	98.3	98.3	101.8	100.7	100.7	100.7	98.1
纺织业	97.7	96.2	96.7	90.8	96.8	97.9	99.3	99.0	102.1	103.3	104.5	101.9
棉纺织及印染精加工	103.2	103.2	103.2	103.2	103.2	103.2	100.0	100.0	100.0	100.0	100.0	100.0
毛纺织及染整精加工	97.6	96.0	96.5	90.5	96.6	97.8	99.3	99.0	102.1	103.4	104.6	102.0

4-2-9 续表 2

上年同月=100

项目名称	1月	2月	3月	4月	5月	6月	7月	8月	9月	10月	11月	12月
造纸和纸制品业	92.7	92.4	90.6	87.4	87.7	87.6	86.4	89.2	90.8	91.9	93.4	93.1
造纸	87.2	87.1	84.4	82.4	82.8	84.9	84.8	86.5	89.2	90.8	91.6	91.1
纸制品制造	105.0	103.9	103.9	97.6	97.6	92.9	89.2	94.1	93.4	93.7	96.7	96.7
石油加工、炼焦和核燃料加工业	101.1	97.5	92.3	81.3	72.4	67.8	70.4	77.9	86.7	86.0	86.5	91.4
精炼石油产品制造	116.1	108.2	99.7	89.2	77.3	75.1	76.1	81.7	84.1	84.5	80.4	81.9
炼焦	98.6	95.6	90.9	79.8	71.5	66.5	69.3	77.2	87.3	86.3	87.8	93.1
化学原料和化学制品制造业	94.8	90.6	87.2	85.3	81.1	78.3	77.5	79.8	86.2	89.0	89.0	89.1
基础化学原料制造	91.8	85.4	79.9	79.1	76.8	73.6	73.4	77.3	84.7	87.0	86.9	87.1
农药制造	87.3	69.7	73.5	69.2	72.6	72.6	56.5	56.5	56.5	56.5	56.5	63.6
合成材料制造	90.5	92.1	91.0	84.1	83.9	84.0	84.7	88.2	92.1	93.8	96.7	95.9
专用化学产品制造	108.1	112.0	111.8	117.1	112.1	111.2	103.8	100.1	93.7	102.3	100.7	97.6
炸药、火工及焰火产品制造	103.9	104.2	103.7	100.0	99.4	99.6	99.8	99.5	99.6	99.6	99.6	99.6
医药制造业	90.1	88.0	88.7	88.1	88.3	92.8	92.8	96.0	98.5	99.9	95.3	94.1
化学药品原料药制造	89.2	88.5	89.1	88.6	88.8	93.9	93.9	97.2	100.2	101.9	98.2	97.9
橡胶和塑料制品业	97.0	97.9	97.8	96.8	97.1	96.9	97.0	97.5	98.5	98.5	99.9	99.8
橡胶制品业	99.2	99.2	99.5	99.5	99.2	99.2	99.2	100.3	100.3	100.3	100.3	100.3
塑料制品业	94.4	96.4	95.7	93.5	94.5	94.1	94.3	94.2	96.3	96.2	99.3	99.1
非金属矿物制品业	112.9	113.9	103.8	100.7	88.2	80.9	77.4	74.1	72.8	72.9	73.2	72.6
水泥、石灰和石膏制造	86.9	86.9	78.2	81.0	84.5	80.8	80.2	80.3	72.7	73.3	76.9	77.2
石墨及其他非金属矿物制品制造	133.3	135.7	120.9	111.3	82.9	73.2	68.2	61.8	63.0	63.1	61.7	60.5

4-2-9 续表 3

上年同月=100

项目名称	1月	2月	3月	4月	5月	6月	7月	8月	9月	10月	11月	12月
黑色金属冶炼和压延加工业	85.1	86.6	84.8	85.5	81.5	79.4	82.3	87.8	92.8	95.4	93.7	95.7
炼铁	84.0	86.2	84.1	85.6	80.5	77.0	80.6	84.9	91.1	94.5	92.1	93.8
黑色金属铸造												
钢压延加工	86.4	86.8	86.2	85.6	84.2	85.0	85.7	94.6	96.8	98.0	98.1	100.9
铁合金冶炼	96.4	95.1	86.5	81.2	76.1	75.3	82.1	87.4	89.9	87.5	83.8	83.1
有色金属冶炼和压延加工业	92.3	95.1	92.3	90.8	90.0	90.6	89.8	92.2	92.8	91.7	96.7	97.6
常用有色金属冶炼	92.0	95.0	92.1	90.6	89.7	90.3	89.5	92.2	92.8	91.7	96.9	97.8
有色金属合金制造												
有色金属压延加工	102.8	98.0	99.2	99.4	99.3	102.5	97.1	91.9	91.9	91.7	91.0	91.0
金属制品业	104.2	100.5	99.7	93.2	90.2	94.8	95.3	96.9	97.4	93.5	93.5	93.0
金属丝绳及其制品制造	105.4	101.9	100.6	91.5	86.1	86.1	85.9	89.0	89.5	89.2	89.2	89.2
汽车制造业	99.0	98.8	97.9	97.7	97.6	97.4	98.0	97.9	97.8	97.6	97.5	97.5
汽车零部件及配件制造	99.9	99.9	95.5	95.5	95.5	95.5	95.5	95.5	95.5	95.5	95.5	95.5
电气机械和器材制造业	99.4	99.4	98.0	96.6	98.3	100.0	100.0	100.0	100.0	100.0	100.0	100.0
废弃资源综合利用业	95.2	92.0	94.6	89.7	82.5	84.8	101.0	101.2	99.9	96.3	94.1	93.9
金属废料和碎屑加工处理	95.2	92.0	94.6	89.7	82.5	84.8	101.0	101.2	99.9	96.3	94.1	93.9
电力、热力生产和供应业	94.4	101.1	103.3	97.1	95.2	88.4	93.5	95.5	101.0	89.3	89.9	93.4
电力供应	94.3	101.1	103.4	97.0	95.2	88.1	93.3	95.3	100.9	89.0	89.7	93.2
热力生产和供应	101.4	101.4	99.4	99.0	99.0	105.2	105.2	105.2	105.2	104.6	104.6	105.2
燃气生产和供应业	107.1	106.8	93.6	88.5	91.1	87.5	92.9	87.1	92.7	95.3	100.5	104.9
水的生产和供应业	99.8	99.8	99.8	99.8	99.8	99.9	100.0	100.0	100.2	100.0	100.0	100.0
自来水生产和供应	92.6	91.9	91.9	92.4	92.6	95.3	101.4	101.6	107.0	100.6	100.5	100.5

主要统计指标解释

工业生产者价格 是反映工业产品价格变化趋势和变动幅度的统计指标，是工业品价格在不同时间和空间条件下平均变动的相对数。工业生产者价格包括工业品第一次出售时的出厂价格和企业作为中间投入的原材料、燃料、动力购进价格，是进行国民经济核算和经济管理的重要依据。

核心产品指数 是扣除了食品、能源产品之后的工业产品指数。

高技术产品指数 指包括生物制药、医疗设备、通信设备、仪器仪表等产品的指数。它是参照国家统计局设管司分类标准《高技术产业统计分类目录》来选取调查产品的。

能源产品指数 指包括原煤、原油、天然气、热力、电力等产品的指数。它是参考国家统计局能源司《能源统计报表制度》来选取调查产品的。

生产资料分类指数 一般指用于生产的产品，包括采掘工业、原材料工业、加工工业三大类。

生活资料分类指数 一般指用于生活的产品，包括食品、衣着、一般日用品和耐用消费品四大类。

初级产品 指没有进行加工的天然产品。初级产品主要包括农产品、原油、原煤、废料等。

中间产品 指经过加工但仍须进一步加工、还不能作为最终消费的产品，也包括一些不需再加工但需安装的零部件等。如棉纱、零部件等。

最终产品 指不需继续加工，可直接供社会投资和消费的产品。可供投资的产品主要包括机械设备等生产资料；可供消费的产品主要包括食品、衣着、日用品等。

第四部分
价格调查篇

③ 商品住宅销售价格

4-3-1 呼和浩特市住宅销售价格指数(2023年)

指标		1月	2月	3月	4月	5月	6月	7月	8月	9月	10月	11月	12月
平均价格指数	**新建商品住宅价格指数**	**96.7**	**97.1**	**97.4**	**97.7**	**97.9**	**98.2**	**98.3**	**98.5**	**98.6**	**98.7**	**98.7**	**98.8**
	一、90㎡及以下	96.9	97.1	97.4	97.8	97.9	98.1	98.1	98.3	98.5	98.5	98.4	98.5
	二、90-144㎡	97.1	97.5	97.8	98.0	98.2	98.4	98.5	98.7	98.8	98.9	98.9	99.0
	三、144㎡以上	95.6	96.0	96.4	96.9	97.3	97.6	97.8	98.1	98.2	98.2	98.3	98.4
	二手住宅价格指数	**94.6**	**94.8**	**94.9**	**95.0**	**95.0**	**95.1**	**95.2**	**95.3**	**95.4**	**95.4**	**95.3**	**95.3**
	一、90㎡及以下	94.4	94.7	94.7	94.7	94.7	94.8	94.9	95.1	95.2	95.2	95.2	95.2
	二、90-144㎡	95.1	95.1	95.3	95.4	95.4	95.5	95.6	95.7	95.7	95.7	95.6	95.6
	三、144㎡以上	94.2	94.5	94.6	94.7	94.8	94.9	95.0	95.1	95.2	95.2	95.1	95.1
同比价格指数	**新建商品住宅价格指数**	**96.7**	**97.4**	**98.0**	**98.8**	**98.7**	**99.4**	**99.1**	**99.9**	**99.5**	**99.3**	**98.9**	**100.0**
	一、90㎡及以下	96.9	97.4	98.1	98.7	98.4	99.2	98.4	99.5	99.8	98.5	98.2	98.7
	二、90-144㎡	97.1	97.8	98.4	98.8	98.7	99.5	99.2	100.0	99.6	99.6	99.1	100.4
	三、144㎡以上	95.6	96.5	97.1	98.6	98.8	99.2	98.9	99.9	99.2	98.9	98.7	99.6
	二手住宅价格指数	**94.6**	**95.0**	**95.0**	**95.1**	**95.1**	**95.5**	**96.5**	**96.1**	**96.1**	**95.4**	**94.7**	**95.2**
	一、90㎡及以下	94.4	95.0	94.7	94.7	94.7	95.4	95.6	96.1	96.0	95.4	95.0	95.4
	二、90-144㎡	95.1	95.1	95.6	95.7	95.6	95.8	96.0	96.3	96.2	95.5	94.7	95.1
	三、144㎡以上	94.2	94.7	94.8	95.2	95.1	95.4	95.9	95.8	95.8	95.3	93.8	94.8
环比价格指数	**新建商品住宅价格指数**	**99.7**	**100.6**	**100.5**	**100.3**	**100.1**	**100.2**	**99.9**	**99.9**	**99.7**	**99.8**	**99.6**	**99.7**
	一、90㎡及以下	99.9	100.1	100.8	100.4	100.0	100.3	99.6	99.8	99.9	98.6	99.7	99.7
	二、90-144㎡	99.9	100.6	100.3	100.2	100.1	100.3	100.0	99.9	99.7	100.0	99.5	99.9
	三、144㎡以上	99.3	100.7	100.8	100.4	100.1	100.0	100.0	99.8	99.7	99.7	99.8	99.3
	二手住宅价格指数	**99.6**	**99.9**	**99.8**	**99.9**	**99.5**	**99.8**	**99.4**	**99.6**	**99.4**	**99.3**	**99.2**	**99.4**
	一、90㎡及以下	99.8	99.9	99.5	99.9	99.4	99.8	99.6	99.7	99.1	99.4	99.5	99.6
	二、90-144㎡	99.3	99.9	100.1	99.8	99.4	99.9	99.9	99.5	99.8	99.2	99.2	98.9
	三、144㎡以上	99.3	100.0	99.8	100.1	99.8	99.5	99.4	99.7	99.7	99.5	98.4	99.6

注：自2023年起，《房地产价格统计报表》不再反馈住宅销售定基价格指数，故今后将住宅销售定基价格指数一栏替换为住宅销售累计价格指数。

4-3-2　包头市住宅销售价格指数(2023年)

指标		1月	2月	3月	4月	5月	6月	7月	8月	9月	10月	11月	12月
平均价格指数	**新建商品住宅价格指数**	**95.5**	**95.9**	**96.1**	**96.5**	**96.8**	**97.0**	**97.0**	**97.1**	**97.1**	**97.1**	**97.1**	**97.1**
	一、90㎡及以下	95.5	95.6	95.7	96.1	96.4	96.5	96.6	96.6	96.6	96.6	96.7	96.8
	二、90-144㎡	95.1	95.7	96.0	96.4	96.7	96.9	96.9	97.0	97.0	97.0	97.0	97.0
	三、144㎡以上	96.3	96.4	96.6	96.9	97.2	97.4	97.5	97.5	97.4	97.4	97.4	97.3
	二手住宅价格指数	**95.5**	**95.6**	**95.7**	**95.9**	**96.1**	**96.2**	**96.2**	**96.3**	**96.3**	**96.3**	**96.2**	**96.2**
	一、90㎡及以下	96.3	96.2	96.3	96.4	96.6	96.6	96.6	96.6	96.6	96.5	96.4	96.3
	二、90-144㎡	94.8	94.9	95.2	95.6	95.8	96.0	96.1	96.2	96.3	96.4	96.4	96.4
	三、144㎡以上	95.4	95.3	95.2	95.2	95.3	95.3	95.2	95.3	95.3	95.2	95.3	95.3
同比价格指数	**新建商品住宅价格指数**	**95.5**	**96.2**	**96.7**	**97.7**	**98.0**	**97.9**	**97.4**	**97.4**	**97.2**	**96.9**	**97.0**	**97.1**
	一、90㎡及以下	95.5	95.8	95.9	97.1	97.6	97.5	96.7	96.9	96.8	96.6	97.6	97.3
	二、90-144㎡	95.1	96.2	96.7	97.6	97.9	97.8	97.2	97.4	97.2	97.0	97.0	97.3
	三、144㎡以上	96.3	96.5	96.8	98.1	98.2	98.3	98.1	97.4	97.3	96.8	97.0	96.6
	二手住宅价格指数	**95.5**	**95.6**	**95.9**	**96.6**	**96.7**	**96.7**	**96.5**	**96.5**	**96.6**	**96.0**	**95.9**	**95.9**
	一、90㎡及以下	96.3	96.2	96.4	96.9	97.1	97.0	96.4	96.3	96.5	95.7	95.3	95.7
	二、90-144㎡	94.8	95.1	95.6	96.8	96.7	96.9	97.0	97.0	97.2	96.7	96.7	96.2
	三、144㎡以上	95.4	95.2	95.0	95.3	95.5	95.2	95.1	95.3	95.4	94.9	95.4	95.5
环比价格指数	**新建商品住宅价格指数**	**99.9**	**100.5**	**99.9**	**100.4**	**99.8**	**99.6**	**99.4**	**99.3**	**99.2**	**99.7**	**99.8**	**99.6**
	一、90㎡及以下	100.0	100.0	99.8	100.5	99.8	100.0	99.2	99.4	98.9	99.8	100.2	99.7
	二、90-144㎡	99.9	100.4	99.8	100.3	99.8	99.5	99.4	99.6	99.3	99.7	99.8	99.7
	三、144㎡以上	99.9	100.7	100.0	100.4	99.9	99.8	99.5	98.7	98.9	99.5	99.8	99.5
	二手住宅价格指数	**99.8**	**99.8**	**99.9**	**100.2**	**99.9**	**99.7**	**99.4**	**99.5**	**99.4**	**99.4**	**99.5**	**99.4**
	一、90㎡及以下	99.8	99.7	99.9	100.2	100.0	99.6	99.4	99.6	99.4	99.2	99.3	99.4
	二、90-144㎡	99.9	99.9	99.9	100.2	99.9	99.7	99.3	99.5	99.3	99.5	99.6	99.3
	三、144㎡以上	99.9	99.7	99.3	100.1	99.9	99.7	99.4	99.4	99.4	99.5	99.5	99.6

主要统计指标解释

房地产 从广义上讲，房地产是房产与地产的总称，指国家、集体及个人所拥有的房屋和土地。但就我国目前房地产业的业务范围而言，它包括归国家所有的城镇生产性或非生产性用地（城市地产），及附着在其上的城镇生产、生活用建筑和辅助设施（城市房产）和对这些建筑、辅助设施的管理等。农村生产用地、用房及宅基地等不属城市房地产业的业务范围。国家有偿征用农村土地用于城镇建设时，只有所有权转让过程结束后，才纳入城市房地产业的经营范围。小产权房屋不属于本方案统计范围。

新建商品住宅 指新建的专供居住用的商品住房，本方案主要包括90平方米及以下、90—144平方米、144平方米以上三个基本分类。不包括新建的公寓和国家政策性住房，如保障房、经济适用房、共有产权房等；不包括住宅楼中作为人防用、不住人的地下室、车库等，也不包括托儿所、病房、疗养院、旅馆等具有专门用途的房屋。

二手住宅 指进入房屋市场进行交易，第二次及以上进行产权登记的住宅，包括二手商品住宅、允许上市交易的已售公房等。本方案主要包括90平方米及以下、90—144平方米、144平方米以上三个基本分类。

90平方米及以下住宅 指住宅中套型建筑面积不大于90平方米的住宅。套型建筑面积由套内使用面积和分摊的共有建筑面积组成，报表时以销售合同中实际测绘的建筑面积为准，若销售合同为套内使用面积则需折算成建筑面积。

90—144平方米住宅 指套型建筑面积大于90平方米，不超过144平方米的住宅。

144平方米以上住宅 指套型建筑面积在144平方米以上的住宅。

新建商品住宅销售价格 指新建商品住宅实际销售（交易）价，包括住宅销售前的装修费用，无论其价格高低都视为房地产销售（交易）价格的组成部分。

二手住宅销售价格 指二手住宅实际交易价格。该指标取自《存量房屋买卖合同》。若合同中含有相关税费，则应将其扣除。

第四部分

价格调查篇

④ 农产品生产者价格

4-4-1 农产品生产者价格指数

上年=100

年份	综合指数	农业	林业	牧业	渔业
2002	99.3	97.6	112.8	99.5	110.1
2003	106.5	107.2	97.2	105.6	109.2
2004	112.0	112.3	99.0	112.5	112.4
2005	103.2	103.1	103.2	103.5	100.2
2006	103.6	105.4	107.7	101.1	102.5
2007	114.9	114.8	107.7	116.6	101.8
2008	111.0	106.9	116.6	115.9	111.1
2009	99.8	102.9	102.4	95.8	99.0
2010	111.4	114.6	102.9	107.9	121.2
2011	112.8	106.9	117.3	115.8	135.6
2012	104.7	105.4	93.0	104.9	107.3
2013	103.3	102.2	91.4	105.3	101.1
2014	102.7	103.4	108.1	101.5	101.8
2015	98.0	100.3	98.5	95.5	97.6
2016	95.1	91.4	91.8	98.9	99.8
2017	95.6	93.5	92.6	97.7	99.6
2018	102.0	105.4	101.3	98.7	99.2
2019	105.6	101.9	101.5	110.4	101.9
2020	111.0	108.9	88.8	115.9	107.4
2021	107.6	116.3	98.9	98.8	109.6
2022	100.83	107.29	85.41	95.44	101.01
2023	97.85	100.15	111.15	93.74	100.70

4-4-1 续表 1

上年=100

指 标	2012	2013	2014	2015	2016	2017	2018	2019	2020	2021	2022	2023
合 计	**104.72**	**103**	**103**	**98**	**95**	**96**	**102**	**106**	**111**	**108**	**101**	**98**
农业产品	**105.36**	**102**	**103**	**100**	**91**	**93**	**105**	**102**	**109**	**116**	**107**	**100**
谷物	107.86	99	104	98	87	91	110	100	111	122	108	102
稻谷	105.04	102	105	105	100	99	100	100	99	98	96	109
小麦	102.15	105	108	106	95	102	99	99	103	114	105	105
玉米	109.28	98	104	97	86	90	112	101	111	125	109	102
谷子	95.34	111	110	95	76	100	96	95	136	108	95	94
高粱	108.38	105	105	95	94	103	96	105	113	91	102	
荞麦	82.25	90	114	97	97	92	92	106	116	105	97	103
马铃薯	90.03	117	103	97	108	91	78	123	103	103	97	105
油料	98.90	100	100	99	95	97	105	104	98	105	109	110
豆类	101.84	109	106	94	98	92	102	95	111	111	106	95
大豆	110.00	111	102	92	98	97	97	90	114	111	106	88
甜菜	103.01	109	115	108	99	100	101	98	103	96	99	108
未加工烟草	103.09	122	93									
饲料作物	93.09	106	109	130	100	100	100	100				
蔬菜	104.92	104	99	100	103	104	101	104	106	99	108	93
叶菜类蔬菜	111.69	107	82	99	105	108	96	98	111	113	111	94
根茎类蔬菜	93.13	128	62	99				100		100		
瓜菜类蔬菜	104.11	108	93	102	110	101	93	95	104	93	103	100
豆类蔬菜	104.55	98	81	96	107	99	101	95	103	89	96	103
茄果类蔬菜	107.13	99	101	103	101	97	109	114	104	87	108	86
葱蒜类蔬菜	92.59	102	82	99	103	95	100	110	101	101	100	95
食用菌			103	99	104	103	91	115	107	154	138	118
水果及坚果	115.75	107	97	135	82	90	101	101	111	120	103	84
水果(园林水果)	115.75	106	98	137	82	90	101	101	111	120	103	84
瓜类水果	118.17	106	97	138	81	88	100	101	112	120	105	84
中草药材	61.27	126	119	106	77	83	108	100				92
林业产品	**93.04**	**91**	**108**	**98**	**92**	**93**	**101**	**101**	**89**	**99**	**85**	**111**
木材采伐产品	86.18	85	110	95	86	89	102	103	85	99	81	114

4-4-1 续表 2

上年=100

指　　标	2012	2013	2014	2015	2016	2017	2018	2019	2020	2021	2022	2023
饲养动物及其产品	**104.9**	**105.3**	**101.5**	**95.5**	**98.9**	**97.7**	**98.7**	**110.4**	**115.9**	**98.8**	**95.4**	**93.7**
活牲畜	108.8	105.4	97.2	97.1	102.8	98.7	98.8	117.4	126.1	90.1	92.8	91.4
猪	105.6	100.8	93.6	104.0	116.6	88.7	81.9	128.6	149.3	75.8	89.9	87.3
牛	110.6	109.4	103.1	96.4	96.4	103.1	107.8	100.7	108.4	102.4	97.1	91.7
黄牛	111.4	110.8	102.3	96.7	95.8	101.3	107.6	106.4	114.8	100.5	93.8	93.0
奶牛	106.2	100.0	111.2	91.7	101.5		100.0	86.0	110.1	105.9	94.3	86.4
其他活牛	112.9	113.0	102.0	97.0	95.0	103.8	109.6	97.5	103.6	102.8	99.6	92.3
马	101.0	99.9	100.8	97.5	80.7	89.0	100.2	106.5	109.5	100.8	97.5	102.1
驴	104.7	101.0	100.2	96.7	81.0	99.3	107.3	106.9			102.6	
羊	112.1	109.0	98.3	89.5	91.7	108.6	113.4	113.8	109.0	99.9	93.5	95.8
绵羊	113.0	109.3	98.8	88.8	91.3	111.1	113.8	113.7	107.7	99.6	92.8	94.7
山羊	109.5	108.2	96.4	92.5	92.7	101.0	111.9	114.2	112.3	100.6	96.2	98.8
羔羊	105.4	107.5	98.2	89.4	94.9	111.0	119.0	110.8	111.8	101.2	87.4	95.4
骆驼	123.9	109.3	89.3	88.9	99.5	101.0		102.1	114.4	99.8	96.7	76.1
活家禽	108.9	105.5	100.1	99.9	100.7	96.2	101.1	95.7	99.8	101.8	93.6	91.5
畜禽产品	99.5	105.2	107.1	93.0	93.4	96.5	98.4	102.7	104.1	110.3	99.2	97.1
生奶	101.4	104.5	108.3	96.1	93.6	96.7	90.4	102.5	108.9	107.7	98.2	94.4
禽蛋	104.1	102.0	112.6	98.0	94.5	85.7	118.2	104.9	87.1	115.3	104.7	103.5
动物毛类	88.0	111.4	99.3	78.5	92.6	101.0	113.7	101.5	97.7	117.8	98.1	102.9
绵羊毛	118.8	109.7	94.1	95.7	62.0	110.7	115.0	63.8	140.7	72.4	100.1	97.0
山羊粗毛	78.6	100.5	97.0	88.1	66.7	121.0	146.7	110.7	100.0	128.9		
山羊绒	80.5	112.0	100.6	74.0	100.6	98.3	112.9	110.4	87.0	128.9	97.7	104.3
生皮	105.0	99.2	100.0	84.9	86.7	113.9	98.7	102.4	107.6	96.1	106.1	
整张生牛皮	116.8	112.9	110.6	94.7				100.0				
整张绵羊生皮	97.7	88.8	87.0	82.8	82.5	115.1	96.5	100.0			103.0	
整张山羊生皮	113.6	112.4	119.2	85.0	94.2	111.8	102.7	107.6	107.6	96.1	112.2	
渔业产品	**107.3**	**105.3**	**101.8**	**97.6**	**99.8**	**99.6**	**99.2**	**101.9**	**107.4**	**109.6**	**101.0**	**100.7**
养殖淡水鱼	106.7	99.6	95.3	97.6	99.8	99.6	98.8	103.2	105.8	111.5	101.3	102.8
捕捞淡水鱼	108.6	117.8	116.2				100.0	99.3	110.9	105.5	100.4	96.2

主要统计指标解释

农产品生产者价格指数 是反映一定时期内农产品生产者出售农产品价格水平变动趋势及幅度的相对数。是以各种农产品出售金额资料作为权数计算的。

第五部分

住户监测篇

第五部分

住户监测篇

① 农牧民工调查

5-1-1　农牧民工年度基本情况

指　　标	单位	2017	2018	2019	2020	2021	2022	2023
农牧民工总量	**万人**	**250.3**	**252.9**	**262.1**	**265.5**	**269.1**	**269.4**	**275.4**
农牧民工比率	%	29.2	29.5	30.7	31.7	32.1	33.2	33.9
本地农牧民工	%	9.5	8.4	8.9	8.9	9.4	9.9	9.1
本地非农务工	%	6.2	5.3	5.9	6.0	6.3	6.7	6.1
本地非农自营	%	3.3	3.1	3.0	2.9	3.1	3.2	3.0
外出农牧民工	%	19.7	21.1	21.8	22.8	22.7	23.3	24.8
住户中外出农牧民工	%	4.8	6.1	6.2	5.9	5.6	6.1	6.6
举家外出农牧民工	%	14.9	15.0	15.6	16.9	17.1	17.1	18.2
住户中农牧民工基本情况								
本地非农务工	%	43.7	36.9	39.3	40.7	40.8	42.0	38.6
月工作天数	天/月	24.5	23.8	24.3	24.4	24.4	23.9	23.7
日工作时长	小时/天	8.2	8.4	8.4	8.2	8.6	8.4	8.4
年内非农务工月收入	元/月	3110.9	3065.7	3213.1	3350.7	3785.6	3732.6	3816.7
本地非农自营	%	23.0	21.2	19.6	19.6	19.6	19.7	19.4
年内非农自营月收入	元/月	4576.5	5228.7	6877.6	7145.5	7182.6	7916.8	9000.4
外出农牧民工	%	33.3	41.9	41.1	39.6	39.6	38.3	42.0
实际所得	元/月	3596.8	3801.0	4171.9	4645.5	4931.0	5288.9	5407.1
寄带回	元/月	1450.6	1690.8	1905.0	1823.0	2127.2	2431.0	2729.8
生活消费	元/月	1577.0	1755.9	1803.0	2274.2	2035.4	1926.9	2100.7
月工作天数	天/月	25.3	25.4	25.5	25.3	24.9	24.5	24.4
日工作时长	小时/天	8.7	8.7	8.8	8.7	8.7	8.5	8.7

5-1-2 农牧民工产业及行业分布结构

指　　标	单位	2017	2018	2019	2020	2021	2022	2023
农牧民工产业及行业分布								
第一产业	%	0.3	0.3	0.6	0.2	0.4	0.7	1.3
农林牧渔业	%	0.3	0.3	0.6	0.2	0.4	0.7	1.3
第二产业	%	23.7	24.7	26.9	27.7	26.8	28.5	28.6
采矿业	%	1.9	2.8	3.3	3.1	2.0	2.2	2.6
制造业	%	7.2	8.2	8.1	8.7	9.6	9.5	11.3
水电气热业	%	4.6	2.7	3.1	3.3	4.3	4.9	3.2
建筑业	%	10.0	11.0	12.4	12.6	11.0	11.8	11.5
第三产业	%	76.0	75.0	72.5	72.1	72.8	70.8	70.1
批发零售业	%	17.0	15.3	14.7	15.5	14.6	15.4	17.8
交运仓邮业	%	8.2	9.8	9.0	9.3	7.6	8.8	9.4
住宿餐饮业	%	9.7	10.8	10.3	7.4	10.3	6.8	8.4
信息服务业	%	2.1	1.0	1.2	1.5	2.2	2.2	1.3
金融业	%	1.1	1.7	1.6	1.5	1.6	1.8	1.0
房地产业	%	0.5	0.5	0.4	0.4	0.3	0.5	0.5
租赁服务业	%	0.5	1.2	1.0	0.6	0.9	0.3	0.2
科研服务业	%	0.2	0.5	0.5	0.5	0.5	0.3	0.2
公共管理业	%	0.2		0.5	0.9	1.0	0.9	1.0
居民服务业	%	25.6	18.5	19.4	20.4	19.3	16.2	15.2
教育业	%	0.7	2.5	1.7	1.4	2.4	2.0	1.3
社会工作	%	4.3	5.8	4.3	4.5	3.8	4.7	2.9
文体娱乐业	%	1.3	0.9	0.8	0.9	0.9	1.2	0.8
社会保障业	%	4.6	6.5	7.0	7.5	7.4	9.8	10.1
国际组织	%							

5-1-3 农牧民工医疗养老参保及接受培训情况

指　标	单位	2017	2018	2019	2020	2021	2022	2023
参加医疗保险情况								
城乡居民基本医疗保险	%	93.4	83.9	70.3	71.9	59.7	69.3	90.0
城镇职工基本医疗保险	%	2.0	4.5	2.4	3.8	6.5	2.8	7.5
公费医疗	%					0.1	0.3	0.2
商业医疗保险	%		0.8	0.8	1.0	1.0	1.1	2.7
其他医疗保险	%	0.1	1.0	1.2	1.0	0.1	0.2	1.4
没有参加任何医疗保险	%	2.0	3.1	2.4	1.4	0.6		1.4
参加养老保险情况	-							
城镇职工基本养老保险	%	3.7	6.6	16.2	9.6	11.5	14.9	10.1
城乡居民基本养老保险	%			41.7	54.7	56.5	55.2	73.8
企业年金(职业年金)	%			3.0	1.3	1.6	2.3	0.2
商业养老保险	%	0.3	1.4	1.5	2.2	1.1	0.9	0.6
其他养老保险	%	1.3	2.7	3.0	1.9	2.4	2.0	0.8
没有参加任何养老保险	%	32.9	33.0	35.2	32.4	29.4	27.4	15.1
农牧民工接受技能培训情况								
接受过农业技术培训的比例	%	5.8	4.4	9.0	3.3	9.2	14.8	17.8
接受过非农技术培训的比例	%	29.6	17.1	18.8	17.6	17.2	24.5	22.0

5-1-4　本地非农务工农牧民工行业分布结构

指　　标	单位	2017	2018	2019	2020	2021	2022	2023
本地非农务工农牧民工产业及行业分布								
第二产业	%	30.1	29.4	31.2	29.3	23.1	29.1	32.2
采矿业	%	3.0	1.2	2.5	1.5	1.2	1.7	4.0
制造业	%	9.3	11.4	10.6	11.0	9.4	12.1	13.8
水电气热业	%	6.5	4.1	3.4	2.9	4.4	5.9	2.5
建筑业	%	11.3	12.7	14.7	13.9	8.1	9.4	11.9
第三产业	%	69.9	70.6	68.8	70.7	76.9	70.9	67.8
批发零售业	%	6.7	4.9	6.7	7.3	18.3	7.7	6.7
交运仓邮业	%	7.5	6.6	5.4	7.8	6.5	6.2	7.0
住宿餐饮业	%	9.5	11.4	8.1	6.8	9.4	7.1	5.4
信息服务业	%	0.8				0.3	1.0	0.6
金融业	%	1.6	2.2	3.1	2.1	1.7	1.8	0.3
房地产业	%				0.3			0.5
租赁服务业	%	0.2			0.2	0.9		
科研服务业	%					0.2	0.2	
公共管理业	%	0.6		0.2	1.5	1.6	1.7	2.2
居民服务业	%	30.2	19.9	23.3	22.6	22.0	20.2	19.5
教育业	%	0.4	3.5	1.2	0.7	1.1	1.2	1.2
社会工作	%	4.4	7.0	5.8	6.4	4.6	4.3	2.7
文体娱乐业	%	0.7	0.8	0.7	0.2	0.3	0.3	0.7
社会保障业	%	7.2	14.3	14.2	14.9	9.9	19.2	21.1
国际组织	%							

5-1-5 本地非农务工农牧民工劳动保障

指　标	单位	2017	2018	2019	2020	2021	2022	2023
本地非农从业劳动关系								
无固定期限劳动合同工	%	20.7	14.4	13.3	13.5	21.9	17.4	8.0
一年及以上劳动合同工	%	9.5	7.2	6.9	8.3	15.9	17.8	13.8
一年以下劳动合同工	%	1.6	0.8	1.7	1.9	2.0	1.6	3.2
没有劳动合同	%	68.2	76.5	76.4	75.4	60.2	63.1	74.1
其他	%		1.1	1.7	0.8			0.9
五险一金缴纳比例								
养老保险	%	8.1	7.7	7.5	8.8	12.7	15.2	12.0
工伤保险	%	14.3	14.1	13.9	17.8	19.8	20.8	16.5
医疗保险	%	7.9	7.7	7.5	10.1	12.9	15.3	11.0
失业保险	%	5.8	5.5	5.6	8.4	10.7	14.2	11.0
生育保险	%	3.2	4.2	5.5	7.1	9.6	11.1	9.7
住房公积金	%	1.8	4.9	4.6	7.1	6.2	8.9	6.8
单位或雇主提供伙食情况								
每天提供三餐	%	4.8	5.3	4.6	7.6	13.1	12.4	7.1
每天提供二餐	%	5.5	6.3	5.9	3.3	7.6	4.3	8.3
每天提供一餐	%	6.0	10.3	8.4	5.2	11.8	10.4	9.0
不提供，但补贴部分伙食费	%	0.6	2.7	1.7	2.1	3.0	2.3	2.4
不提供，也没有补贴	%	83.1	75.4	79.5	81.8	64.5	70.6	73.3
单位或雇主提供住宿情况								
提供住宿	%	7.0	7.2	5.9	9.1	14.8	14.7	10.9
不提供住宿，但住房有补贴	%	9.4	0.3	1.7	0.9	0.7	0.6	0.6
不提供住宿，也没有住房补贴	%	83.6	92.5	92.5	90.0	84.5	84.6	88.6

5-1-6　本地自营农牧民工行业分布情况

指　　标	单位	2017	2018	2019	2020	2021	2022	2023
本地自营农牧民工产业及行业分布								
第二产业	%	3.5	5.1	5.1	5.0	6.1	5.5	6.4
采矿业	%	0.2	1.0					
制造业	%	0.3	1.7	3.6	2.8	3.7	4.4	1.3
水电气热业	%							
建筑业	%	3.0	2.4	1.6	2.1	2.5	1.1	5.1
第三产业	%	96.5	94.9	94.9	95.0	93.9	93.4	92.4
批发零售业	%	44.3	43.5	40.5	46.9	42.9	45.1	55.4
交运仓邮业	%	13.4	21.4	19.3	16.7	12.5	12.6	9.3
住宿餐饮业	%	7.8	5.2	10.8	8.2	10.3	8.4	12.1
信息服务业	%	0.3					0.4	
金融业	%						0.6	
房地产业	%							
租赁服务业	%	0.5	1.0	0.9		2.8	0.6	
科研服务业	%							
公共管理业	%					0.7		
居民服务业	%	23.8	12.8	13.8	18.5	17.6	18.1	9.0
教育业	%			1.1		1.0		1.1
社会工作	%	5.7	10.1	8.4	3.8	4.8	6.8	5.2
文体娱乐业	%	0.7	0.9				0.8	0.3
社会保障业	%				0.9	1.2		
国际组织	%							

5-1-7　本地自营农牧民工经营性质

指　　标	单位	2017	2018	2019	2020	2021	2022	2023
本地非农自营活动性质								
注册企业	%	1.2	6.3	2.6	3.6		0.9	1.0
个体经营	%	81.6	75.4	81.5	80.5	86.3	90.1	88.9
小摊小贩	%	17.2	18.3	15.9	15.8	13.7	9.0	10.1

5-1-8 外出农牧民工行业分布结构

指　　标	单位	2017	2018	2019	2020	2021	2022	2023
外出农牧民工产业及行业分布								
第一产业	%	0.9	0.6	1.1	0.5	1.1	2.5	3.5
农林牧渔业	%	0.9	0.6	1.1	0.5	1.1	2.5	3.5
第二产业	%	28.5	30.8	32.6	37.3	33.5	39.6	34.9
采矿业	%	1.6	5.6	5.6	6.4	3.3	4.0	2.6
制造业	%	8.7	8.4	7.5	9.2	9.9	9.7	12.5
水电气热业	%	5.2	2.9	4.2	5.3	4.4	6.1	5.3
建筑业	%	13.0	13.9	15.3	16.4	15.9	19.8	14.4
第三产业	%	70.6	68.6	66.3	62.2	65.4	57.9	61.6
批发零售业	%	12.4	9.8	10.2	8.4	6.9	8.5	9.3
交运仓邮业	%	5.6	8.1	7.7	7.1	9.4	9.6	11.0
住宿餐饮业	%	11.3	13.4	12.2	7.6	12.9	5.2	10.3
信息服务业	%	5.1	2.1	2.9	3.7	5.4	4.8	2.5
金融业	%	1.1	2.0	0.9	1.4	1.4	2.4	2.2
房地产业	%	1.4	1.3	1.1	0.6	0.6	1.2	0.8
租赁服务业	%	0.8	2.0	2.5	1.4	0.9	0.6	0.5
科研服务业	%	0.6	1.2	1.2	1.2	0.9	0.5	0.5
公共管理业	%			1.0	0.8			0.3
居民服务业	%	20.7	19.6	18.3	19.0	14.8	11.0	14.7
教育业	%	1.6	2.8	2.4	2.9	4.5	3.7	1.6
社会工作	%	3.2	2.6	1.0	2.9	2.5	3.4	2.0
文体娱乐业	%	2.3	1.1	1.4	2.0	1.9	2.4	1.0
社会保障业	%	4.5	2.6	3.5	3.0	3.0	4.7	4.8
国际组织	%							

5-1-9　外出农牧民工不同类型分布及收入

指　标	单位	2017	2018	2019	2020	2021	2022	2023
按外出地级别分类								
分地区类型外出比例								
#省会城市	%	25.4	20.8	19.3	18.1	16.5	15.7	17.3
地级市	%	22.1	23.5	27.4	30.8	30.8	31.4	16.9
县级城市	%	38.4	38.1	38.2	37.2	35.8	38.1	48.4
按输入地区分类								
分输入地比例								
省内	%	78.2	75.4	69.3	70.4	72.7	72.1	75.4
省外	%	21.8	24.6	30.7	29.6	27.3	27.9	24.6
分输入地收入	元/月	3630.6	3746.2	4110.8	4678.7	4704.2	5013.7	5902.2
省内	元/月	3550.1	3701.2	3825.8	4490.3	4473.3	4588.1	5691.6
省外	元/月	3919.0	3884.2	4755.6	5126.8	5318.1	5013.7	6583.1
按外出行业分类								
本年度从事主要行业								
第一产业	%	0.9	0.6	1.1	0.5	1.1	2.5	3.5
第二产业	%	28.5	30.8	32.6	37.3	33.2	39.6	34.9
第三产业	%	70.6	68.6	66.3	62.2	65.7	57.9	61.6
分行业收入	元/月	3630.6	3746.2	4110.8	4678.7	4704.2	5013.7	5902.2
第一产业	元/月	2816.2	3412.2	2824.2	3499.0	4009.3	4682.8	4488.7
第二产业	元/月	4278.4	4434.0	4753.7	5860.7	5487.1	6008.5	6350.3
第三产业	元/月	3379.0	3440.0	3817.4	3980.1	4320.1	4455.1	5729.0

5-1-10　外出农牧民工居住情况

指　标	单位	2017	2018	2019	2020	2021	2022	2023
外出从业住所类型								
单位宿舍	%	32.5	23.8	34.6	33.7	35.7	37.9	28.7
工地工棚	%	9.7	6.8	8.3	6.8	7.4	9.5	6.9
生产经营场所	%	5.7	2.5	1.5	2.2		2.6	2.7
与人合租住房	%	22.8	17.4	11.5	11.1	9.9	9.6	5.8
独立租赁住房	%	15.4	19.1	18.8	15.9	20.9	19.2	16.6
务工地自购房	%	0.6	4.0	1.5	2.4	3.1	2.1	11.7
乡外从业但回家居住	%	7.6	23.5	20.2	21.8	18.9	16.0	24.8
其他	%	5.7	2.9	3.6	6.2	4.2	3.2	2.8

5-1-11 外出农牧民工劳动保障

指　　标	单位	2017	2018	2019	2020	2021	2022	2023
外出从业劳动关系								
无固定期限劳动合同工	%	12.8	6.6	9.3	21.0	14.1	17.9	10.9
一年及以上劳动合同工	%	17.6	18.4	21.4	19.2	25.9	18.2	23.4
一年以下劳动合同工	%	1.0	2.8	1.8	2.3	5.0	7.3	4.4
没有劳动合同	%	60.3	64.3	62.7	53.1	55.0	51.2	52.0
自营	%	8.3	6.2	3.6	4.2		3.6	8.3
其他	%		1.7	1.2	0.2		1.8	1.0
五险一金缴纳比例								
养老保险	%	10.9	13.1	16.0	18.0	21.2	20.5	24.3
工伤保险	%	21.8	19.0	24.6	25.8	29.5	28.3	26.6
医疗保险	%	13.3	14.8	17.2	21.7	23.4	22.2	23.5
失业保险	%	11.7	14.1	16.1	18.7	21.6	20.8	23.3
生育保险	%	10.1	11.3	14.5	17.6	19.4	17.0	21.0
住房公积金	%	8.2	9.8	11.9	13.8	15.5	14.1	16.8
单位或雇主提供伙食情况								
每天提供三餐	%	21.5	21.0	23.4	23.1	32.5	35.6	28.2
每天提供二餐	%	15.0	3.4	7.0	6.9	7.7	9.3	9.8
每天提供一餐	%	9.4	8.1	9.2	8.4	11.4	6.5	11.2
不提供，但补贴部分伙食费	%	2.3	4.5	4.2	3.7	3.3	5.9	6.9
不提供，也没有补贴	%	51.8	62.9	56.2	57.9	45.2	42.7	43.9
单位或雇主提供住宿情况								
提供住宿	%	48.9	35.6	47.4	44.8	49.6	55.2	43.6
不提供住宿，但住房有补贴	%	5.2	1.9	4.2	2.2		0.6	2.3
不提供住宿，也没有住房补贴	%	45.9	62.6	48.4	53.0	50.4	44.1	54.1

5-1-12 住户成员从业及子女居住情况

指　　标	单位	2017	2018	2019	2020	2021	2022	2023
住户成员基本情况推算结果								
户均人口	人	3.0	2.9	2.9	2.9	2.9	2.9	2.8
户均劳动力	人	2.2	2.1	2.2	2.2	2.2	2.2	2.2
常住人口比例	%	98.1	97.0	96.1	96.2	96.4	97.5	96.6
劳动力比例	%	74.7	73.6	74.4	75.9	75.1	76.2	75.7
劳动力从业比例	%	90.2	89.0	88.9	86.3	87.4	84.3	80.4
举家外出情况推算结果								
户均人口	人/户	3.1	3.1	2.8	2.7	3.0	3.0	2.6
户均劳动力	人/户	1.9	1.8	1.7	1.6	1.7	1.7	1.6
子女本年度主要和谁居住在一起								
父母双方	%							20.8
父亲一方	%							
母亲一方	%							26.6
(外)祖父母	%							
兄弟姐妹	%							
亲属	%							
独自居住	%							
住校	%							52.5
其他	%							

主要统计指标解释

农牧民工　在年底推算农牧民工数量时，“农牧民工”是有着明确口径定义的时期概念，即户口性质为本地农业户口且在本年度的从业状况属于以下几种情况:（1）外出农牧民工，即外出从业6个月及以上的农村牧区劳动力;（2）本地农牧民工，即从事本地非农活动（包括本地非农务工和非农自营活动）6个月及以上的农村牧区劳动力。（3）期末举家外出的农村牧区劳动力。

年末转移就业人数　即户口性质为本地农业户口且在本年末的从业状况属于以下几种情况:（1）外出转移就业，即年末外出就业一周以上的农村牧区劳动力;（2）本地转移就业，即从事本地非农活动（包括本地非农务工和非农自营活动）的农村牧区劳动力。（3）期末举家外出的农村牧区劳动力。

全年转移就业总人次　即户口性质为本地农业户口且在本年度的从业状况属于以下几种情况:（1）外出转移就业，即年内外出就业一周以上的农村牧区劳动力人次;（2）本地转移就业，即年内从事本地非农活动（包括本地非农务工和非农自营活动）的农村牧区劳动力人次。（3）期末举家外出的农村牧区劳动力。

农牧民工比率　即调查范围内农牧民工占本地户籍全年从业劳动力的比重。

第五部分

住户监测篇

② 脱贫县农村住户监测

5-2-1 脱贫县(原国贫县)农牧民家庭总收入与总支出

指　　标	单位	2019	2020	2021	2022	2023
总收入	**元/人**	**23654**	**26586**	**29357**	**31736**	**35818**
工资性收入	元/人	2364	2557	2751	2838	3116
家庭经营收入	元/人	16721	19219	21599	23642	26933
第一产业收入	元/人	14537	17752	19334	21277	24644
农业收入	元/人	8866	9184	11689	13033	14037
牧业收入	元/人	5615	8460	7609	8184	10406
第二产业收入	元/人	27	13	12	11	10
第三产业收入	元/人	2157	1455	2253	2353	2279
财产性收入	元/人	269	353	354	337	438
转移性收入	元/人	4301	4456	4654	4919	5330
总支出	**元/人**	**27384**	**29409**	**32969**	**34280**	**38623**
消费支出	元/人	11376	12045	13887	13988	16759
食品烟酒	元/人	3183	3657	4403	4391	5124
衣着	元/人	607	684	822	812	858
居住	元/人	1842	1857	2158	2415	2716
生活用品及服务	元/人	471	495	650	681	854
交通通信	元/人	1867	1938	2170	2097	2654
教育文化娱乐	元/人	1489	1400	1802	1504	1786
医疗保健	元/人	1673	1732	1537	1784	2389
其他用品及服务	元/人	245	283	345	304	378
生产经营费用支出	元/人	9836	11227	12433	13802	15216
第一产业经营费用支出	元/人	8138	10298	11018	12290	14078
农业	元/人	4491	4298	6117	6977	7275
牧业	元/人	3442	5973	4869	5297	6748
第二产业经营费用支出	元/人	16	4	7	5	3
第三产业经营费用支出	元/人	1683	925	1408	1507	1136
财产性支出	元/人	60	95	89	27	63
转移性支出	元/人	526	674	665	584	633
部分商业保险支出	元/人	78	93	111	109	129
购置资产及非经常性转移支出	元/人	3397	3585	4292	4119	3649
借贷性支出	元/人	2111	1689	1491	1651	2173

注：2021-2023年数据为31个内蒙古国家级脱贫县数据，2019-2020年数据为国家贫困县数据，后表同。

5-2-2 脱贫县(原国贫县)农牧民家庭可支配收入

指　　标	单位	2019	2020	2021	2022	2023
可支配收入来源						
全年可支配收入	元/人	12272	13458	15034	16223	17751
工资性收入	元/人	2364	2557	2751	2838	3116
经营净收入	元/人	5924	6860	8030	8740	9562
第一产业经营净收入	元/人	5500	6387	7256	7928	8585
农业收入	元/人	3935	4451	5073	5605	6157
牧业收入	元/人	1717	1859	2182	2280	2312
第二产业经营净收入	元/人	9	8	3	5	7
第三产业经营净收入	元/人	415	466	771	807	971
财产净收入	元/人	209	258	265	310	375
转让承包土地经营权租金净收入	元/人	185	206	265	284	345
转移净收入	元/人	3775	3782	3989	4335	4697
养老金或离退休金	元/人	843	1202	1160	1282	1329
社会救济和补助	元/人	525	591	536	550	700
政策性生活补贴	元/人	168	177	91	89	68
报销医疗费	元/人	240	275	115	192	265
家庭外出从业人员寄加带回收入	元/人	416	641	686	648	655
从政府得到的实物产品和服务	元/人	16	34	29	11	1
现金政策性惠农补贴	元/人	1917	1338	1620	1814	1935
全年现金可支配收入	元/人	12195	8217	10800	10177	12695
全年实物可支配收入	元/人	77	5240	4234	6046	5056

5-2-3 脱贫县(原国贫县)农牧民家庭固定资产及耐用消费品拥有情况

指　　标	单位	2019	2020	2021	2022	2023
主要生产性固定资产拥有情况						
房屋及建筑物	平方米/户	43.5	38.2	45.4	43.6	68.3
大中型拖拉机	台/百户	6.9	8.7	8.1	8.3	10.2
小型和手扶拖拉机	台/百户	50.3	48.6	51.7	54.2	40.9
其他农机具	台/百户	20.6	17.2	17.0	19.1	10.1
（插秧机、收割机、脱粒机、水泵等动力机械）						
产品畜	头/百户	534.5	633.7	495.7	560.1	561.4
期末主要耐用消费品拥有情况						
家用汽车	辆/百户	25.7	29.8	30.5	33.1	43.7
其中：新能源汽车	辆/百户				0.2	0.6
摩托车	辆/百户	56.8	54.2	51.6	49.0	30.3
助力车	辆/百户	45.5	55.0	62.7	64.7	86.2
洗衣机	台/百户	93.3	94.6	97.7	98.5	97.9
电冰箱(柜)	台/百户	97.8	101.1	104.3	105.7	113.6
微波炉	台/百户	4.9	6.7	8.3	9.0	9.6
彩色电视机	台/百户	106.0	107.4	108.0	107.9	101.7
空调	台/百户	2.8	3.2	3.9	4.5	8.8
热水器	台/百户	21.0	25.6	29.1	32.4	39.6
排油烟机	台/百户		15.5	19.2	19.7	24.1
固定电话	线/百户	3.3	3.2	1.6	1.2	1.0
移动电话	部/百户	237.1	240.9	244.6	244.9	254.7
计算机	台/百户	23.0	25.7	25.9	26.9	22.2

5-2-4 脱贫县(原国贫县)农牧民家庭食品消费量

指　　标	单位	2019	2020	2021	2022	2023
食品消费量						
粮食消费量	公斤/人	185.7	201.1	213.5	189.8	196.1
谷物消费量	公斤/人	171.7	186.5	198.3	175.2	179.0
薯类消费量	公斤/人	4.5	5.0	4.6	4.6	4.6
豆类消费量	公斤/人	9.5	9.7	10.5	10.0	12.5
油脂类消费量	公斤/人	6.0	7.3	8.2	7.9	8.9
蔬菜及菜制品消费量	公斤/人	93.8	91.2	97.8	87.8	98.3
鲜菜	公斤/人	91.8	89.2	95.7	85.8	95.3
肉禽及其制品	公斤/人	31.1	32.4	47.5	45.7	52.9
猪肉	公斤/人	20.8	20.0	34.0	32.1	36.3
牛肉	公斤/人	1.0	1.1	1.7	1.5	2.0
羊肉	公斤/人	2.3	2.2	2.7	3.2	4.2
家禽	公斤/人	5.2	7.1	6.8	6.7	7.2
水产品	公斤/人	5.0	4.7	4.3	4.8	6.7
蛋类及蛋制品	公斤/人	9.3	13.4	13.7	13.8	19.5
奶和奶制品	公斤/人	12.0	13.2	13.4	12.4	14.9
鲜瓜果	公斤/人		42.4	42.2	40.6	58.3
食糖	公斤/人		1.4	1.4	1.4	1.7

注：1.因调查专业方案指标变化，删除“干鲜瓜果类”“糖果糕点类”“饮料”“烟叶”“酒”指标。
2.对2022年“肉禽及其制品”数据进行了修正。

5-2-5 脱贫县(原国贫县)社区基本情况

指　　标	单位	2021	2022	2023
平原村	%	25.5	28.5	40.5
丘陵村(半山区)	%	63.0	59.2	52.6
山区村	%	11.4	12.3	6.9
少数民族村	%	32.9	32.1	31.4
本村到最近县城的距离				
2公里以下的村个数	%	3.7	3.2	2.8
2-5公里的村个数	%	1.6	1.5	4.9
5-10公里的村个数	%	4.4	3.5	5.2
10-20公里的村个数	%	14.3	14.1	14.2
20公里以上的村个数	%	76.0	77.6	72.9
距最近乡镇的距离				
2公里以下的村个数	%	11.2	18.1	10.6
2-5公里的村个数	%	15.8	16.4	14.5
5-10公里的村个数	%	28.7	25.0	32.7
10-20公里的村个数	%	21.6	20.5	42.2
20公里以上的村个数	%	22.7	20.1	
距最近火车站/汽车站/码头的距离				
2公里以下的村个数	%	10.4	15.6	8.4
2-5公里的村个数	%	9.7	10.2	10.2
5-10公里的村个数	%	14.7	11.9	15.4
10-20公里的村个数	%	20.4	20.1	25.8
20公里以上的村个数	%	44.7	42.2	40.2
距最近邮局的距离				
2公里以下的村个数	%	12.8	18.1	12.6
2-5公里的村个数	%	24.4	22.5	19.5
5-10公里的村个数	%	27.1	26.9	34.7
10-20公里的村个数	%	20.8	21.2	22.0
20公里以上的村个数	%	14.8	11.2	11.2

5-2-5 续表 1

指　　标	单位	2021	2022	2023
距最近集市的距离				
2公里以下的村个数	%	25.6	32.3	24.3
2-5公里的村个数	%	20.8	18.1	21.6
5-10公里的村个数	%	29.0	25.8	28.5
10-20公里的村个数	%	14.4	13.4	14.6
20公里以上的村个数	%	10.1	10.5	10.9
本村到最近快递收发点的距离				
2公里以内	户	32.1	42.6	50.4
2-5公里	户	18.9	14.7	12.3
5-10公里	户	24.4	19.4	17.1
10-20公里	户	14.9	14.1	12.0
20公里以上	户	9.7	9.2	8.2
本村有卫生站(室)	%	96.6	97.7	98.0
本村有拥有合法行医证医生	%		87.4	95.9
本村有政府组织的文化服务	%	79.1	74.4	83.7
本村自然村基本情况				
通硬化路的自然村	%	95.7	96.3	96.2
主干道路面经过硬化处理的自然村	%	98.2	97.8	93.4
通广播电视信号的自然村	%	98.9	99.3	100.0
通宽带的自然村	%	95.7	96.2	96.4
被通信信号覆盖的自然村	%	100.0	99.6	99.5
饮用水经过集中净化处理的自然村	%	43.6	42.6	37.4
生活垃圾集中处理的自然村	%	73.9	79.2	63.7
生活污水集中处理的自然村	%	7.9	11.3	16.0

5-2-5 续表 2

指　　标	单位	2021	2022	2023
进村道路的路面状况				
水泥或柏油路面	%	98.0	98.7	99.4
沙石或石板等硬质路面	%	2.0	1.3	0.6
其他	%			
上幼儿园或学前班的便利程度如何				
村内有，且便利	%	32.6	38.4	36.7
村内无，但入园较便利	%	44.9	53.6	54.2
不便利	%	22.5	8.0	9.1
上小学的便利程度				
村内有，且便利	%	27.7	28.4	26.4
村内无，但入园较便利	%	54.7	63.9	63.7
不便利	%	17.5	7.6	9.9
本村地域范围内企业类型				
农业企业	%	59.9	56.8	57.2
农产品加工企业	%	45.2	54.8	29.4
村集体拥有企业情况				
没有	%	68.0	59.5	87.6
有，最大企业规模在10人以内	%	24.4	38.5	9.6
有，最大企业规模在11-20人	%	4.4	2.0	2.2
有，最大企业规模在20人以上	%	3.2		0.6
当年村集体收入情况				
没有	%	29.6	10.3	17.1
5万元及以下	%	11.0	13.8	18.8
5万元以上，10万元及以下	%	24.6	28.8	18.2
10万元以上，20万元及以下	%	23.0	23.3	14.5
20万元以上	%	11.8	23.8	31.3
本村当年是否有以工代赈项目				
是	%	10.3	2.9	11.9
否	%	89.7	97.1	88.1

5-2-6 脱贫县(原国贫县)农牧民家庭住房及生活设施情况

指　标	单位	2021	2022	2023
现住房为自有住房的农牧户比重	%	98.8	99.0	96.0
户均住房建筑面积	平方米	83.9	84.9	87.0
户均住房价值	万元	8.0	8.8	8.4
居住住房主要建筑材料农牧户比重				
钢筋混凝土	%	4.1	4.0	6.0
砖混材料	%	31.6	32.4	35.0
砖瓦砖木	%	62.3	62.1	57.6
竹草土坯	%	1.7	1.4	1.3
其他	%	0.3	0.2	0.0
住宅外道路路面情况农牧户比重				
水泥或柏油路面	%	88.8	89.0	88.3
沙石或石板等硬质路面	%	9.5	9.4	10.3
其他	%	1.7	1.6	1.4
取水位置农牧户比重				
住宅内管道取水	%	61.0	60.5	70.5
住宅内其他方式取水	%	8.1	8.9	7.4
院内管道取水	%	8.2	9.2	8.5
院内其他方式取水	%	21.5	20.2	12.4
其他位置取水	%	1.2	1.2	1.3
主要饮用水来源农牧户比重				
经过净化处理的自来水	%	51.4	53.2	57.6
受保护的井水和泉水	%	43.5	42.3	41.0
不受保护的井水和泉水	%	4.8	4.5	1.2
江河湖泊水	%			
收集雨水	%	0.3		
桶装水	%			0.2
其他水源	%			
获取饮用水存在主要困难的农牧户比重				
单次取水往返时间超过半小时	%	0.2	0.1	0.1
间断或定时供水	%	2.7	2.3	3.8
当年连续缺水时间超过16天	%			
无上述困难	%	97.1	97.6	96.1

5-2-6　续表 1

指　　标	单位	2021	2022	2023
饮水前(饮用水使用前)采取的主要处理措施农牧户比重				
煮沸	%	97.8	97.5	96.0
加漂白剂/氯等	%	0.2	0.2	1.1
使用水过滤器	%	1.1	1.5	1.9
其他处理措施	%	0.1		0.5
没有任何水处理措施	%	0.9	0.9	0.5
厕所类型农牧户比重				
水冲式卫生厕所(冲入下水道)	%	3.8	4.3	7.7
水冲式卫生厕所(冲入化粪池)	%	1.3	2.1	3.2
水冲式卫生厕所(沼气池)	%		2.3	
水冲式卫生厕所(冲入防渗厕坑)	%	1.9	5.4	1.2
水冲式非卫生厕所(冲入其他地方)	%	8.7		
卫生旱厕	%	9.0	12.8	19.7
普通旱厕	%	74.8	73.1	68.2
无厕所	%	0.5		
厕所使用情况农牧户比重				
住宅内独用	%	31.6	29.4	23.3
住宅内合用	%	0.3	0.2	
院内独用	%	63.4	64.2	67.0
院内合用	%	0.3	0.4	0.6
其他地方独用	%	0.7	0.6	0.9
其他地方合用	%		0.1	0.2
公用厕所	%	3.7	5.0	7.5
无厕所				0.5
洗澡设施类型农牧户比重				
统一供热水	%	0.5	0.6	0.7
家庭自装热水器	%	21.8	24.4	37.8
其他	%	1.5	1.0	1.3
无洗澡设施	%	76.2	74.0	60.3
住宅或院内是否有洗手设施及肥皂和水农牧户比重				
有洗手设施，并有肥皂和水	%	98.1	98.8	99.5
有洗手设施，但是没有肥皂或水	%	1.7	1.2	0.4
没有洗手设施	%	0.2		0.1

5-2-6 续表 2

指 标	单位	2021	2022	2023
主要取暖用能源状况农牧户比重				
柴草	%	30.7	26.8	17.4
煤炭	%	64.4	67.2	78.3
罐装液化石油气	%		0.2	
管道液化石油气	%			
管道煤气	%	0.1		
管道天然气	%	0.1	0.1	
电	%	1.5	1.7	1.0
燃料用油	%			
沼气	%			
其他	%			0.1
无(独立)取暖行为	%	3.2	4.0	3.2
主要炊用能源状况农牧户比重				
柴草	%	39.3	35.0	41.9
煤炭	%	24.2	23.6	20.1
罐装液化石油气	%	10.1	10.7	9.4
管道液化石油气	%	0.1	0.1	
管道煤气	%	0.1	0.3	
管道天然气	%			0.1
电	%	26.0	30.3	28.3
燃料用油	%	0.1		
沼气	%			
其他	%	0.1		0.3
无炊用行为	%			
厨房使用情况农牧户比重				
住宅内独用	%	96.6	97.2	96.6
住宅内合用	%	1.1	0.9	1.4
院内独用	%	0.9	1.0	2.0
院内合用	%	1.3	0.8	
其他地方独用	%			
其他地方合用	%			
无厨房	%	0.1	0.1	

5-2-7 脱贫县(原国贫县)农牧民家庭社会事务参与情况

指　　标	单位	2021	2022	2023
了解本村村庄规划的农牧户比重				
了解主要内容	%	52.3	49.8	43.8
听说有但不了解内容	%	31.3	35.3	36.8
没有听说过	%	9.3	10.7	14.5
本村没有	%	7.1	4.1	5.0
了解本村村规民约的农牧户比重				
了解主要内容	%	60.2	54.8	47.0
听说有但不了解内容	%	31.3	34.1	37.7
没有听说过	%	7.7	9.7	12.0
本村没有	%	0.9	1.4	3.3
当年参加过村务会议的农牧户比重	%	34.2	31.5	27.5
当年为村级公共事务提过建议的农牧户比重	%	17.6	16.2	14.7
本村低保户确定方式				
村民公开评议	%	98.4	97.0	85.4
村干部指定	%	0.2	1.1	0.2
大家轮流	%		0.5	
关系户优先	%			
不了解	%			11.6
其他		1.4	1.4	2.9
当年参与过农牧民业余文化组织的农牧户比重	%	15.0	17.4	14.5
农牧户当年面临主要问题				
缺乏致富技术	%	18.8	17.4	9.2
缺乏资金	%	32.2	33.4	37.8
缺乏劳动力	%	12.3	12.1	9.6
家中有人患大病	%	2.1	1.8	3.5
家中有人残疾	%	0.6	0.3	1.4
容易遭受自然灾害	%	2.2	4.4	2.8
生产经营明显亏损	%		0.2	2.0
其他	%	2.5	1.5	0.5
无问题	%	29.4	28.9	33.3

5-2-8 脱贫县(原国贫县)农牧民家庭产业发展及享受就业帮扶情况

指　标	单位	2021	2022	2023
属于农业部门或工商部门认定的家庭农场的农牧户比重	%	0.9	1.2	1.1
属于种植规模户的农牧户比重	%	7.1	6.3	6.2
属于畜禽养殖规模户的农牧户比重	%	4.4	4.4	5.3
当年出售过农产品(含农林牧渔业)的农牧户比重	%	62.1	57.4	48.0
当年通过互联网出售过农产品的农牧户比重	%	0.6	0.4	0.1
当年去批发市场出售过农产品的农牧户比重	%	11.5	10.1	2.6
当年通过企业上门收购出售过农产品的农牧户比重	%	46.3	42.1	39.4
当年开展乡村旅游或休闲农业经营活动的农牧户比重	%	0.6	0.4	0.7
当年参加农业保险的农牧户比重	%	70.7	71.1	61.4
当年参加专业性合作经济组织的农牧户比重	%	2.9	2.5	1.9
当年享受过就业帮扶政策的农牧户比重				
参加职业技能培训	%	6.6	6.2	4.3
招聘会等就业服务	%	0.6	0.4	1.7
在公益岗位工作	%	1.4	1.6	3.1
在帮扶车间工作	%			0.1
交通补贴	%			0.2
其他就业帮扶	%	1.5	1.5	1.0
无	%	90.5	90.9	90.7
当年有家庭成员就读职业院校的农牧户比重	%	2.7	2.2	2.6
当年获得过村集体经济分红的农牧户比重	%	1.1	1.2	1.8

主要统计指标解释

脱贫县 指脱贫摘帽的原国家级贫困县。我国政府确定以中西部少数民族地区、革命老区、边疆地区和特困地区作为扶贫开发重点，并决定在上述地区确定国家扶贫开发工作重点县（又称国家级贫困县或国定贫困县，简称国贫县）。内蒙古原共有31个旗县为国贫县，包括：武川县、阿鲁科尔沁旗、巴林左旗、巴林右旗、林西县、翁牛特旗、喀喇沁旗、宁城县、敖汉旗、科尔沁左翼中旗、科尔沁左翼后旗、库伦旗、奈曼旗、莫力达瓦达、鄂伦春自治旗、卓资县、化德县、商都县、兴和县、察哈尔右翼前旗、察哈尔右翼中旗、察哈尔右翼后旗、四子王旗、阿尔山市、科尔沁右翼前旗、科尔沁右翼中旗、扎赉特旗、突泉县、苏尼特右旗、太仆寺旗和正镶白旗。2020年11月23日，中国国家级贫困县全部脱贫摘帽，中国脱贫攻坚目标任务全面完成，国贫县随之成为脱贫县。

以工代赈项目 指以农村中小型公益性基础设施和农村产业发展配套基础设施为重点建设领域，以农村劳动力特别是脱贫人口、易返贫致贫监测对象和其他低收入人口为赈济对象，以改善生产生活条件、发放劳务报酬、开展技能培训、设置公益性岗位、资产收益分红为主要赈济模式，充分吸纳农村群众参与工程项目建设、实现就近就地就业增收。

种植规模户 达到一年一熟地区露地种植农作物的土地达到100亩及以上；一年两熟及以上地区露地种植农作物土地达到50亩及以上；设施农业的设施占地面积25亩及以上；或上述任一条件达不到，但全年种植农产品销售总额达到10万元及以上的标准之一的种植户。

畜禽养殖规模户 达到生猪年出栏200头及以上；肉牛年出栏20头及以上；奶牛存栏20头及以上；羊年出栏100只及以上；肉鸡、肉鸭年出栏10000只及以上；蛋鸡、蛋鸭存栏2000只及以上；鹅年出栏1000只及以上；或上述任一条件达不到，但全年养殖产品销售总额达到10万元及以上的标准之一的畜禽养殖户。

专业性合作经济组织 指由农牧民自愿组织，以市场需求为导向，在技术、信息、资金、购销、加工、贮运等环节开展互助合作的经济组织。

第六部分

各省市区资料篇

6-1-1 全国各省区市全体居民人均可支配收入

单位：元

地区	2022	2023	2023年比2022年增长(%)
全　国	**36883**	**39218**	**6.3**
北　京	77415	81752	5.6
天　津	48976	51271	4.7
河　北	30867	32903	6.6
山　西	29178	30924	6.0
内蒙古	**35921**	**38130**	**6.1**
辽　宁	36089	37992	5.3
吉　林	27975	29797	6.5
黑龙江	28346	29694	4.8
上　海	79610	84834	6.6
江　苏	49862	52674	5.6
浙　江	60302	63830	5.9
安　徽	32745	34893	6.6
福　建	43118	45426	5.4
江　西	32419	34242	5.6
山　东	37560	39890	6.2
河　南	28222	29933	6.1
湖　北	32914	35146	6.8
湖　南	34036	35895	5.5
广　东	47065	49327	4.8
广　西	27981	29514	5.5
海　南	30957	33192	7.2
重　庆	35666	37595	5.4
四　川	30679	32514	6.0
贵　州	25508	27098	6.2
云　南	26937	28421	5.5
西　藏	26675	28983	8.7
陕　西	30116	32128	6.7
甘　肃	23273	25011	7.5
青　海	27000	28587	5.9
宁　夏	29599	31604	6.8
新　疆	27063	28947	7.0

6-1-2 全国各省区市城镇居民人均可支配收入

单位：元

地 区	2022	2023	2023年比2022年增长(%)
全 国	**49283**	**51821**	**5.1**
北 京	84023	88650	5.5
天 津	53003	55355	4.4
河 北	41278	43631	5.7
山 西	39532	41327	4.5
内 蒙 古	**46295**	**48676**	**5.1**
辽 宁	44003	45896	4.3
吉 林	35471	37503	5.7
黑 龙 江	35042	36492	4.1
上 海	84034	89477	6.5
江 苏	60178	63211	5.0
浙 江	71268	74997	5.2
安 徽	45133	47446	5.1
福 建	53817	56153	4.3
江 西	43697	45554	4.2
山 东	49050	51571	5.1
河 南	38484	40234	4.5
湖 北	42626	44990	5.5
湖 南	47301	49243	4.1
广 东	56905	59307	4.2
广 西	39703	41287	4.0
海 南	40118	42661	6.3
重 庆	45509	47435	4.2
四 川	43233	45227	4.6
贵 州	41086	42772	4.1
云 南	42168	43563	3.3
西 藏	48753	51900	6.5
陕 西	42431	44713	5.4
甘 肃	37572	39833	6.0
青 海	38736	40408	4.3
宁 夏	40194	42395	5.5
新 疆	38410	40578	5.6

6-1-3　全国各省区市农村居民人均可支配收入

单位：元

地　区	2022	2023	2023年比2022年增长(%)
全　国	**20133**	**21691**	**7.7**
北　京	34754	37358	7.5
天　津	29018	30851	6.3
河　北	19364	20688	6.8
山　西	16323	17677	8.3
内蒙古	**19641**	**21221**	**8.0**
辽　宁	19908	21483	7.9
吉　林	18134	19472	7.4
黑龙江	18577	19756	6.3
上　海	39729	42988	8.2
江　苏	28486	30488	7.0
浙　江	37565	40311	7.3
安　徽	19575	21144	8.0
福　建	24987	26722	6.9
江　西	19936	21358	7.1
山　东	22110	23776	7.5
河　南	18697	20053	7.3
湖　北	19709	21293	8.0
湖　南	19546	20921	7.0
广　东	23598	25142	6.5
广　西	17433	18656	7.0
海　南	19117	20708	8.3
重　庆	19313	20820	7.8
四　川	18672	19978	7.0
贵　州	13707	14817	8.1
云　南	15147	16361	8.0
西　藏	18209	19924	9.4
陕　西	15704	16992	8.2
甘　肃	12165	13131	7.9
青　海	14456	15614	8.0
宁　夏	16430	17772	8.2
新　疆	16550	17948	8.4

6-1-4　全国各省区市全体居民人均消费支出

单位：元

地　区	2022	2023	2023年比2022年增长(%)
全　国	**24538**	**26796**	**9.2**
北　京	42683	47586	11.5
天　津	31324	34914	11.5
河　北	20890	22920	9.7
山　西	17537	19756	12.7
内蒙古	**22298**	**27025**	**21.2**
辽　宁	22604	24865	10.0
吉　林	17898	21411	19.6
黑龙江	20412	22052	8.0
上　海	46045	52508	14.0
江　苏	32848	35491	8.0
浙　江	38971	42194	8.3
安　徽	22542	23607	4.7
福　建	30042	31869	6.1
江　西	21708	23379	7.7
山　东	22640	24293	7.3
河　南	19019	21011	10.5
湖　北	24828	27106	9.2
湖　南	24083	25462	5.7
广　东	32169	34331	6.7
广　西	18343	19749	7.7
海　南	21500	23752	10.5
重　庆	25371	26515	4.5
四　川	22302	23550	5.6
贵　州	17939	20161	12.4
云　南	18951	20995	10.8
西　藏	15886	17220	8.4
陕　西	19848	22012	10.9
甘　肃	17489	19013	8.7
青　海	17261	20327	17.8
宁　夏	19136	21629	13.0
新　疆	17927	19715	10.0

6-1-5 全国各省区市城镇居民人均消费支出

单位：元

地 区	2022	2023	2023年比2022年增长(%)
全 国	**30391**	**32994**	**8.6**
北 京	45617	50897	11.6
天 津	33824	37586	11.1
河 北	25071	27906	11.3
山 西	21923	24524	11.9
内蒙古	**26667**	**32249**	**20.9**
辽 宁	26652	29091	9.1
吉 林	21835	26677	22.2
黑龙江	24011	25882	7.8
上 海	48111	54919	14.2
江 苏	37796	40461	7.1
浙 江	44511	47762	7.3
安 徽	26832	27900	4.0
福 建	35692	37674	5.6
江 西	25976	27733	6.8
山 东	28555	30251	5.9
河 南	23539	25570	8.6
湖 北	29121	31500	8.2
湖 南	29580	31035	4.9
广 东	36936	39333	6.5
广 西	22438	24427	8.9
海 南	26418	28930	9.5
重 庆	30574	31531	3.1
四 川	27637	29280	5.9
贵 州	24230	27693	14.3
云 南	26240	28338	8.0
西 藏	28265	28858	2.1
陕 西	24766	27303	10.2
甘 肃	25207	27044	7.3
青 海	21700	25373	16.9
宁 夏	24213	27076	11.8
新 疆	24142	26134	8.2

6-1-6 全国各省区市农村居民人均消费支出

单位：元

地　区	2022	2023	2022年比2021年增长(%)
全　国	**16632**	**18175**	**9.3**
北　京	23745	26277	10.7
天　津	18934	21553	13.8
河　北	16271	17244	6.0
山　西	12091	13684	13.2
内蒙古	**15444**	**18650**	**20.8**
辽　宁	14326	16040	12.0
吉　林	12729	14354	12.8
黑龙江	15162	16453	8.5
上　海	27430	30782	12.2
江　苏	22597	25029	10.8
浙　江	27483	30468	10.9
安　徽	17980	18905	5.1
福　建	20467	21746	6.3
江　西	16984	18421	8.5
山　东	14687	16075	9.5
河　南	14824	16638	12.2
湖　北	18991	20922	10.2
湖　南	18078	19210	6.3
广　东	20800	22209	6.8
广　西	14658	15435	5.3
海　南	15145	16924	11.7
重　庆	16727	17964	7.4
四　川	17199	17901	4.1
贵　州	13172	14260	8.3
云　南	13309	15147	13.8
西　藏	11139	12619	13.3
陕　西	14094	15647	11.0
甘　肃	11494	12575	9.4
青　海	12516	14790	18.2
宁　夏	12825	14649	14.2
新　疆	12169	13645	12.1

6-1-7　全国各省区市居民消费价格指数(2023年)

地　区	居民消费价格指数
全　国	**100.2**
北　京	100.4
天　津	100.4
河　北	100.6
山　西	99.9
内蒙古	**100.6**
辽　宁	100.1
吉　林	99.9
黑龙江	100.6
上　海	100.3
江　苏	100.4
浙　江	100.3
安　徽	100.2
福　建	100.0
江　西	100.3
山　东	100.1
河　南	99.8
湖　北	100.1
湖　南	100.2
广　东	100.4
广　西	99.8
海　南	100.3
重　庆	99.7
四　川	100.0
贵　州	99.7
云　南	100.3
西　藏	99.9
陕　西	100.1
甘　肃	100.5
青　海	100.5
宁　夏	100.4
新　疆	100.0

6-1-8　全国各省区市工业生产者价格指数(2023年)

上年=100

地　　区	出厂价格指数	购进价格指数
全　　国	**97.0**	**96.4**
北　　京	99.2	98.7
天　　津	96.4	96.0
河　　北	94.7	93.8
山　　西	91.3	94.7
内 蒙 古	**92.1**	**93.0**
辽　　宁	96.6	95.8
吉　　林	98.1	98.9
黑 龙 江	95.7	97.5
上　　海	99.7	98.9
江　　苏	96.7	96.4
浙　　江	97.3	94.8
安　　徽	96.6	95.1
福　　建	98.2	96.2
江　　西	96.6	95.8
山　　东	96.5	97.0
河　　南	97.4	95.3
湖　　北	97.4	95.9
湖　　南	98.5	97.5
广　　东	98.5	97.6
广　　西	97.0	95.7
海　　南	97.3	100.5
重　　庆	97.8	97.0
四　　川	97.6	97.1
贵　　州	98.1	95.7
云　　南	96.7	96.8
西　　藏	101.1	
陕　　西	94.9	94.3
甘　　肃	95.9	92.5
青　　海	96.3	97.7
宁　　夏	92.7	94.1
新　　疆	93.5	93.6

6-1-9　全国70个大中城市新建商品住宅价格指数(2023年)

上年同月=100

地　区	1月	2月	3月	4月	5月	6月	7月	8月	9月	10月	11月	12月
北　京	105.2	104.7	104.6	104.5	104.3	103.5	103.5	102.8	102.9	102.1	101.9	101.7
天　津	97.0	97.8	98.4	99.1	99.7	100.2	100.5	100.6	100.6	100.9	102.0	102.3
石家庄	97.6	97.8	98.2	98.7	99.4	99.5	99.6	99.3	99.1	100.2	100.0	101.0
太　原	95.6	96.5	96.8	97.7	98.6	98.4	98.8	99.5	99.7	99.6	100.1	101.2
呼和浩特	**96.7**	**97.4**	**98.0**	**98.8**	**98.7**	**99.4**	**99.1**	**99.9**	**99.5**	**99.3**	**98.9**	**100.0**
沈　阳	95.0	95.4	96.2	96.6	97.0	96.6	96.4	97.3	97.8	98.3	98.3	98.7
大　连	95.2	95.3	95.6	95.3	95.3	95.8	95.2	95.8	95.7	96.5	96.1	95.9
长　春	95.0	95.0	95.2	95.6	95.5	96.7	96.3	95.3	95.6	96.4	96.6	97.9
哈尔滨	93.0	94.0	95.1	96.4	97.1	98.0	97.8	97.7	97.8	98.2	98.7	98.4
上　海	104.2	103.9	104.1	104.6	104.9	104.8	104.5	104.1	104.4	104.4	104.7	104.5
南　京	100.2	99.7	100.1	101.2	101.5	100.9	100.5	99.8	99.5	99.2	98.0	96.9
杭　州	106.5	106.2	105.8	105.3	105.1	104.5	103.7	103.3	103.0	103.0	102.7	102.2
宁　波	101.9	102.2	102.6	103.1	103.8	104.1	103.8	103.4	103.5	102.1	101.6	101.2
合　肥	102.4	103.3	104.0	104.3	104.4	103.8	102.8	102.3	101.5	101.2	100.8	100.7
福　州	97.5	97.6	98.6	99.4	99.6	99.1	98.4	98.6	98.8	98.7	98.6	98.2
厦　门	96.1	96.7	97.4	98.1	98.3	97.6	97.5	97.7	97.4	97.9	97.6	96.7
南　昌	101.7	101.7	101.9	101.9	102.2	102.9	101.8	101.2	100.3	100.1	99.3	98.9
济　南	101.6	102.4	102.8	103.6	103.8	103.7	103.5	103.1	102.5	102.2	102.1	101.8
青　岛	101.5	102.1	102.1	102.2	102.3	101.9	102.0	101.5	101.2	101.2	100.9	99.8
郑　州	97.0	97.8	99.4	100.2	100.1	100.0	99.1	99.0	98.7	98.3	98.3	98.4
武　汉	94.3	95.3	96.9	98.3	99.2	99.6	99.7	100.5	101.1	101.6	101.4	100.3
长　沙	103.4	103.3	103.5	103.6	103.8	103.6	103.5	103.5	103.6	103.7	102.9	102.4
广　州	99.7	99.4	99.8	99.9	99.6	99.2	98.7	98.6	98.3	98.0	97.6	97.0
深　圳	99.1	98.9	98.5	98.9	98.2	97.6	97.2	97.0	97.0	97.2	96.9	96.4
南　宁	96.0	96.9	98.0	98.1	98.2	97.8	98.0	98.1	98.3	98.7	98.3	98.7
海　口	100.9	101.5	101.5	101.8	101.7	102.3	102.1	102.3	102.5	102.7	102.6	102.1
重　庆	99.4	99.6	100.0	101.2	101.3	100.6	100.5	101.8	101.7	102.2	102.3	102.2
成　都	108.6	108.6	108.5	108.7	108.3	107.2	106.4	106.4	105.8	105.6	105.4	104.9
贵　阳	97.9	98.0	98.4	97.9	98.5	98.5	98.3	98.3	98.1	98.9	99.1	99.2
昆　明	96.9	97.3	98.8	99.0	99.1	98.9	99.2	99.0	98.9	98.9	99.2	99.4
西　安	102.2	101.2	101.2	101.6	101.7	101.7	101.6	101.9	102.7	103.6	104.1	104.5
兰　州	94.4	95.2	96.2	97.2	98.0	98.8	99.4	99.9	100.3	99.4	99.4	99.3
西　宁	97.3	98.4	98.9	99.2	100.5	100.2	99.7	99.0	98.9	99.1	98.6	97.8
银　川	100.9	101.4	101.7	102.6	102.5	102.8	101.8	101.7	101.4	100.9	101.5	100.5
乌鲁木齐	101.8	101.5	101.3	100.9	100.5	100.3	100.3	100.6	100.6	100.5	100.4	100.2

6-1-9 续表

上年同月=100

地区	1月	2月	3月	4月	5月	6月	7月	8月	9月	10月	11月	12月
唐山	97.4	97.8	98.1	98.6	98.3	99.0	98.5	98.8	98.8	98.3	98.4	98.3
秦皇岛	94.4	94.4	95.4	95.4	95.2	95.9	95.9	96.4	96.5	97.1	96.8	97.1
包头	**95.5**	**96.2**	**96.7**	**97.7**	**98.0**	**97.9**	**97.4**	**97.4**	**97.2**	**96.9**	**97.0**	**97.1**
丹东	96.0	96.0	96.3	97.5	97.1	97.1	98.0	98.2	98.1	98.1	97.9	97.8
锦州	96.2	96.5	96.3	98.1	97.9	97.9	98.2	98.6	99.2	99.8	99.6	99.1
吉林	95.4	95.5	96.2	96.3	97.5	97.6	98.0	98.2	98.4	98.8	99.6	99.4
牡丹江	97.0	97.4	97.0	97.2	97.0	97.0	96.5	96.1	95.2	95.7	96.3	96.5
无锡	99.1	98.8	98.9	99.5	99.5	98.9	98.6	97.9	98.4	98.7	98.4	97.6
徐州	98.4	99.1	100.3	101.4	101.3	100.7	100.8	100.3	99.9	98.8	98.5	97.9
扬州	97.6	98.4	99.3	100.4	101.3	101.8	100.7	100.0	99.6	99.1	98.4	97.3
温州	92.1	93.1	93.8	94.8	95.0	95.9	96.2	96.2	96.6	97.1	97.5	97.0
金华	97.6	97.9	97.7	97.0	96.8	97.0	96.4	95.7	96.3	96.4	96.3	96.0
蚌埠	97.7	97.8	97.9	99.4	100.1	99.6	99.8	99.9	99.7	99.6	100.0	99.6
安庆	95.7	96.6	97.7	98.3	99.0	99.3	100.2	100.3	100.6	99.5	98.9	98.4
泉州	96.3	95.5	95.4	95.4	96.3	96.5	97.2	98.2	99.2	99.5	99.1	98.2
九江	98.3	98.8	99.3	99.9	100.3	100.5	100.1	99.9	99.5	98.8	98.8	98.2
赣州	99.7	99.3	99.1	99.3	98.9	98.1	97.5	97.3	96.8	96.7	96.6	96.8
烟台	98.2	98.6	99.3	99.6	100.3	100.2	100.2	100.3	100.5	100.4	99.3	99.0
济宁	95.6	96.1	96.9	96.9	96.4	96.8	97.4	97.9	97.9	97.7	98.2	97.7
洛阳	95.0	95.6	96.5	97.8	98.6	98.6	98.2	97.8	97.8	98.1	98.0	98.2
平顶山	97.0	97.6	98.3	98.6	99.0	98.8	98.3	98.1	97.9	98.1	98.1	97.6
宜昌	94.8	95.8	96.2	96.3	95.5	96.7	96.2	96.5	96.6	97.1	97.4	97.5
襄阳	96.0	96.6	96.8	98.2	98.9	99.5	99.1	99.3	99.2	98.8	99.0	98.6
岳阳	91.9	92.7	93.9	95.3	95.6	97.0	96.9	96.5	97.1	97.8	97.7	97.8
常德	94.4	95.3	95.6	96.8	97.1	97.0	97.8	98.2	98.2	98.5	98.0	97.8
韶关	97.4	97.9	97.9	99.3	100.0	100.3	99.8	99.1	98.8	98.0	97.9	97.9
湛江	93.0	93.9	95.5	97.2	99.2	100.1	100.4	101.0	101.3	100.8	100.6	100.2
惠州	97.1	96.9	97.7	98.7	98.6	97.3	96.5	96.4	96.3	95.5	95.0	95.3
桂林	95.5	96.4	97.0	98.0	97.8	97.4	97.3	97.4	97.2	97.2	97.7	97.9
北海	90.2	92.7	94.0	95.9	97.2	98.3	99.8	101.5	101.7	101.7	101.6	101.4
三亚	98.8	99.4	100.3	100.8	101.7	102.4	102.3	102.8	103.2	103.5	103.1	103.1
泸州	95.6	96.2	97.0	98.1	99.4	99.3	99.0	98.9	98.8	98.8	97.9	97.8
南充	98.2	98.9	99.4	100.5	101.1	101.1	100.7	100.9	101.0	99.9	99.3	99.0
遵义	99.5	100.0	100.5	101.2	101.3	100.7	101.1	100.9	100.5	100.6	99.9	100.0
大理	95.3	96.1	97.1	97.3	96.8	97.0	98.1	97.6	97.4	97.3	97.4	97.6

6-1-10　全国70个大中城市二手住宅价格指数(2023年)

上年同月=100

地　区	1月	2月	3月	4月	5月	6月	7月	8月	9月	10月	11月	12月
北　京	104.3	104.4	103.8	103.3	102.8	101.5	100.6	100.8	101.1	99.8	98.6	97.8
天　津	93.8	94.1	94.6	94.8	95.9	96.1	96.5	96.4	97.5	97.7	98.0	98.1
石家庄	96.6	97.0	97.7	97.7	97.4	97.6	97.4	97.4	97.7	98.0	98.3	98.2
太　原	95.3	96.1	96.9	98.1	97.8	96.8	97.1	97.2	97.0	97.2	97.2	97.1
呼和浩特	**94.6**	**95.0**	**95.0**	**95.1**	**95.1**	**95.5**	**95.8**	**96.1**	**96.1**	**95.4**	**94.7**	**95.2**
沈　阳	93.3	93.8	94.7	94.7	94.3	94.1	94.1	94.5	94.2	94.4	94.4	94.8
大　连	94.9	95.3	96.0	96.5	96.4	95.7	95.1	94.8	95.0	95.3	95.2	95.0
长　春	93.2	93.3	93.2	93.0	94.0	94.4	94.6	94.7	93.9	94.0	93.8	94.2
哈尔滨	90.9	91.5	92.9	94.3	94.8	95.3	95.1	95.3	95.2	95.0	95.3	95.2
上　海	102.3	102.5	102.8	102.5	101.7	100.2	98.8	98.0	98.1	97.7	96.7	96.6
南　京	97.4	98.7	99.2	99.7	99.9	99.3	98.3	97.0	96.0	95.6	94.6	93.9
杭　州	98.5	98.7	99.0	99.1	98.8	97.6	97.3	97.2	97.4	98.7	98.9	97.9
宁　波	99.2	98.8	99.0	99.2	99.3	98.1	97.5	97.3	96.8	96.2	96.1	95.3
合　肥	98.8	99.5	100.0	100.8	100.9	99.9	98.7	98.2	97.6	97.2	96.7	96.0
福　州	97.5	98.3	98.8	98.4	97.9	97.5	97.0	96.9	96.4	96.2	95.9	94.9
厦　门	98.0	97.9	98.0	97.2	96.1	95.1	94.9	95.1	94.9	94.5	93.5	92.9
南　昌	97.8	97.8	97.5	97.6	98.0	98.1	97.3	96.6	96.6	96.2	96.0	95.1
济　南	96.5	96.8	97.4	98.3	98.6	98.4	98.5	98.3	97.3	97.3	97.2	97.1
青　岛	96.6	96.9	96.9	97.2	97.3	96.4	95.9	95.6	95.7	95.8	95.2	95.2
郑　州	94.1	94.8	95.4	95.6	95.4	95.3	94.9	94.8	94.8	94.5	94.5	93.9
武　汉	93.9	94.7	95.8	96.5	96.5	96.6	96.1	95.9	96.2	96.3	95.7	94.6
长　沙	100.1	100.4	100.8	101.6	102.0	102.0	101.5	100.8	100.2	100.1	99.4	98.7
广　州	99.5	99.3	99.2	99.0	98.6	97.8	96.8	96.3	96.2	96.1	95.7	94.8
深　圳	97.3	98.0	98.7	98.6	98.4	98.7	98.3	98.6	99.0	98.7	97.5	96.9
南　宁	93.5	93.4	94.4	94.9	95.2	95.0	95.0	95.2	95.2	94.7	94.0	94.3
海　口	97.9	98.0	97.7	97.1	97.1	96.4	96.2	96.0	96.2	96.2	95.6	94.9
重　庆	96.8	97.2	97.4	98.2	98.1	97.1	96.0	95.9	95.5	95.5	95.4	94.5
成　都	108.8	109.2	109.4	109.4	108.7	106.8	105.2	104.1	103.7	103.1	102.2	100.5
贵　阳	95.9	96.2	97.6	98.0	98.6	98.8	98.6	97.6	97.4	97.6	97.3	96.1
昆　明	100.3	100.1	100.4	100.3	100.6	99.9	101.0	99.9	99.2	98.6	97.1	96.0
西　安	98.3	99.4	100.0	100.4	100.4	99.8	98.9	99.1	99.0	99.2	99.3	99.1
兰　州	94.8	94.9	95.5	95.5	96.1	96.6	96.8	96.3	95.9	95.7	94.9	94.8
西　宁	97.6	98.4	98.5	98.3	98.6	99.4	99.3	98.8	98.5	99.1	98.7	98.0
银　川	96.3	97.0	97.6	98.3	98.6	98.3	97.9	97.8	97.9	97.5	97.5	97.4
乌鲁木齐	97.5	98.0	97.4	97.3	97.2	97.5	97.2	96.8	96.4	96.3	96.1	96.4

6-1-10 续表

上年同月=100

地区	1月	2月	3月	4月	5月	6月	7月	8月	9月	10月	11月	12月
唐山	93.6	93.3	93.1	94.0	94.7	94.5	94.5	94.4	94.9	94.8	94.6	94.1
秦皇岛	95.5	95.6	96.2	96.1	95.9	95.9	95.8	96.3	96.4	96.9	96.6	96.1
包头	**95.5**	**95.6**	**95.9**	**96.6**	**96.7**	**96.7**	**96.5**	**96.5**	**96.6**	**96.0**	**95.9**	**95.9**
丹东	93.5	94.0	94.0	94.5	94.3	93.8	94.1	93.8	94.3	94.2	93.8	94.5
锦州	94.0	94.3	94.3	95.1	95.4	95.3	95.1	94.8	95.0	95.5	95.0	94.9
吉林	91.2	91.3	91.1	90.7	92.0	92.3	92.2	92.6	92.8	93.1	93.3	93.4
牡丹江	89.0	89.9	91.7	91.8	92.6	92.5	92.5	93.2	93.7	93.7	93.8	94.0
无锡	99.7	100.8	101.0	101.0	99.8	98.6	97.7	96.9	96.9	97.2	96.5	96.0
徐州	98.0	99.2	100.2	99.4	98.5	98.2	97.8	98.0	97.1	95.8	94.0	92.4
扬州	97.3	97.7	97.9	99.0	99.0	98.7	97.8	97.1	96.9	95.9	95.1	94.1
温州	94.9	95.7	96.5	96.6	96.6	97.1	96.7	96.6	95.9	96.0	95.3	94.4
金华	93.8	94.3	95.4	95.6	96.2	96.3	96.1	95.6	95.8	95.7	95.4	95.2
蚌埠	96.8	97.2	97.6	97.6	98.3	98.0	98.1	98.5	98.5	98.3	97.4	96.9
安庆	93.7	94.2	95.2	95.3	95.3	95.6	95.7	96.0	96.4	96.2	96.5	96.0
泉州	93.6	93.5	93.7	93.8	94.1	94.0	94.2	94.2	94.3	94.1	94.0	93.9
九江	97.1	96.8	97.4	97.6	97.5	97.3	96.9	97.0	96.8	97.0	96.2	95.6
赣州	99.0	99.0	99.2	99.2	99.0	99.2	99.6	99.7	99.9	99.8	99.5	99.3
烟台	97.7	98.7	99.3	99.4	99.9	99.6	97.8	97.7	97.4	96.2	95.3	94.9
济宁	93.1	93.4	94.1	94.8	94.7	94.9	95.0	95.7	95.6	95.6	95.5	95.5
洛阳	92.6	93.2	93.7	94.3	94.6	94.9	95.1	95.2	95.5	96.0	95.9	95.5
平顶山	95.7	95.7	96.2	96.7	96.8	96.5	96.8	96.9	97.0	96.8	97.0	96.6
宜昌	93.2	93.4	93.6	93.5	93.6	93.9	93.5	94.4	94.4	94.6	94.6	94.8
襄阳	94.3	94.4	94.6	95.4	96.1	96.4	96.0	96.1	96.4	95.8	95.1	94.0
岳阳	94.7	95.6	95.0	95.3	95.7	96.6	96.7	95.9	96.6	96.5	96.6	96.8
常德	93.9	94.6	95.1	95.8	96.6	96.5	97.5	98.0	97.5	98.3	97.8	97.2
韶关	95.4	95.5	96.1	97.4	97.7	97.6	97.5	97.4	96.9	96.6	96.4	96.1
湛江	94.1	94.6	95.3	95.8	97.2	97.0	96.9	97.4	97.5	97.4	97.5	97.1
惠州	97.8	97.1	97.5	98.1	98.0	97.6	97.6	97.5	97.4	97.0	97.1	96.7
桂林	95.9	96.7	97.0	96.9	97.0	96.7	96.7	96.4	96.5	96.2	96.5	95.9
北海	92.2	92.5	93.2	93.7	94.8	94.5	95.6	95.8	96.3	96.4	96.4	96.6
三亚	98.8	98.9	99.3	99.4	100.1	100.3	100.1	100.0	99.9	100.5	100.2	99.5
泸州	97.2	97.5	98.1	98.4	98.9	98.9	98.1	97.6	97.0	97.4	98.0	97.5
南充	101.5	101.6	102.2	101.9	101.7	100.7	99.8	99.8	99.6	98.8	98.8	98.7
遵义	94.7	95.5	97.0	96.9	97.4	97.4	96.5	96.2	96.4	96.2	96.1	96.9
大理	95.4	95.9	96.8	97.2	97.7	96.8	97.4	97.2	96.9	97.0	96.8	96.8

6-1-11 全国各省区市粮食生产情况(2023年)

地 区	粮食作物播种面积 (千公顷)	粮食总产量 (万吨)
全 国	**118968.5**	**69541.0**
北 京	89.5	47.8
天 津	390.0	255.7
河 北	6455.2	3809.9
山 西	3161.0	1478.1
内蒙古	6984.7	3957.8
辽 宁	3578.4	2563.4
吉 林	5825.6	4186.5
黑龙江	14743.1	7788.2
上 海	127.2	101.9
江 苏	5458.9	3797.7
浙 江	1024.7	638.8
安 徽	7334.5	4150.8
福 建	841.1	511.0
江 西	3774.3	2198.3
山 东	8387.9	5655.3
河 南	10785.3	6624.3
湖 北	4707.0	2777.0
湖 南	4763.5	3068.0
广 东	2229.5	1285.2
广 西	2834.7	1395.4
海 南	273.6	147.0
重 庆	2025.9	1095.9
四 川	6404.0	3593.8
贵 州	2773.8	1119.7
云 南	4243.2	1974.0
西 藏	194.6	108.9
陕 西	3023.0	1323.7
甘 肃	2710.9	1272.9
青 海	304.9	116.2
宁 夏	693.9	378.8
新 疆	2824.8	2119.2